KB234789

Walkie
Europe
Talkie

네 남자, 유럽인들과의 대화여행

Walkie
Europe
Talkie
최규동 · 추광재
황경태 · 홍윤선 지음

이담
Books

새롭게 여행하는 법
발견하기

200년 전 중국으로 배낭여행을 떠났던 한 사람이 있었다.

1780년 5월, 청나라 건륭제의 일흔 번째 생일을 축하하기 위해 중국 '열하'를 향해 출발했던 박지원이다. 그는 번뜩이는 통찰과 지혜로 주변 나라들을 압도하던 중국 물질문명의 이면을 날카롭게 파고들었다. 그리고 후에 '연경'과 '열하'의 여정을 묶어 『열하일기』를 출간했다.

그의 배낭여행의 목적은 무엇이었을까? 그는 조선을 떠나 중국으로 들어서는 초입에서 당시 청제국의 변방이던 '책문'의 시골 동네 풍경을 돌아보고는 이렇게 말한다.

"책문은 중국의 맨 동쪽 끝 벽지인데도 오히려 이 정도라면, 하물며 앞으로 구경할 것을 생각하니 문득 기가 꺾여 그만 여기서 발을 돌리고 싶은 생각이 치밀면서 전신에 불을 끼얹은 것같이 후끈한 느낌을 받았다."*

이렇게 시작된 그의 여행기는 단지 청제국을 묘사하는 데 그치지 않았다. 본격적인 문화비평으로, 즉 청나라의 문화를 이리저리 다루어 보면서도 자신이 속한 조선의 문화를 다시 평가해 보는 작업에 돌입하였던 것이다.

"(조선)사람들이 참으로 오랑캐를 배척하려거든, 중국의 발달된 법제를 알뜰하게 배울 것이요, 자기 나라의 무딘 습속을 바꿔 밭 갈고, 누에 치고, 질그릇 굽고, 쇠 녹이는 야장의 일을 비롯하여 공업을 고루 보급하고, 장사의 혜택을 넓게 하는 데 이르기까지 모두가 배우지 않을 것이 없을 것이다."**

　당시 조선의 '중화주의자'들은 중국을 지배하던 만주족의 청나라를 '오랑캐의 나라'라고 무시했다. 『열하일기』에서 박지원은 이렇게 국제 정세에 꽉 막혀 있던 사대주의자들을 날카롭게 비판했다. 그리하여 이 책은 당시 조선의 젊은 지식인들에게 엄청난 지적 충격과 자극을 던져 주었다. 그렇지만 결국 박지원은 조선으로 돌아와서 그 꿈을 넓게 펼치지 못했다. 여러 가지 원인이 있었겠지만, 여행의 결과에 대해 같이 대화·토론할 친구들이 많지 않았고, 그들과 함께 그 뜻을 이룰 실제적이고 힘 있는 공동체를 이루지 못한 것이 가장 큰 이유였을 것이다. 어쨌건 '열하'로 떠난 그의 여행의 목적은 분명했다. 중국문화를 이해하고, 그 속을 꿰뚫어 보고자 한 것이다. 그 결과물이 바로 박지원의 '여행하는 법'이 기록된 『열하일기』이다.

　200년이 지난 지금, 박지원이 살았던 땅에서 자라난 네 남자들의 '여행하는 법'이 여기 있다. 이 책은 단순히 먹고, 마시고, 찍고, 즐기는 여행 이야기가 아니다. 우리는 유럽인들을 실제로 만나고 대화하며 건물들과 사건들을 통해 과거와 현재를 경험할 뿐 아니라, 그것들 뒤에 담겨 있는 유럽의 문화적 삶, 문화적 태도를 이해하고 맛보고자 했다.

* 박지원, 『열하일기 상』, 리상호 옮김, 보리, 2004, pp.227-228.
** 위의 책, p.49.

프랑스 사람들은 왜 그리도 '불친절'하고, 왜 그렇게도 '영어 쓰기'를 싫어할까? 우리는 그들의 역사를 이해하고, 끊임없이 대화를 시도하며 공감해 보고자 노력했다. 이렇게 한 이유는 그저 프랑스에 대해 흔히 들어 왔던 비판을 반복하는 것이 아니라 오히려 프랑스문화를 거울삼아 나 자신, 우리 스스로를 보고자 한 것이다. 조만간 일일생활권에 들어갈 세계 속에서 세계 시민^{cosmopolitan}이 될 준비가 덜 된 우리의 모습을 말이다.

독일 이야기를 해보자. 우리는 신문과 책에 나오는 통일독일 20년의 이론과 자료가 아닌, 생생한 통일독일의 현실을 살 부대끼듯 체험하려고 했다. 학자들의 보고서가 아니라 길거리와 농촌에서 그냥 만날 수 있는 평범한 독일인들과의 대화와 토론, 그 속에서 일어난 사건들, 그리고 만들어진 건물, 교통체계, 사회구조 등을 통해서 말이다. 유대인 박해를 참회하여 만든 홀로코스트 기념공원에서 그들의 고해(告解)하는 심정의 밑바닥을 그대로 읽어보고 싶었다. 그 속에서 허리가 뚝 잘린 우리 한반도의 현실을 다시 직시하고, 역사적으로 갈등과 전쟁의 연속이던 동아시아의 난국을 돌파해 갈 미래의 전망을 얻길 기대했다. '그들을 읽음으로써 우리를 읽기', 이것이 우리가 '여행하는 법'이다.

'책 읽어주는 사람들'은 경청하여 대화하는 건강한 토론문화를 이루기 위하여 '최고의 콘텐츠를 제공하려는 문화적 기업'이다. 이 책도 대화와 토론을 위해 쓰였다. 그러니 웹사이트(www.facebook.com/BRpeople, blog.naver.com/brpeople)를 꼭 방문하여, 온라인뿐 아니라 오프라인 토론 자리에도 오셔서 얼굴을 마주하고 같이 대화할 수 있길 바란다.

책 읽어주는 사람들

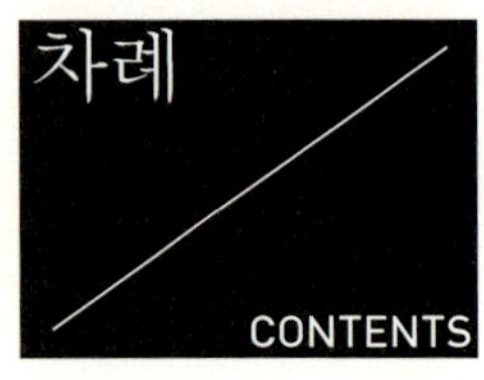

차례 / CONTENTS

Story 4 | 　농부 홍씨의 서유견문록(西遊見聞錄)

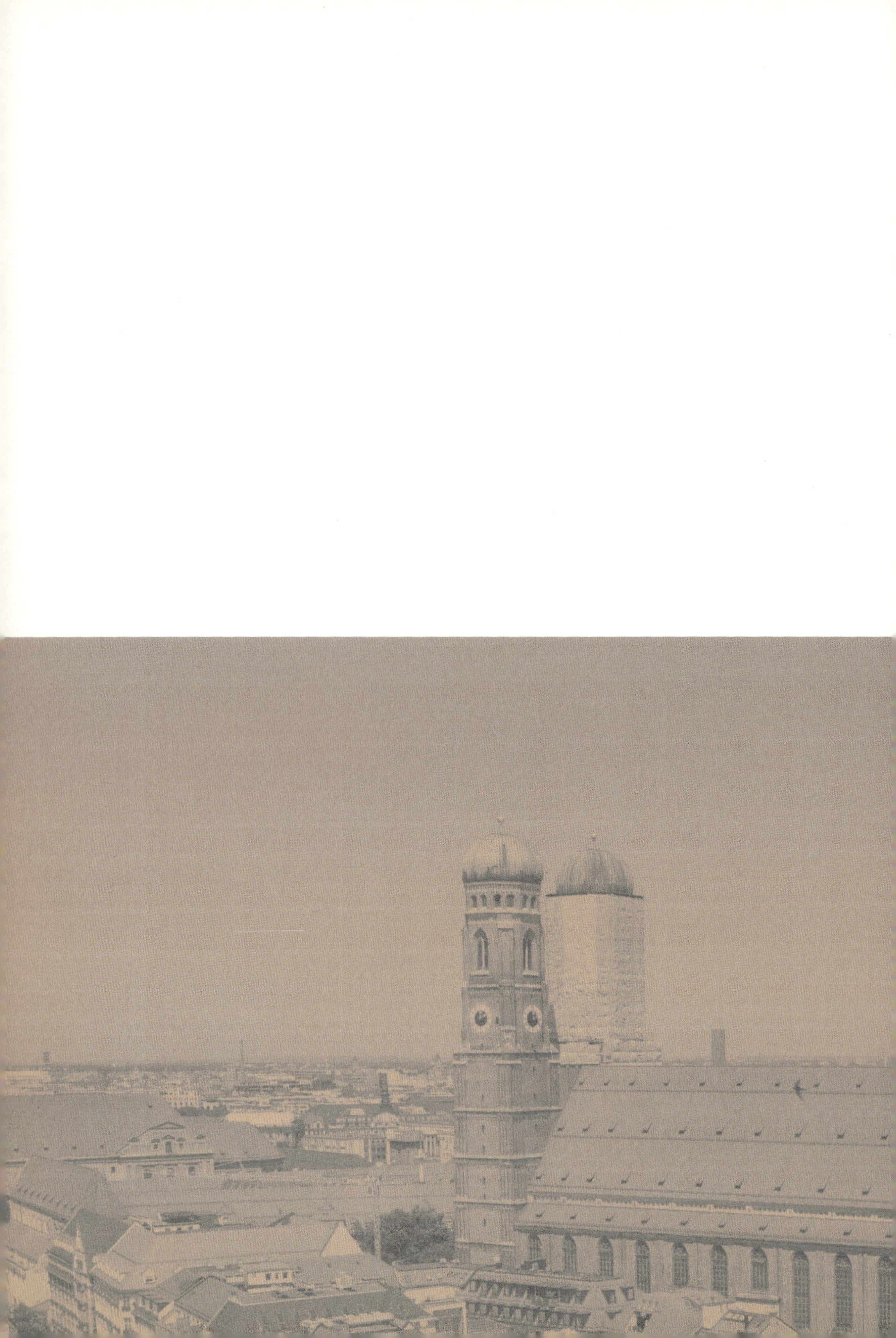

두 바퀴로 달린
통일청년의 유럽일기

바쁨

2010년 봄, 나는 마음이 바빴다. 1998년 공돌이로 대학에 입학, 2004년 공대 졸업 후 철학과 신학을 공부했고, 2007년 가을 사회학과 대학원에 들어왔다. 6년 동안 공돌이로 훈련받았으니, 다시 사회과학자로 거듭나는 것은 상상 이상으로 힘든 과정이었다. 3년간 몸부림치고 뒤뚱거렸던 대학원 과정을 하루빨리 마치고 싶었다. 그렇게 졸업논문 앞에 서 있는 내 마음은 '바빴다'. 그렇게 힘들었던 2010년 봄. 자료를 수집하고 주제를 선정한다고 이리저리 뛰고, 책상머리에 앉아 머리를 쥐어뜯던 어느 날, 내가 속한 '행복한 동네문화 만들기 운동'을 함께하는 선생님께서 말씀하셨다.

"너도 이번에 광재(친형처럼 지내는 형) 유럽 갈 때 같이 가면 어떠냐? 지금 아니면 언제 또 가보겠냐?"

지당하신 말씀이지만 내 마음은 '바빠요, 바쁘다고요!' 서른이 넘은 나이, 학위과정, 여행에 필요한 돈……. 복잡한 대차대조표가 머릿속에서 빙빙 돌았다. 시간이 지날수록 질문은 꼬리에 꼬리를 물고 처음엔 씨앗처럼 작더니 나중에는 산처럼 커져버렸다. 명확한 선택을 위해서 스스로에게 질문해야 했다.

'무엇이 의미 있는 것일까?'

여행의 의미를 생각하니 답이 확실해졌다. 유럽여행을 결심했을 때 나는 학위과정을 잠시 뒤로 미뤘다고 생각하지 않았다. 단지 현재 가장 의미 있는 선택을 했다고 믿었고, 오히려 이것을 큰 안목으로 사회와 역사를 이해하려는, 학위과정의 일부로 생각하기로 했다. 결과적으로 2년이 지난 지금 그 이상의 수확이 있었음은 물론이다.

공동체의 도움

혼자서 유럽여행을 준비했다면 아마 10년은 걸렸을 것이다. 우선 여행 가야겠다는 마음을 먹는 데만도 몇 년 걸렸을 테고, 다시 몇 년에 걸쳐 돈을 모았을 테고, 또 다른 몇 년 동안 틈틈이 여행책자를 읽으며 현지 조사를 했을 것이다. 그게 일반적 순수로서 '내'가 하는 방식이다.

그러나 '우리'의 도움으로 한 달 반 만에 모든 걸 정리하고 떠날 수 있었다. 나는 '행복한 동네문화 만들기 운동'이라는 시민사회운동 단체에 속해 있다. 그 속에서 나는 우주정치시민이라는 의미를 가진 'COPOZEN^{COsmos-POlitics-citiZEN}'의 대표를 맡고 있고, 독서토론문화를 만들어가는 '책 읽어주는 사람들'의 CMO^{Chief Managing Officer} 역할을 하고 있다. 우리는 말 그대로 세계문화 속에 지역문화를 총체적으로 일으키고자 하는 시민운동이다. 그래서 우리 속에는 농부도 있고, 유통회사, IT 기업, 자전거회사, 신문사, 미술관 등 작지만 다 있다. 이런 우리의 특징이 여행을 준비하는 데 큰 기초가 되었음은 말할 필요도 없다. 공동체의 준비로 80일간의 유럽여행을, 그것도 전기자전거와 일인용 텐트를 지고 가는 하드코어 체력전을 짧은 시간 내에 준비할 수 있었다. 재정뿐만 아니라 시간적 · 정신적으로도 '우리'가 여유를 허락해 주지 않았다면 '나'는 출발할 수 없었을 것이다.

여행의 목적

목적은 두 가지였다. 절반은 연구, 절반은 여행.

일정의 절반은 앞으로 나의 연구주제와 관련해서 통일독일 20년을 몸으로 직접 경험하고, 보다 넓은 차원의 통일로 가는 유럽연합의 실제와 기초를 헤아려보는 것이었다. 그리고 나머지 절반은 여행을 통해 유

럽의 문화적 전통을 이해하고, 그 속에서 공동체의 가치를 경험하는 것
이었다. 그러기 위해서 어딜 가든 먹고, 보고, 찍는 것보다는 꼭 사람들
을 만나고 싶었다. 유럽의 골목골목을 걸으며 그들과 얼굴을 마주하고,
묻고, 듣고 싶었다. 하다못해 길이라도 묻고, 그들 옆에서 대화하다가
잠들고, 깨어나서 그들의 일상적 식탁에 같이 앉아노 보고, 그들과의 만
남에서 나의 다름이 불편함을 만들어낸다 해도 그 다름 자체를 겪어 보
고 싶었다. 유럽의 문화를 일상 속에서 체험하고, 한국으로 치면 덕수
궁이 아니라 지하철 2호선에서 가볍게 졸고 있는 대학생을 만나고, 지
나가는 길가의 과일장수 아저씨와도 얘기하고 싶었다. 그래서 우리는
전기자전거와 텐트를 선택했다. 자동차보다, 기차보다, 자전거를 타면
더 많은 사람들과 만날 수 있을 거라 생각했다. 필요에 따라 일정을 얼
마든지 변경할 수 있으면서도 재정적 부담이 적고, 상대적으로 이동이
자유로운 자전거! 그러기 위해서는 과도한 피로감을 피해야 했는데, 전
기자전거는 60kg에 육박하는 짐을 달고 달려야 하는 부담을 확실히 줄
여주고, 사람들과 가까이 만나는 데 최상의 조건을 제공해 주었다. 그
렇게 해서 80일간의 유라시아 대륙 일주라는 대장정의 출발지점인 프
랑크푸르트Frankfurt로 날아갔다.

01

독일 남부 시골농장에서
복지사회의 어두운 그늘을 만나다

시작부터 틀어지다

비행기에서 자전거와 짐들을 내려, 돌리고 조여 조립하고, 가방들을 주
렁주렁 달고 보니 마음이 먹먹하다. '이 여행이 어떤 결말을 맞게 될까?'
출발지에서 가지는 기대감은 그처럼 묵직한 것이었다.

　우리는 유럽여정의 출발점인 프랑크푸르트 Frankfurt 에서 잠시 유대인
박물관을 관람하고, 서둘러 로만틱 가도 Romantische Straße 의 퓌센 Füssen 으로
향했다. 첫 여정으로 계획한 독일 남부를 가로지르는 길, 로만틱 가도
가 과연 그 이름처럼 '낭만적'일 것이라는 기대감 때문이었다(원래는 낭
만적이어서 로만틱이 아니라, 로마로 교역하는 길이라는 의미에서 로
만틱이란다). 유대인 문제는 뒤에 따로 말해보기로 하고, 우선 그보다
더 오랜 역사를 지닌 로만틱 가도를 따라가 보는 게 좋겠다.

　과연 자전거를 타고 남부 독일을 달리는 상쾌함은 독특했다. 상쾌한
바람이 13시간 비행기 여행의 피로를 구석구석 씻어 주었다. 뜨겁지 않
은 초여름 독일의 청명한 아침을 내달리는 동안, 자전거 저 앞에서 열
을 내며 떠오른 태양이 우리를 이끌고, 달리는 자전거 뒤로 수줍게 내

려앉은 이슬이 아침 바람에 쓸려나갔다. 로만틱 가도가 흐르고 있는 남부 독일의 완만함은 '조금은 천천히 살아도 좋다'는 창조자의 마음이 표현되어 있는 듯했다. 그렇게 달리는 동안 자전거길 옆으로는 헨젤과 그레텔에 나올 것 같은, 쭉쭉 뻗은 가문비나무 숲의 진한 녹색이 아득히 깊어 보였다. 비밀스러운 어둠을 따라 마치 오래된 동화 속으로 초대된 것 같았다. 자전거 여행의 첫 페달을 내딛는 실렘은 이렇게 동화처럼 순진했다. 앞으로 자전거를 타고 골목골목 누비면서 만날 파란 눈의 독일인들이 이미 모두 친구가 된 것 같았다.

그러나 장밋빛 '낭만'은 생각보다 훨씬 빨리 차가운 '현실'로 바뀌었다. 80일 자전거 여행을 마친 지금은 밤에 적당히 머리 둘 곳을 찾는 것이 얼마나 중요한지도 알고, 꽤 능숙하게 처리하게 되었다. 하지만 처음에는 전혀 그렇지 않았고, '그저 거기 어딘가에 잘 곳이 있으려니' 했다. 자전거 여행을 만만히 봤던 것이다. 결국 예정된 사고가 터지고 말았다. 아우크스부르크^{Augsburg}로 가던 길 중간쯤 되는 숀가우^{Schongau}에서 캠핑장을 찾아 헤매었지만 한국에서 미리 알아두었던 캠핑장은 온데간데없고, 제일 가까운 캠핑장은 앞으로든 뒤로든 20km는 더 가야 했다.

'그래도 가야지 뭐, 별수 있나…….' 마음을 다시 추스르고 페달을 밟기 시작한 바로 그때, 다리에 찌릿찌릿 신호가 찾아왔다. 근육통이었다.

한국에 있을 때, 유럽 자전거 여행을 준비한답시고 신나게 전지훈련(?)을 다니다가 왼쪽 종아리 바깥쪽의 인대가 파열되는 부상을 입고서 두 주 동안 다리를 절었었다. 바로 그 자리였다. 머리는 다 나았다고 생각했지만, 정작 다리는 아니었나 보다. 다리에 문제가 생기니 앞으로의 여정이 아득하게 멀어지는 것 같았다.

'이제 겨우 시작인데, 벌써 다리가 이 모양이니 앞으로 두 달을 어떻게 버티나.'

남은 두 달 동안 주렁주렁 짐을 달아놓은 전기자전거를 절뚝거리며 끌

고 다닐 모습을 상상하니 그냥 다 접고 돌아가고 싶어졌다. 마음속에서 절망적 시나리오가 위협하며 겁을 주기 시작했던 것이다. 나의 기대가 무너진 것도 작은 것은 아니었지만, 무엇보다 고생하며 같이 준비한 광재 형에게 미안했다.

정신을 차려 일단 솔직해지기로 하고,

"형, 저기…… 나 다리에 문제가 생겼어요. 캠핑장까지는 못 갈 것 같아."

뭔가 김빠지게 하는 그런 기분이었다.

아마도 독자들 중에는 아픈 걸 아프다고 말하는 게 뭐 그리 대단한 용기가 필요하냐고 반문할지 모른다. 그렇지만 우리 둘 다 여행에 적지 않은 기대를 걸고 있었고, 그걸 내가 깨뜨리고 싶지는 않았다. 약한 모습을 보이기 싫었던 것이다. 이 알량한 자존심, 이 자존심이 둘이 함께 여행하는 것을 얼마나 방해했는지 모른다. 그런데 나는 지독하게도 그걸 포기하기 싫었다. 어리석게도 나는 여전히 강한 남자이고 싶었다.

그렇게 우리 둘은 예정된 일정을 포기하고, 저 멀리 아득히 보이는 농장을 향해 옆길로 들어섰다. 좁고 덜컹거리는 길을 따라 먼지를 일으키며 자전거를 몰아 농장에 가까이 다가갈수록 그 농장은 멀리서 보던 것과는 사뭇 달랐다. 적어도 '으리으리하다'고 할 만했다. 트럭 두 대가 넉넉히 들어갈 수 있을 만한 널찍한 입구에 들어서니 심지어 아름답기까지 했고, 모퉁이를 돌아 펼쳐진 정원에는 이름 모를 형형색색의 꽃들과 조각상이 세워진 연못까지 갖춰져 있는, 농장이기보다는 차라리 별장 같았다. 한국의 희귀식물로 식물원에서나 볼 수 있었던 금강초롱이 여기에서 훨씬 건강하게 자라고 있었고, 물망초의 보랏빛이 맴도는 짙은 파랑은 작지만 강렬하게 자기 색을 뽐내고 있었다.

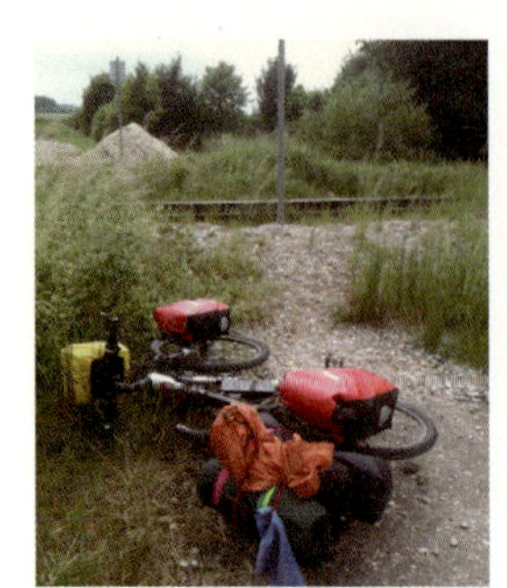

　정원 잔디를 돌아 안뜰로 들어서니 파라솔 밑에서 할머니 한 분과 개가 낮잠을 자고 있었다. 할머니와 개?! 그런데 그 낮잠은 게으른 낮잠이라기보다는 고된 하루의 절반을 보내고 잠시 곯아떨어진 듯 보였다. 특히 복장이 인상적이었는데, 수영복 위에 SKODA라고 찍힌 작업복을 입고 계셨다. 난해한 현대미술 작품 앞에 서 있는 난감한 심정이었다. 별장 같은 농장에 할머니 한 분, 수영복과 그 위엔 기름 묻은 작업복, 거기에다 고된 낮잠이라……. 게다가 집을 지켜야 할 것 같은 커다란 개는 주인보다 더 깊이 잠들어 두 명의 낯선 침입자를 당황스럽게 하고 있었다. 그렇지만 이상하다고 돌아설 수도 없는 상황이지 않은가! 그래서 나는 그동안 나름 갈고닦은 독일어 실력과 손발을 동원해 한국에서 날아온 두 여행자의 난처한 상황을 설명하기 시작했다. 그러자 할머니는 우리를 별채로 지어진 헛간으로 안내해 주셨다.

　바로 그때 '우르르 쾅쾅!' 헛간에 들어서자마자 금세 천둥이 치고, 먹장구름이 하늘을 덮고, 정말 조금의 과장도 없이 엄지손가락만 한 빗방울이 쏟아지기 시작했다. 지붕 아래에 있다는 것이 이렇게 감격스러울 줄이야! 헛간은 너무나도 훌륭했다. 만약 나의 그 알량한 자존심을 끝까지 세우면서 아까 옆길로 들어서지 않고 고집을 피웠다면 어땠을까? 이 비를 뚫고 푹욱 젖어 캠핑장을 찾는 그림은 상상만 해도 처량하다. 텐트고 침낭이고 마른 것이라곤 하나도 없었을 테고, 젖은 텐트 안에서 젖은 옷을 입은 채로, 게다가 아직 버너에 맞는 가스도 구하지 못했으니 젖은 빵에 잼을 발라 먹고……. 생각할수록 이 창고는 정말이지 감격스러웠다. 전기, 물, 화장실, 온수샤워, 그것도 모자라서 할머니는 오래된 빵과 비스킷밖에 없는 우리에게 일부러 시간을 내어 내일 아침식사로 맛있는 커피를 대접해 주신단다.

빗줄기가 굵어지면서 천둥이 치고, 나무로 지어진 우리의 멋진 별장 지붕에 떨어지는 빗방울 소리가 시원하다.

거머리 퇴치법

오마 안나 마리 군쉬Oma Anna Marie Gunsch(Oma는 독일어로 '할머니'라는 의미)는 우리 사랑하는 할머니 이름이다. 우린 할머니에게 선물을 받았다. 그것도 아주 놀라운 선물을…….

이튿날 할머니는 뜨거운 모닝커피와 따뜻한 빵과 버터로 우리를 맞아 주시고, 지구 반대편에서 난데없이 날아온 동양 청년들의 방문에 대해 연신 감탄하셨다.

"정말 모든 게 꿈만 같아……."

그건 내게도 마찬가지였다. 이렇게 가까이서 독일을 배울 수 있는 기회가 또 있을까!

할머니의 개인사에는 제2차 세계대전 당시의 독일 역사가 그대로 녹아 있었다. 할머니는 파이팅Peiting의 역사가 기록된 책을 꺼내어 사진과 도면들을 하나하나 설명해주셨다. 책에는 전쟁 당시, 갑자기 공장이 세워지고 시골마을이 병참지역으로 바뀌는 과정이 낱낱이 기록되어 있었다. 아마도 군수공장이었을 건물의 도면들에서부터 아낙들과 어린아이들까지 줄을 서서 일하러 가던 모습이 담긴 사진까지, 할머니는 그때를 회상하면서 "엄청났지!"라고 혀를 내둘렀다.

그 순간, 나는 할머니의 얼굴 표정을 의식적으로 아주 자세히 살피고 있었다. 왜냐하면 할머니가 어떤 얼굴, 어떤 감정을 가지기를 기대했기 때문이다. 할머니는 전쟁 주축국의 국민이지 않은가! 그러니 당연히 미안함, 참회, 반성, 부끄러움 등의 감정이 얼굴에 내비치길 바랐던 것 같다. 그러나 할머니의 반응은 그런 것은 아니었다. 그저 '엄청났던' 어린 시절의 기억일 뿐 그 이상도 이하도 아니었던 것이다. 할머니에게 제2차 세계대전은 단순히 어린 시절의 기억이었다. 아마도 1945년 당시, 할머니는 7살 정도였을 것이니 독일이 세계를 전쟁으로 몰아가는 과정에서 할머니가 직접 선택하고 기여한 것은 없다. 하지만 그렇다고 현재의 독일 국민에게 과거 2차 세계대전의 책임이 없는 것은 아니다.

이렇게 생각해보면 어떨까? 만약 내 할아버지가 젊은 시절 강도짓으로 금시계를 빼앗았다고 치자. 시간이 흐르고 흘러 아무것도 모르던 내가 그 시계를 물려받아 손목에 차고 있는데, 강도당한 이의 손자가 와서 내 손목에 있는 금시계를 본다면 어떤 마음일까? 예외 없이 나를 할아버지의 원수로 여기지 않을까? 아무것도 몰랐다 하더라도 당연히 시계를 돌려받아야 할 뿐 아니라 내게서 사과를 받아야 한다고 생각하지 않겠느냔 말이다. 이렇듯 인간은 예외 없이 공동체적이고 역사적인 존재이다.

그렇지만 나의 기대감이 반드시 정당한 것만은 아니다. 한국인으로서 나는 일본인들에 대해 훨씬 더 강력한 기대감을 가지고 있다. 아니, 기대감을 넘어 일종의 강요를 전제하고 있다. '무릎 꿇고 반성하지 않는 한 절대 용서하지 않으리라!'는 전제. 그것은 울컥하며 마음속에서부터 순간적으로 역류하는 뜨거운 그 어떤 것이다. 내게는 몇몇 가깝게 지내는 일본인 친구들이 있다. 그러나 차분한 마음으로 일본인 친구를 대할 때에도 뜨거운 무언가가 무의식의 수면 아래에서 부글거리고 있는 것에 깜짝 놀라곤 한다. 나는 매번 한일전이 있을 때마다 선수들이

어떻게 하든 불굴의 정신력을 발휘해 이겨주기를 기대한다. 신문에 발표되는 일본의 역사 관련 망언들은 잊고 있던 감정들을 기억 너머에서 불러온다. 이렇게 골이 깊은 서운함을 가지고 일본 사람을 어찌 사랑할 수 있을까? 정말 갈 길이 멀다. 할머니의 표정을 살피던 나는 이런 생각에 이내 머쓱해져 버렸다.

나의 부당한 기대감을 전혀 눈치 채지 못하셨는지 할머니는 우리를 위해 풀서비스를 제공하셨다. 따뜻한 아침식사에, 일부러 이날 예정되어 있던 약속을 미루시고, 이른 아침부터 호헨파이센베르그^{Hohen-Peißenberg}로 우리를 인도해 주셨다. 호헨파이센베르그 방문은 즐거웠다. 이름처럼^{Hohen은 영어 High와 같은 의미} 우뚝 솟은 지형 때문에 독일 남부의 들판을 한눈에 굽어보는 것도 아름다웠고, 이러한 지형으로 인해 세워진 기상관측소의 시설과 역사도 인상적이었다. 그렇지만 무엇보다 놀라운 건 우리 오마! 정말 운전이 끝내준다. 광재 형은 저리 가라(참고로 광재 형은 국내에서 레이싱을 했고 우승도 했었다)! 가드레일은 물론 중앙선 하나 그어져 있지 않은 오르막의 좁은 곡선주로에서 커다란 유조차가 마주 내달리는데도 속도를 조금도 줄이지 않고, 길가 낭떠러지를 향해 대담하게 큰 곡선을 그리며 돈다. 부웅~ 온몸이 바짝 긴장하는 순간이었다. 그리고 얼마나 친절한지 우리를 데리고 다니면서 이웃 한 사람 한 사람에게 소개해주시고 건물과 무덤들의 역사를 일일이 설명해주는 정성까지, 이 모든 것이 잘 정돈된 농장과 저택을 혼자 너끈히 이끌어가는 할머니 삶의 에너지였다. 70대 중반의 나이라는 것을 도저히 믿을 수 없었다.

그렇지만 에너지 넘치는 모습이 전부는 아니다. 할머니는 외롭다. 그녀에겐 사랑하는 늙은 개 '베키'뿐이다. 으리으리한 저택 구석구석에는 대가족의 흔적이 보이기도 하지만 그건 이미 지나간 과거. 녹슬어 구석진 곳마다 먼지가 쌓이고, 몰래몰래 자리 잡은 거미줄에 할머니의

적적함이 걸려 있다.

남편은 미쓰비시, 스코다 등 외제차 대리점을 하셨단다. 돈도 많이 벌고 자녀들과 함께 살았던 때에는 이 저택에 사람들이 꽉 들어차서 북적대고 생기가 넘쳤으리라. 그런데 지금은……. 5년 전에 황혼이혼을 하셨고, 다섯 자녀는 아버지 쪽으로 가고 없단다. 내 마음이 아리다.

할머니는 가는귀가 먹고, 우린 독일어가 짧다. 쉽게 말해 귀머거리와 벙어리의 만남! 전혀 대화가 통할 조건이 아닌데도 계속 와서 물으신다.

"더 필요한 거 없니?"

"아뇨, 없어요. 정말 감사해요!"

조금 있다가 다시 창고 문을 빼꼼히 열고 들어오셔서는

"이제 자려는데…… 내일 차 타고 나가서 맛있는 커피를 사와야 하는데……. 음, 그러니까 내일 언제 가니? 너무 일찍 가면 내가 아무래도 시간이……."

"저희 11시까지 있다 가려고요. 그쯤이면 괜찮으시겠어요?"

11시라는 말에 좋아하며 웃으신다. 그렇게 이어진 대화를 통해 할머니의 외로움과 삶의 무게를 조금이나마 이해하게 되었다. 할머니는 손

        두 바퀴로 달린 통일청년의 유럽일기

자뻘 되는 우리 둘의 위로를 받으시고는 하늘 한 번 쳐다보고 하나님 도움만 바란다며 눈물로 대화를 마치셨다.

다음 날 아침, 우리는 그냥 떠날 수가 없었다. 뭔가 보답을 해야겠다고 생각했기에 농장일에 바로 돌입했다. 이름하여 농장스테이!

할머니가 꺼내주신 작업복으로 갈아입고, 땡볕에서 넝쿨 제거에 들어갔는데 정말 농장일이란 해도 해도 끝이 없다. 온종일 끊임없이 울타리를 타고 오른 넝쿨과 씨름을 했지만 티도 안 난다.

'이래 봬도 대한민국 육군에서 단련된 낫질인데……'

할머니는 늘 입버릇처럼 "일, 또 일이야^{Arbeit, Arbeit}!" 하셨는데, 왜 그런 말이 입에 붙었는지 확실히 알 수 있었다.

그렇게 정신없이 일하다 보니 왠지 정강이가 간지러웠다. 손톱만 한 수박씨 같은 게 다리에 붙어 있었다. 체케^{Zecke}, 이놈은 찰거머리같이 피를 빨아 먹고 살아가는 새끼손톱만 한 거미다. 놈이 그 탐욕스러운 고개를 내 다리에 처박고 살에 파고들어 피를 먹고 있는 걸 보고 화들짝 놀랐다.

"아아악! 씨!"

기막혀 하고 있는 나를 보시고 할머니는 가만히 있으라고 소리치시고는 집안으로 뭔가 가지러 들어가셨다. 이놈을 빼려고 어설프게 건드리면 내 다리 속으로 더 들어간다나 뭐라나. 그사이 약 40~50초 동안 내 피를 빨아 눈에 띄게 뚱뚱해지는 놈을 보고 있으니 기가 막힌다. 무섭기까지 하다. 곧 할머니가 커다란 핀셋을 가지고 등장!

"아파도 참아~!"라며 나를 안심시키는가 싶더니, 방심한 사이에 거미 주변 2cm 정도의 살을 날카로운 핀셋으로 그대로 파서 들어내 버리셨다. 너무 놀라 소리 지를 새도 없었다. 순식간에 정강이엔 직경 2cm의 구멍이 뚫렸다. 이런 어처구니없는 놈! 남의 피를 빨아서 살아가는 놈!

흔히들 이런 식으로 살아남는 것을 '빈대 붙는다'고 말한다. 어찌 보면 빈대 붙을 친구가 있다는 건 행복한 일이다. 언제라도 내가 아쉬울 때 받아줄 친구가 있다는 거니까. 그 친구가 자기의 피 같은 돈도 아까워하지 않을 친구라면 빈대 붙는 것도 우정을 확인하는 아름다운 시간이 될지 모른다.

그러나 친구린 놈이 평생 빈대 붙어 살 작정을 하고, 대책 없이 게으른 데다 염치도 상실한 채 뭐든 막무가내로 내놓으라는 식이라면? 그렇다면 전혀 얘기가 다르다. 진짜 친구라면 관계가 깨질 각오를 하고, 두들겨 패서라도 정신 차리게 하는 게 맞다.

빈대사건을 떠올리다 보니 유럽 재정위기가 떠오른다. 어느 신문에선가 독일 국민들이 '우리 세금으로 게으름뱅이들을 먹일 수는 없다'고 성토했다는 기사를 읽은 기억이 있다. 이 글을 쓰고 있는 2011년 겨울, 그리스의 재정위기로 유로존Eurozone이 분열의 기로에 서 있다. 다양한 원인과 이슈가 얽혀 있지만, 분명한 사실은 그리스, 스페인 같은 유로존 내 상대적 저개발국가들이 유로존 가입 초기 단일통화 도입으로 얻은 막대한 이익을 잔치하듯 써버렸다는 사실이다. 제조와 생산에 투자해서 재정건전성을 확보하는 동시에 산업구조를 개편하는 데 써야 할 돈을, 표를 원하는 국민들에게 뿌렸던 것이다. 그렇게 위기는 예견된 것이었고, 결국 이 게으른 국가들은 유로존 내의 선진국을 압박해서 돈을 끌어내 위기를 탈출할 심산이다.

한국에서도 복지논쟁이 한창이다. 경제민주화라는 애매한 개념에 대해 전문가들이 끊임없는 의혹을 제기해도 이미 이 선동적인 문구는 분노에 가득 찬 유권자들의 마음을 사로잡은 듯하다. 시장의 무한 자유경쟁이 끝없는 인간의 욕심을 잡지 못하듯, 다른 한편으로 사회복지정책은 인간의 게으름을 잡지 못한다. 유럽이든 동아시아든 각종 선심성 공약을 통해 파고드는 '게으름'이라는 빈대들을 헤집어 파내지 못한다면 공동체 형성은커녕 결국은 망하고 말 것이다.

점점 내 정강이를 파고들며 뚱뚱해지는 놈을 뽑아내려고 핀셋을 들고 외치던 할머니의 목소리가 귀에 쟁쟁하다. 정강이에 남은 직경 2cm의 상처가 지금도 아리다.

파라다이스에서의 수감생활

해 뜨는 농장의 아침은 생기발랄하다. 세수를 마치고 막 나온 소녀의 얼굴처럼. 울타리 안쪽 한편에는 할머니의 사랑과 관심으로 각양각색의 꽃과 나무가 자라고, 다른 한편에는 아침식탁의 생기를 주는 채소들이 저마다 얼굴을 내민다. 이 모습에 취하여 여기저기로 바삐 시선을 나누어주다가, 울타리 바깥을 바라보았다. 저 멀리 깊어 보이는 잔디밭 끝 침엽수림을 보고 있자니 '여기 독일농장에서 일하면서 몇 해 더 살 수도 있지 않을까?' 하는 엉뚱한 생각이 들기도 한다. 농장에서의 생활은 정말 좋았다. 적어도 지금까진…….

벌써 4일이나 농장에 머물면서 각종 선물을 받은 우리는 할머니를 잘 대접하기로 하고, 자전거로 40분을 달려 마트에 갔다. 와우! 물건 값이 몹시 쌌다. 벌써 4일 동안 우리가 먹어 축낸 것도 있고, 또 무엇보다 할머니를 대접하고 싶어 각종 고기, 음료, 치즈, 버터와 빵을 양껏 샀는데 겨우 49€^{한화 7만 원}. 이틀 캠핑한 정도밖에 안 되는 저렴한 가격이었다. 게다가 내일은 할머니의 차로 독일 왕족들의 면모를 감상할 수 있는 루트비히 성*을 가볼 수 있게 되었으니 이보다 좋을 수는 없다. 우리 둘은 쇼핑 내내 입이 귀에 걸렸고, 마트에서 나와 경쾌하게 자전거 페달을 밟았다.

하지만 신이 나서 돌아온 우리를 기다리고 있는 것은 잠시 머무는 여

---

* 성의 실제 이름은 슐로스 노이슈반스타인(Schloss Neuschwanstein: 돌로 된 새로운 백조 성)이지만 성주였던 루트비히 왕^{König Ludwig}의 이름을 따서 그렇게 부른다.

할머니의 낡은 신발

행자의 즐거움이 아닌, 독일인 일상의 혹독한 무거움이었다. 이 무게를
이해하기 위해서는 할머니의 일상생활을 잠시 따라가 보는 것이 필요
하다. 우선 할머니 한 분이 감당하기에 농장이 너무 크다. 집이 크다 보
니 청소는 물론 빨래양도 엄청나다. 혼자 사시는데도 아래층에 세탁실
이 따로 있을 정도다. 농장일이 끝이 없는 건 말할 것도 없고, 또 한 가
지 특이한 것이 있었는데, 할머니는 처마마다 큰 드럼통을 대놓고 빗물
을 받아서 설거지와 빨래를 하신다는 사실이다. 할머니의 물 절약습관
은 각별해서 목욕한 물을 받아두었다가 화장실 청소를 하고, 청소하고
남은 물로 꽃에 물을 준다. 할머니의 절약정신은 물 한 종목에 그치지
않는다. 할머니는 하루에 식사를 두 번만, 그것도 요리된 따뜻한 음식
은 일요일 저녁에 한 번만 드신다. 평소에는 마른 빵과 커피를 드시고,
점심은 맥주로 때우신다. 옛날 우리 머슴의 삶이다. 그렇지만 분명히
이 집의 주인은 할머니이다. 그런데 왜 이렇게 힘들게 사실까?

　마트에서 돌아온 우리는 할머니가 유독 물과 전기에 집착하는 이유
를 알게 되었다. 혹독한 무거움의 실체를 말이다. 우리에겐 자전거 가
방에 가득히 담아온 선물로 할머니를 기쁘게 할 기회조차 없었다. 이미
할머니는 절망에 빠져 있었다. 할머니를 분노하게 하고, 절망하게 만든
것은 두 통의 편지였다. 하나는 아래층 리모델링 견적서였고, 다른 하

나는 물세 고지서였다. 둘 다 무려 350€^{한화 54만 원} 정도의 돈을 요구하고 있었는데, 문제는 두 번째 편지, 물세 고지서였다. 사정을 들어보니 반 년에 한 번씩 지하수 사용량을 검사하는데 기본 물세가 200€에, 물 사용량이 일정 기준을 초과했을 경우 추가비용 150€^{한화 23만 원}가 부과된다는 것이었다. 할머니의 말로는 삼 년 전쯤 생긴 새로운 정책이라고 했다.

그런데 왜 이렇게 물세가 비싼 걸까? 게다가 수도 사용료도 아니고 지하수 사용량을 점검해서 세금을 낸다고? 물가수준이 전반적으로 높은 독일이니까 그러려니 하고 넘어갈 부분은 아닌 것 같다. 나는 이것이 복지국가의 함정이라고 생각한다. 복지를 유지하기 위해서는 높은 수준의 세율을 유지해야 한다. 많이 버는 사람이 좀 더 세금을 많이 내서, 생계유지가 어려운 사람들에게 적절히 분배하는 것이 복지의 기본 개념이다. 의도는 너무 아름답다. 정당한 분배에 반대하는 사람은 없을 테니까. 그러나 문제는 '게으름'이다. 복지정책의 제도적 빈틈을 파고 들어서 게으르게 살며 그저 국가에서 주는 혜택만 쳐다보고 사는 사람들이 점점 많아진다면 큰일이다. 아무도 그걸 바라지는 않는다. 오히려 능력이 부족하지만 열심히 자신의 삶을 살아가는 사람들을 돕고 보조해 주길 바랄 것이다. 할머니의 경우, 고소득자도 아니고 그저 이혼하고 자기 몫으로 받은 큰 집이 있을 뿐인데 할머니가 책임져야 하는 세금은 너무 무겁다.

할머니의 수입은 연금과 빨간 중고 자동차 렌트를 통한 부정기 수입이 전부다. 지출은 대강 헤아려 볼 때 세금, 식비, 농장유지비 정도인데 문제는 받는 연금보다 내야 할 세금이 많다는 것이다. 이혼을 했지만 부양받을 가능성이 있는 자녀가 있고, 농장이라는 부동산이 있으니 연금 랭킹에서 저 아래 랭크되어 있는 것은 불 보듯 빤한 일이 아닌가. 할머니의 불평에 대해 이렇게 항변할 수도 있을 것이다. "부동산 팔아서 자녀들 집 가까운 데 조그만 거 얻어서 사세요. 연금 가지고 손주들 보면서 편하게 지내시면 되잖아요." 나도 처음엔 그렇게 생각했고, 조언이랍시고 말씀드렸다. 그런데 조금만 더 생각해보면 그게 아니다. 나는 할머니에게 자신이 살아온 삶의 터전을 버리고 삶의 의지를 반납하라고 조언하고 있었다. 칠십이 다 되었지만 강인한 정신과 육체를 가진 한 사람에게 죽을 날 받아 놓은 것 같은 전형적인 노인네로 살라고, 그래야 혜택을 받는다고 말이다. 고되지만 스스로의 삶을 의욕적으로 살아가는 할머니에게 낯선 도시에 안주하는 삶을 살라 하는 것은 그에게 있어서 소중한 삶의 의지를 빼앗는 것과 같은 것이 아니겠는가! 할머니의 분노와 함께 그녀가 짊어진 삶의 무게를 조금이나마 이해할 수 있었다.

"그 노무 세금!"

으리으리한 집에 살아도 제대로 못 먹고 쪼들리며 쫓기듯 사는 이유가 여기 있었다. 그것이 바로 우리의 한국 초대에 꿈꾸듯 환호하면서도 떠나지 못하는 이유, 바로 끊임없이 일하고 아끼고 또 아끼고 살면서 전혀 삶의 여유가 없는 이유, 체념하듯 "독일이 이 모양이야Das ist Deutschland!"를 반복해 뇌까리면서도 농장이 파라다이스라고 우기는 이유였다.

농장에 매여 있는 할머니의 삶이 감옥 같다. 농장은 아름답지만 그 대가는 아주 비싸고 사람을 옥죈다. 농장은 사람이 아니라 새와 꽃 그리고 개와 달팽이의 낙원일 뿐이다. 이들은 물세를 내지도 않고, 으리으리한 집과 교회들의 보수를 위한 세금에 시달리지도 않는다. 뭔가 잘못되었다. 원래 인간은 세상을 유지·보수하면서 잘 다스리라고 만들어졌는데, 그 속에서 수감생활을 하다니…….

할머니는 우리에게 물었다.

"너희 언제까지 머물 생각이니?"

내 귀를 의심했지만 너무 분명한 표현에 의심할 여지는 없었다. 오마는 우리가 떠나기를 원했다. 짧지 않은 3일의 시간 동안 울고 웃으면서 나누었던 우정은 일상의 무게 앞에서 속절없이 흔들렸다. 물세가 할머니를 불안하게 만들었던 것이다.

"이 말은 꼭 해야겠어. 우리는 물을 아껴 써야 해. 나는 샤워할 때 꼭 물을 받아서 사용해. 그 물을 가지고 화장실 물을 내리고, 청소를 하지. 세탁할 때 헹굼에 사용한 물로는 정원에 물을 주고……. 우리는 반드시 물을 아껴 써야 해."

할머니를 포함한 우리 셋은 삶의 무게에 눈물을 흘렸다. 그러나 각자가 흘리는 눈물의 색깔은 달랐다. 할머니는 일로 슬픔을 잊고, 일로 문제를 덮고, 일로 외로움을 달래며 끊임없는 삶의 의지를 '일'에 투사한다. 할머니의 눈물이 삶의 무게 때문에 흘리는 고통의 눈물이라면, 우리의 눈물은 할머니가 그 고통에서 자유하기를 바라는 연민의 눈물이었다.

내일은 정말 떠난다. 이제 분명해졌다. 우리가 방문한 첫날 할머니는 우리와 함께한 시간이 좋으셨던지, 언제든 다시 오라고, 아래층 공사가 끝나면 몇 달이고 거기 머물라고 말씀하셨다. 그러나 그 호의는 물세 고지서에 의해 한순간에 밀려났다.

복지제도에 대해 평가하기 위해서는 제도 자체의 적합성과 합리성을 따지기 전에 그 사회가 가진 시민의식을 면밀히 파헤쳐 보는 것이 필요하다. 아무리 제도가 완벽하더라도 그것을 운용하는 사람들의 의식이 받쳐주지 않는다면 결국 실패하기 때문이다. 두 가지의 질문으로 그 사회의 의식을 점검해볼 수 있을 것이다. 첫 번째는 더 많이 가지려는 욕심에 대한 점검이다. 남이야 거지가 되어 흙을 파먹고 살든 말든 나는 기회가 허락하는 한 그 흙 파는 숟가락까지 가져가겠다는 욕심을 얼굴이 빨개질 정도로 부끄럽게 여기는 사회인가? 비정규직 노동자들을 일회용 물티슈처럼 필요할 때 쓰고 버리는 기업, 돈 되는 일이면 동네 빵집에 구멍가게까지 장악하겠다는 대기업의 욕심이 손가락질 받는 사회, 또 그런 잘나가는 기업에 신입사원으로 들어가는 것을 현수막 걸어 자랑할 것이 아니라, 도리어 창피해하는 사회인가?

두 번째는 게으름에 대한 문제이다. 사지가 멀쩡한데 게으르게 앉아서는 남이 벌어 놓은 것을 나눠 쓰며 게으르게 지내겠다는 생각을 부끄러워하는 사회인가? 세금 덜 내고도 분에 넘치는 혜택을 받는 것이 미안해서 언젠간 돈을 많이 벌어 사회에 꼭 되갚겠다는 감사한 마음을 갖는 사회인가? 아니면 당연히 누군가 많이 번 '놈'이 내겠지 하는 심정으로 막 갖다 쓰는 사회인가?

위의 두 가지 욕심에 관한 질문을 바로미터로 삼는다면 서유럽은 어느 쪽으로 기울었다고 할 수 있을까? 그리고 같은 질문을 한국사회에 던진다면? 좌 클릭이 이슈가 되는 우리 사회에서 답은 그리 어렵지 않아 보인다.

> 제도 속에 숨어드는 욕심에 대해
> 하늘을 우러러 한 점 부끄러움이 없기를
> 잎새에 이는 바람에도 괴로워할
> 그런 지도자 없을까

이역만리 독일농장의 밤하늘에도 별이 바람에 스치운다.

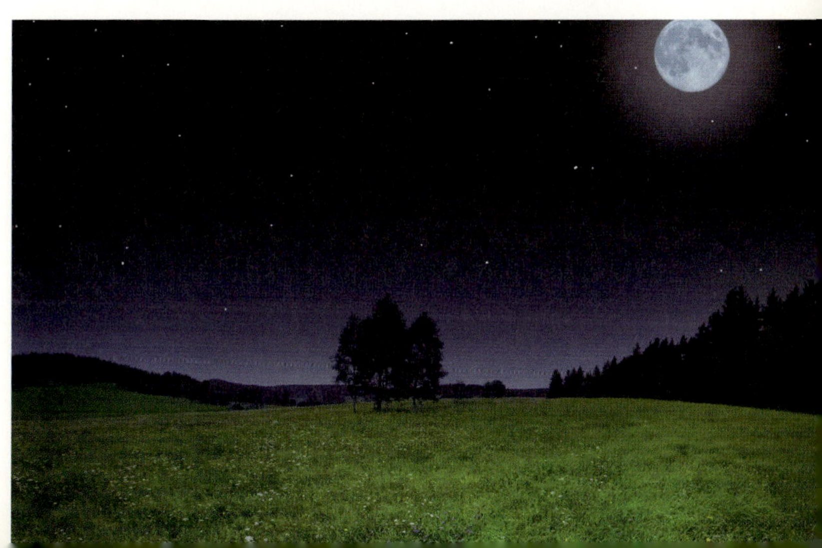

해 저문 복지사회를 뒤로하고

드디어 간다. 할머니와의 마지막 대화는 길었다. 눈물을 뒤로하고 돌아설 수밖에 없었다.

할머니에게 우리에게는 가족^{Familie}보다 크고 디 가까운 공동체 Gemeinde가 있다고 말했는데, 할머니가 한국에 오셔서 그걸 눈으로 확인하실 수 있다면 정말 좋겠다. 이혼한 전남편^{ex-Mann}보다, 가까이 살면서도 머슴처럼 일하는 할머니를 돌아보지 않는 자녀들보다, 진실로 한 영혼의 자유를 위해 미래를 함께 계획하고 고민해 주며 충고하고 격려하는 그런 가족.

사랑하는 가족들아! 잘 있죠?

나는 잘 지내요.

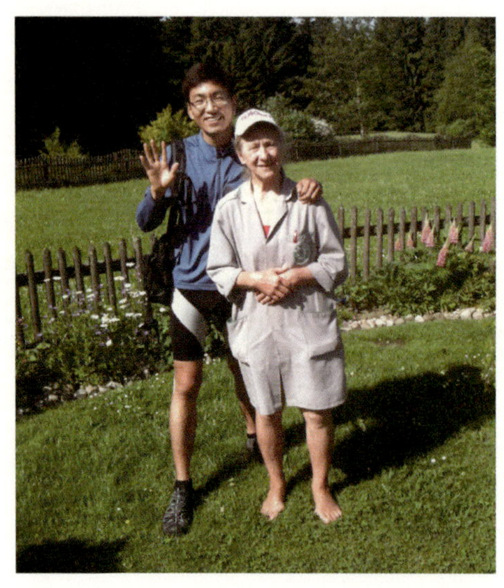

02

통일,
그거 얼마면 돼요?

독일 시골 할머니의 역사강의

오늘 일정은 한마디로 '실수'였다. 그렇게 무리해서는 안 되는 거였고, 앞으로 절대 그렇게는 안 할 것이다. 절대! 60kg에 육박하는 짐가방을 자전거에 달고 딩켈스뷜Dinkelsbühl에서 롯암제Rot am See까지 장장 47.6km. 그리고 짐을 떼 놓고 다시 로텐부르크Rotenburg까지 23.2km를 갔다 오기로 계획했다. 처음엔 스스로 '체력의 한계를 시험해보는 거야!'라고 자신 있게 출발했지만, 그건 사내의 쓸데없는 허세였을 뿐. 아! 완전 바보 같다. 정말 제대로 피곤하다.

게다가 지도에 표시된 캠핑장은 도무지 찾을 수가 없었다. 그런데 나중에 막상 찾고 보니 그 캠핑장은 전혀 있을 것 같지 않은 곳에 꼭꼭 숨어 있었다. 우리는 몇 번이고 같은 길을 지나쳤던 것이다. 상상해보라! 아마 여러분도 이해할 수 있으리라. 호텔을 찾는다고 치자. 지도를 따라왔는데, 그 자리에 흉가가 있으면 그 흉가가 호텔이라고 믿기보다 뭔가 지도를 잘못 봤다고 생각하지 않겠는가. 그런 우여곡절로 인해 피곤을 잔뜩 짊어지고 찾아온 캠핑장. 이렇게 힘들게 찾았지만 들어서자 아무도 없었다. 그동안 만나왔던 별 네 개짜리들과 한눈에 비교가 된다.

이런! 음산하기까지 했다.

　아무도 없나 보다 싶어서 뚝딱거리며 텐트를 거의 다 완성했을 무렵, 어슬렁 지나가는 거구의 할아버지. 꺄악! 깜짝 놀라 소리를 지를 뻔했다. 독일국기 삼색의 고깔모자를 쓰고 줄무늬 잠옷차림이다. 이건 완전히 호러영화 수준! 우리가 불렀는데도 대답 없이 가던 길을 간다. 반은 무섭고 반은 피곤해서 쫓아가지 않고 주저앉아 사과를 쪼개서 나눠 먹고 있었는데, 백발의 에바Eva가 찾아왔다.

　그녀의 등장으로 모든 것이 180도 달라졌다. 끊임없이 쏟아내는 속사포 같은 말 속에 담긴 위트. 혼자 웃고 우리를 웃기고, 절정이었다. 최악의 캠핑장을 덮고 있던 우중충한 회녹색이 그녀의 등장으로 갑자기 싱그러운 연녹색으로 변했다. 피곤에 지친 내 얼굴의 표정까지 달라지는 게 스스로 느껴질 정도였다. 후줄근해 보이던 화장실에 정이 가고, 폐가처럼 썰렁해 보이던 캠핑카도 따뜻해 보였다. 단 한 사람의 등장으로 주위가 이렇게 달라 보일 수 있다니!

　그런데 이게 끝이 아니다. 그다음이 하이라이트! 아니 축제의 시작을 알리는 개막식 축포라 해야 할까. 캠핑장에 짐을 풀어두고 가벼워진 자전거로 로텐부르크에 다녀와서 저녁밥을 준비하고 있는데, 갑자기 에바가 등장했다. 선물이 있다며 빨간 비닐포장 속에서 뭔가를 주섬주섬 꺼냈다. 그건 바로 우리 둘이서 그렇게 애타게 찾던 자전거도로까지 친절하게 그려진 장판만 한 1:100,000 스케일의 지도와, 독일이 한눈에 보이는 독일전도였다(우리가 로텐부르크에 갔다 오는 동안 서점에 가서 사 오신 것이었다). 두 지도를 펼쳐놓고 우리 여행 일정을 하나하나 물어가면서 중요 관광지와 자전거로 가기에 안전한 길을 세세히, 그리고 속사포처럼 설명하시더니만 스윽 나가신다. 아주 쿨하게! 전혀 대가를 바라지 않는다는 명확한 메시지와 함께! 실로 쿨한 서양할머니! 머리는 백발이지만, 말이 선명하고 생각이 명쾌하며 동작이 빠르다. 그러면서

도 성급하지 않고 배려가 깊다. 여러 차례의 여행 경험 때문일까? 우리 필요를 정확히 아시고 바로 서점으로 가서 지도를 사 들고 오신 섬세한 배려. 완전 감동이었다!

가만히 있을 수가 없었다. 한국에서 올 때 친구 지혜가 쥐어준 선물을 또 한 번 쓰기로 했다. 그건 바로 금박으로 한복이 그려진 카드(하나는 이미 군쉬 할머니께 드렸다). 한국어, 영어, 독일어를 섞어 퓨전으로 카드를 써서 에바를 찾아갔다. 이미 밤 9시 반. 에바 혼자 지내는 캠핑카로 찾아가기엔 너무 늦었다 싶었지만, 내일은 어찌될지 모르는 일이니까 용기를 냈다. 그렇게 찾아간 카라반에서 11시 반에 나올 줄 누가 알았으랴! 나는 정말 시간 가는 줄 몰랐다.

우리는 지난 일정과 여행하게 된 동기를 간단히 설명했고, 에바는 자신의 취미와 그녀가 이 캠핑장을 얼마나 사랑하는지 말해주었다. 그리고는 이내 우리의 대화는 공통 관심사인 독일통일로 이어졌고, 그것은 에바의 한 시간 반짜리 생생한 토론식 역사강의였다.

"1989년, 재통일한 지 이제 20년이 되어 가는데, 아직도 돈을 많이 내야 하고 얼마나 더 들어갈지도 모르고, 힘들지 않으세요?"

"동쪽에 돈을 쓰는 것은 '해야만 하는 일must do'이야. 그들의 집과 도로는 정말, 어휴, 말도 마. 꼭 해야만 해. 물론 동쪽에다 돈을 쓰면, 서쪽의 도로는 좀 더 낡은 채로 사용해야 하고, 학교도 낡은 채로 있겠지. 그렇지만 아무리 그렇다 해도 우린 그들보다 나아. 그러니 해야만 하는 일이야.”

“요즘 그리스가 경제적으로 어렵잖아요. 독일이 돕기로 한 것 같은데, 동독을 돕는 것과 어떻게 다르다고 느끼세요?”

“사실 주위 가난한 나라들을 돕기 위해 얼마나 쏟아부어야 할지 걱정이 돼……. (깊은 한숨과 함께 고개를 내저음) 그 사람(그리스 총리) 이상한 사람인 거 알지? 어쩌면 그리스를 위해서는 오히려 돕지 않고, 부도 나서 파산하고 새로 시작하는 것이 나을지 몰라. 그렇지만 동독은 다르지. 동독의 경우는 시간이 필요해. 40년이나 떨어져 살았으니 다시 이해하고 같이 살려면 많은 시간이 필요한 건 당연한 거야. 사실 따지고 보면 떨어져 지낸 시간은 40년도 더 되지. 1949년 동서독 정부들이 수립되기 전, 그러니까 1918년부터 이미 황제^{Kaiser}는 없었어(‘하나의 독일국가’라는 개념이 없었다는 의미). 그 이후로는 ‘하나의 독일’이라는 개념은 약해졌다고 할 수 있지. 그 이후 히틀러가 독재를 시작했고, 1945년 이후 1989년까지 동서독은 너무나 다른 체제에서 살아 왔어. 그만큼 떨어져 지냈고, 그랬기 때문에 너무 달라. 그러니 앞으로도 더 많은 시간이 필요하지. 얼마나 달랐냐면, 처음 통일되었을 때 동독 사람은 ‘바나나! 바나나!’ 했어. 재통일 이전에 그들은 바나나가 비싸서 먹을 수 없었으니까. 통일 직후, 그 사람들 바나나 실컷 먹었을 거야. 그리고 동독 사람들은 종이 같은 재질로 만든, 어떻게 그런 게 움직이는지 모르겠지만, 하여튼 그런 자동차 ‘트라반트’를 타고 다니다가, 통일 이후에는 진짜 쇠로 된 자동차를 갖고 싶어 했어. 그래서 맘 놓고 달리다가 사고도 많이 났지.”

대화를 이어가는 에바의 복잡한 표정을 대하며 나는 잠시 생각에 빠졌다.

'이렇게 애같이 구는 동독 사람들을 서독 사람들은 어떤 마음으로 바라보았을까? 또 진정한 마음과 삶의 통일이 이뤄지기까지 얼마나 많은 시간을 기다릴 작정을 해야 했을까?'

이어지는 에바의 역사강의는 지적知的이었고 열정적이었다.

"독일은 역사적으로 작은 세포와 같아. 처음으로 '이제 끝! 하나로 묶어!'라고 한 사람은 나폴레옹이야. 그가 패망하고 난 직후 1815년(정확하게 연도를 종이에 쓰신다) 이게 독일이 시작된 연도야. 그러니 하나의 독일로 지냈던 시간이 얼마 안 된다고 할 수 있지."

"저는 역사책에서 독일을 통합한 사람은 비스마르크라고 배웠는데요."

"(역시 1871년을 종이에 쓰시면서) 나폴레옹이 주state 차원의 통합을 이루는 계기를 만들어 주었다면, 그걸 연합해서 독일제국으로 만든 사람이 비스마르크야."

에바의 생생한 강의를 통해 강의실에서 배웠던 죽은 지식이 살아서 펼쳐지기 시작했다. 그리고 그 위에 독일통일을 이해하는 새로운 관점을 세워볼 수 있었다. 역사적으로 보면, 독일대륙과 한반도의 통일에는 차이가 있다. 한반도의 경우, 적어도 918년 고려 창건 이후부터 1953년 분단되기까지 한반도 전체에 걸쳐 하나의 중앙집권체제를 유지해 왔다. 다시 말해서 무려 천 년 이상 한반도는 '하나'로 여겨져 왔던 것이다.

반면 독일은 그렇지 않았다. 유럽대륙은(그중에 특히 독일은) 형식적으로는 신성로마제국의 황제가 전체 위에 군림하는 것처럼 보이지만 실은 각 지방 성의 영주들이 실권을 쥐고 있었다. 즉, '하나의 독일'이라는 개념은 아주 최신 개념이라는 것이다. 에바가 말한 대로 1815년은

---

* 영방국가(Territorialstaat): 중세 신성로마제국의 제후국을 가리키는 말로, 각 영방국가들이 준독립국처럼 행세했다.

 두 바퀴로 달린 통일청년의 유럽일기

나폴레옹 전쟁을 수습하면서 독일지역에 흩어져 있던 영방국가*들을 38개로 정리하여 단일주권을 가지는 독일연방을 만들어 낸 시기이다. 그 이후 1848년 혁명으로 다시 연방이 깨졌고, 1871년이 되어서야 비스마르크가 다시 우리가 알고 있는 근대 독일국가를 만들었다. 이런 이유로 독일 사람들은 1989년의 사건에 대해 통일이라는 말 앞에 '다시'라는 의미를 넣어서 '재통일'이라고 표현한다. 이러한 표현 속에 독일 사람들의 통일인식이 들어 있다. 그들은 1989년의 사건을 이 오랜 역사적 과정 속에서 일어난 (잘 알려진 독일역사책 제목처럼) '분열과 통일의 연속'으로 인식하려는 것을 읽을 수 있었다.

에바의 강의에서 배운 중요한 점은 '하나의 국민국가'가 무엇이냐는 정치철학적 개념논쟁이 아니었다. 또한 나폴레옹 통치시기를 통일된 독일로 볼 것이냐 하는 역사학적 논쟁도 아니었다. 에바 강의의 핵심은

1989년 독일 재통일 이후 터무니없이 길어지고 있는 고통에 대한 시민으로서의 역사의식이었다. 역사적 사실로부터 논리적 근거를 들어 현실을 이해하고 합리화함으로써 그 현실의 무게를 견뎌 나갈 동력을 얻고 있다는 점이었다. 무엇보다 이 독일의 시골 할머니가 통일문제를 '감정적'으로 받아들이기보다 '역사적'으로 이해하고 대응하는 것이 무척이나 인상적이었다. 정확히 연도를 기억하는 것도 그렇지만, 그것을 기초로 나름 균형 있는 역사관을 스스로 형성해가고 있다는 사실이 놀라웠다.

이 시점에서 우리 한국의 할머니, 어머니들을 떠올리지 않을 수 없었다. 우리 어머니들 가운데 한국의 통일과 더 나아가 아시아의 통합에 대해 이 정도의 균형 있는 시각을 가진 사람이 과연 얼마나 될까? 거의 대부분은 자녀들의 건강과 직장 그리고 손주들의 안녕만이 유일한 관심과 대화의 주제가 아닌가? 한 나라의 정치와 경제 그리고 점차 하나가 되어가는 아시아와 세계에 대한 진지한 대화를 다른 문명권에서 온 젊은이와 서슴지 않고 나눌 수 있는 역량 차이에 섬뜩한 중압감을 느낀다. 남부 독일의 한적한 시골의 캠핑카 강의실에서 이제 우리가 해야 할 통일준비를 생각한다.

이런 대화가 가능한 보통 할머니들이 있기에 독일의 재통일이 지금 정도의 순탄한 과정을 겪는가 보다. 그렇다면 한국의 통일에 대해 이런 대화를 나눌 시골의 보통 아낙네와 할머니가 없다면 물리적 통일이 설령 이루어진다 하더라도 실제적이고 총체적 통일은 너무나 어려운 건 아닐까? 더더구나 한국뿐 아니라 일본이나 중국의 아줌마들도 더 넓은 동아시아의 통일에 대해 이런 대화를 하지 못한다면 어떻게 실제적 통합을 이룰 수 있을까?

재통일 말고도 우리 셋은 독일 자동차 얘기, 자전거 여정 얘기, 대도시에서의 삶과 자연 속에서의 삶에 대해 대화를 나누었다. 에바는 슈투트가르트^{Stuttgart}에 살면서 여름이면 롯암제에 와서 두 달 정도를 지낸다고 했다. 우리는 서로에 대해 많이 듣고 알게 되었다.

62세, 유럽의 할머니는 젊고 힘 있는 삶을 살고 있었다.

필수 스펙, 3년 반의 무전여행

다음 날 아침엔 비가 내렸다.

따뜻한 집의 창가나 분위기 좋은 카페에서 듣고 있는 빗소리는 낭만적이지만, 자전거 여행 중 내리는 비는 피곤한 추억만을 남긴 채, 남은 체력을 전부 가져갈 뿐이다. 우리는 아침 일찍 일어났지만 아무것도 할 수가 없었다. 잠시 비가 그친 듯해서 겨우 텐트 문을 열고 나서니, 밤새 비를 맞은 전기자전거에 깔끔하게 말린 우산이 하나 기대어 있다. 에바의 세심한 배려다. '한 손으로 우산을 받쳐 들고 자전거를 탈 수는 없는 데……' 그래도 감동의 쓰나미가 밀려온다. 나중에 들어보니 비올 때에 우산 들고 자전거 타는 유럽인들이 제법 있단다. 아마도 에바는 이런 배려를 우리에게 한 것이리라.

어쨌든 아침부터 떠나야겠다 싶어 주섬주섬 챙겨보는데 에바가 왔다. 일기예보에 따르면 오늘 종일 비가 온다면서 우리가 원한다면 머물 곳을 알려주겠단다. 그리곤 우리를 일종의 관리실로 안내한다. 아! 이렇게 고마울 데가……. 한 주 내내 비와 습기에 시달리며 자고, 라이딩하고, 축축하게 자고, 젖은 채로 달리고, 도무지 비를 막아주는 지붕 아래 뽀송뽀송한 잠자리에 몸을 뉘여 보지 못한 우리에게 이건 정말 고마운 일이었다. 우린 잠시 작전회의를 하고, 두말할 필요도 없이 여기에 더 머물기로 했다.

넘치는 감사를 표하기 위해 우리는 에바와 친구들(여름마다 함께 지내는 캠핑 친구들, 오십이 넘은 두 분의 아저씨들이다)에게 저녁을 대접하기로 하고, 에바와 함께 쇼핑에 나섰다. 우리는 정육점Fleischer에 들렀는데 에바는 거기에서 독일 사람들이 사랑하는 각종 소시지와 고기들을 소개해 주었다. 그것들은 무려 10m가 넘게 진열되어 있었고, 이름도 가지각색이었다. 순간 왜 이렇게 독일 사람들이 거구에 뚱뚱한지 알게 되었다.

거기서 우리는 스테이크를 위한 고기를 구입한 후 옷을 사러 나섰다. 사실 자전거에 실을 짐 무게를 생각하면 러닝셔츠 한 장이라도 버리고 싶은 심정이었다. 그럼에도 옷을 사러 나선 사정이 있었으니, 예상 외로 6월 말 독일은 거의 늦가을 날씨였기 때문이다. 가져간 반소매를 입을 일이 없을 정도로 쌀쌀했다. 그래서 긴소매 트레이닝복을 사러 나섰다. 가까운 곳에 적당한 옷이 없자, 이미 10km 넘게 달려왔는데 다시 20km 이상 차를 몰아 물어물어 찾아갔다. 그렇게 찾아갔지만, '가는 날이 장날'이라고 점심시간. 독일에는 12시부터 오후 2시까지 점심시간에 그냥 문을 닫는 가게가 제법 많다. 웬만한 시골은 다 그렇다. 이렇게 텅 비게 된 두 시간. 그렇지만 에바는 센스 있게 우리를 또 다른 곳으로 인도하는 자상함을 보여주었다.

바이커스하임 성Schloss Weikersheim은 너무나 아름다운 곳이었고, 우리는 오랜 시간을 거슬러 올라가는 장대한 스케일의 역사적 설명을 에바에게 들으며 친절하고도 개인적인 가이드를 받는 행운을 누릴 수 있었다. 덕분에 그 어느 박물관이나 유적지에서보다 이곳에서 독일 귀족들의 삶에 대해 가장 많이 배우고 느낄 수 있었다. 바이커스하임 성의 화려하게 꾸며진 크고 작은 방들이며 넓은 정원과 식물원도 그랬지만, 가장 인상 깊었던 것은 '난쟁이 석상들'이었다. 이들은 땅딸막한 키에 저마다 강렬한 얼굴 표정을 하고 넓은 정원 쪽을 지키고 섰다. 코걸이 안경을 위로 고쳐 올리며 살림을 꼼꼼히 챙기겠다는 판매담당Kaufmann, 하인 중에서 유일하게 여유가 넘치는 웃음을 간직한 여자 정원사Gärtnerin, 여느 군인 못지않은 엄격한 얼굴로 성의 안전을 책임지고 있는 파수꾼Wachtmeister 등등. 12개의 이야기들을 그저 지나칠 수 없어 그 앞에 꽤 오랜 시간 머물러 서서 그 얼굴에 담긴 성 안에서의 과거의 삶을 헤아려

바이커스하임 성(Schloss Weikersheim)

왼쪽 위 사진부터 시계방향으로
① 주방장
② 상인(구매담당)
③ 창고출납계원
④ 건물관리자(집사)
⑤ 여자정원사
⑥ 파수꾼
⑦ 시녀(몸종)

보았다. 조용히 자리 잡고 앉은 이 거대한 성이 정상적으로 돌아가기 위해 이들은 새벽잠을 설치고 일어나야 했으리라. 그리고 밤늦은 시간까지 촛불을 받쳐 들고 각방 구석구석을 확인한 후에야 잠들 수 있었을 것이다. 그 옛날, 성에서의 우아한 삶의 주인공은 커다란 권세를 가지고 느릿느릿 걷는 귀족들이었겠지만 오랜 세월이 지난 지금, 우아한 성의 풍채를 둘러보는 나그네의 마음에는 이름도 없이 잰걸음으로 부지런히 성을 쓸고 다녔을 하인들이 아릿하게 새겨진다. 실제 하인들이 모두 난쟁이는 아니었을지라도 왜소하게 평가된 삶을 나름의 치열함으로 살아갔으리라.

우린 '최고의 여행 가이드는 현지에서 만난 친구'라는 것을 절감했다. 흔히 여행 뒤엔 사진밖에 남는 것이 없다고들 하지만, 천만에! 시간이 지나면 사진은 빛이 바래고, 기억은 흐려지지만, 여행 중 만난 에바

두 바퀴로 달린 통일청년의 유럽일기

와 같은, 진국인 친구는 시간이 갈수록 그 추억의 맛이 깊어진다. 여행 후에도 만남이 계속되면 이전까지 미처 경험하지 못한 일상적 삶의 다양함과 깊이를 경험하게 된다. 여행을 마치고 한국에 돌아온 지금도 에바로부터 캠핑장 소식과 도시에 사는 예쁜 손녀이야기뿐 아니라 손수 만든 수십(?) 가지의 케이크를 맛보러 오라는 메일이 날아오곤 한다. 고로 단언해본다: '여행 뒤에 남는 것은 사진이 아니라 사람이다!'

그리하여 과감하게 일정을 바꾸어, 내일은 반경 50km 모든 서점과 책을 사고파는 사람들이 함께 만나는 고서적 마켓에 가기로 했다. 우리는 앞에 계획되어 있던 잘 알려진 로만틱 가도의 관광명소들보다 에바의 사람 사는 이야기, 문화적 힘, 그 축적된 에너지에 대해 더 듣고 싶었다.

바로 그 독일의 문화적 힘, 삶의 여유를 만들어내는 그 파워를 절감한 스토리가 있었으니, 에바 둘째아들의 여행 얘기다. 우리는 정말 깜짝 놀랐다. 그는 조각을 전공하고 직업으로 선택한 석공Steinmetz이 되기 전에 3년 반 동안 수도사처럼 유럽 이곳저곳을 돌아다녔다고 한다. 무려 3년 반이라는 긴 시간보다 더 놀라운 것은 무전여행이었다는 사실. 아무것도 없이, 심지어 어디서 잘지, 무엇을 먹을지, 아무런 계획도 없이, 돈 한 푼도 없이 3년 반을……. '이거 완전 거지 아냐?' 그래서 우리는 아드님이 괴짜이신가 보다 했는데, 제대로 틀렸다. 여기서 한 번 더 놀랄 수밖에 없었는데, 이런 여행이 독일에서는 특별한 것은 아니란다. 물론 꼭 3년 반의 장기간이어야 하는 것은 아니지만, 일반적으로 정식 석공이 되기 전에 누구나 1년 정도는 이런 여행을 경험한다고 했다. 이 여행의 정체는 무엇일까? 나는 마치 완전히 새로운 종족을 발견한 것처럼 인류학적 호기심에 빠졌다. 에바는 아들의 여행을 한마디로 명쾌하게 정의 내렸다.

"아들이 소년Boy으로 떠났는데 남자Man가 되어 돌아왔다."

섬뜩한 자극이었다. 나는 이런 경험이 있었던가? 그래서 내 어머니께서 여행 후 다시 나를 만났을 때 소년이 아니라 남자가 다 된 아들을 보신 적이 있었던가?

에바의 아들은 3년 반 동안 늘 새로운 곳에서 불편한 잠자리를 펴면서 무엇을 가슴에 새겼을까? 그전까지의 모든 불평과 원망이 사치스러웠음을 뉘우쳤다면, 도리어 감사하는 태도로 삶의 자세를 바꾸었으리라. 3년 반, 1,280일 동안 단 하루도 아주 작은 것조차 마음대로 되지 않는다는 것을 경험했다면, 앞으로 다가올 시간 앞에서 머리 숙여 겸손을 배울 수 있었으리라. 짧지 않은 그 시간, 가장 단순한 나그네의 삶을 살면서 거추장스러운 생의 겉치레들을 하나둘씩 털어 내었다면, 영원에 닿아 있는 삶의 본질을 추구할 열정을 가슴에 담을 수 있었으리라. 수많은 생의 스토리들을 써내려가는 시간은 꼭 에바의 아들, 독일의 청년들에게만 필수 스펙spec일까? 누구나 이처럼 허물을 벗고 새로 태어나는 시간이 필요하지 않을까?

우리 한국문화는 장애를 하나 가지고 있다. 조급증. 허물을 벗기 위해 현재 가족 안에서 안정을 누리는 삶의 과정을 과감하게 딱 멈추고, 진정한 개인의 성장을 위한 새로운 누에고치를 만들려는 힘과 용기가 없다는 것이다. 나는 서른이 넘기까지 그럴 마음의 여유 없이 달려왔다. 80일 여행을 계획하고 떠나온 지금도 내가 느끼는 한국사회의 감각으로는 3개월 이상, 그것도 지구 반대편에서 여행을 하는 것은 괴짜들이 하는 '짓'이다. 그러나 여기 유럽은 그렇지 않다. 이기적 개인주의는 나쁘지만 자기의 정체성을 섬뜩하도록 확인하는 개인주의는 보배와 같다. 마찬가지로 가족 속에 파묻혀 안주하는 '가족공동체주의'는 나쁜 것이지만 더 넓은 공동체를 이루기 위해 마음을 넓히는 '새로운 공동체주의'는 별과 같은 것이다. 젊은이들에게 이런 시간을 열어두는 독일의 사회적 배려와 유럽의 문화적 힘이 가슴에 사무치도록 부러웠다.

통일항아리? 밑 빠진 독!

그림 같은 바이커스하임에서의 문화기행을 마치고, 캠핑장으로 돌아와 광재 형과 나는 경미한 흥분을 동반한 긴장상태에 들어갔다. 흥분의 이유는 에바를 포함한 네 명의 독일인들에게 그들 생애 최초의 한국음식을 선물할 수 있다는 기쁨 때문이었고, 긴장의 이유는 총각 둘이서 과연 비빔밥을 제대로 만들 수 있을까 하는 스스로에 대한 강한 의심 때문이었다. 갑자기 한국대표가 되어버렸으니, 한국에서 친애하는 굶주린 친구들에게 하듯 "요리 망쳤어. 배고픈 사람만 먹어." 할 수는 없는 노릇 아닌가!

다지고, 볶고, 데치고……. 무려 한 시간 반 동안 정성을 들여 비빔밥과 비프스테이크를 완성했다. 모양은 꽤 아름다웠다. 뭔가 형형색색으로 펼쳐진 재료들이 제법 모양을 갖추었다.

결과는 대성공! 폭발적인 반응이었고 심지어 손가락으로 그릇에 묻어 있는 고추장을 닦아 먹는 친구가 있을 정도였으니, 이 정도면 한국음식에 먹칠은 하지 않았다고 자부할 수 있지 않을까? 성공 요인? 바로 어머니표 고추장! 고기를 넣어 볶아 주신 고추장의 깊은 맛에 어찌 감동하지 않을 수 있으랴! 서양 사람들이 매운 음식을 잘 먹지 못한다는 말은 최소한 롯암제 캠핑장 Rot am See Camping-platz에서는 새빨간 거짓말이었다. 빠알간 고추장만큼이나!

그렇게 식사를 마치고 에바에 이어 그의 두 친구들에게도 독일의 재통일 이야기를 꺼냈다. 그들 역시 거대이론이나 일반적 역사보다는 보통 사람이 느끼는 실제적 삶의 무게를 토로하기 시작했다.

"너희가 보기에 통일독일은 모든 것을 보장받는 깔끔한 국가인 것처럼 보일거야. 그렇지만 실은 그렇지 않아. 어려움이 많지. 젊은이들은 일자리가 없고, 나이 들어가는 우리는 쏟아부어야 할 연금이 무겁고, 동쪽은 더 많은 돈을 원하고……. 제일 심각한 건 말이야. 이런 상황이 언제까지 이어질지 알 수 없다는 거야.”

결국은 돈 문제였다. 제대로 받을지 확신할 수 없는 연금을 위해서 현재 월급이 깎일 뿐 아니라, 설상가상 연대세*의 부담이 장난이 아니라는 것이나. 그러나 이것은 단순히 돈 문제 이상이었다. 즉, ‘지금 들이붓고 있는 이 엄청난 돈이 과연 의미가 있나?’라는 실효성에 대한 질문과 ‘이거 언제까지 쏟아부어야 하는 거야?’라는 시간의 문제가 포함되어 있었다. 그리고 이들의 한탄 속에서 발전하지 않는(혹은 너무나도 더디 발전하는 것 같은) 동쪽 독일에 대한 안타까움을 읽을 수 있었다. 그러나 이 안타까움 속에 동쪽을 향한 원망이나 불평은 없었다. 오히려 이를 견디는 것이 당연하다는 일종의 확고한 의지가 전제되어 있었다. 단지 “동독인들의 머릿속을 바꾸는 데는 시간이 걸린다”는 것이었다. 듣고 보니 과연 서독인 각자가 긴 시간 지고 가야 할 어깨의 짐은 실로 무거운 것이었다. 다른 한편 동독 사람들의 등짐 역시 무거운 것은 마찬가지였다. 서독인들이 그런 부담을 지고 있다는 것을 늘 의식하면서, 사회주의적 삶의 모든 습관들과 가치관들을 모조리 버리고 새롭게 자신을 변화시켜야 할 일이 작은 것은 아니니까.

문득 한반도로 관심을 돌려, 아직 외형적 남북통일조차 되지 않은 우리가 장차 지고 가야 할 무거움을 생각하니 아득해졌다.

‘우리는 아직 시작도 안 했는데…….’

통일된 그들의 신음소리가 지구상의 유일한 분단국가에 사는 나의 마음에 더 큰 신음소리로 메아리쳐 왔다.

그래서 나는 절박한 심정으로 물었다.

---

* 連帶稅: Solidaritätszuschlag, (통일)연대세 – 통일 직후 1991년에 도입되어, 현재는 개인 소득세와 법인세의 5.5%가 부과되고 있다.

 두 바퀴로 달린 통일청년의 유럽일기

"그것 때문에 내가 여기 독일에 배우러 왔습니다. 한국은 장차 다가올 통일을 준비하려고 합니다. 뭘 준비하면 좋을까요?"

대답은 너무도 황당했지만, 가슴 시리도록 진실했다.

"뭐든지!"

재통일의 경험을 담고 있는 그들의 말은 진심이었다. 자신들의 판단으로 1989년은 준비되지 않은 재통일이었다는 것이다. 외적인 정치, 경제체제는 빠르게 하나로 봉합되었지만, 막상 외과적으로 붙여놓고 보니 내부적으로 혈관, 신경 어느 것 하나 제대로 연결되어 흘러가는 것이 없더라는 말이다. 결국 그렇게 밑 빠진 독에 물 붓기가 시작되었고, 그 긴 소모적 현실에 신음할 수밖에 없게 되었던 것이다. '뭐든지'라는 그들의 대답은 '밑 빠진 독'이 필연은 아니라는 실낱같은 희망을 암시하는 듯했다.

그렇게 숙제를 받아 텐트로 돌아와서는 생각에 잠겼다.

"그렇다면 '뭐든지' 중에서 무엇부터 준비하지?"

그들보다 더 어렵고 힘든 과제를 안고 있는 남한과 북한의 통일을 위하여 무엇부터 준비하면 좋을까? 다른 사람은 몰라도 적어도 나 자신부터 시작할 수 있는 것은 없을까?

1990년 독일의 재통일 초기, 동독을 서독체제로 흡수할 때 자본주의 시장경제체제에 대한 절대적인 자신감이 있었다. 하지만 얼마 지나지 않아 문제가 터지기 시작했다. 불도저처럼 밀고 들어온 서독의 시장논리로 동독 기업들이 어이없이 저평가되어 헐값에 처분되었고, 그 결과 한때 동구권의 맹주로 여겨졌던 동독 경제의 기반이 하루아침에 무너졌다. 그러자 그때까지 (서독 자체의) 자본의 힘을 믿고 있던 서독은 무너져 가는 둑을 막기 위해 돈을 쏟아붓기 시작했다. 그러나 제1, 2차 연대협약으로 대표되는, 옛 동독지역에 대한 보조금(이전금)지원 사업은 재통일을 '대재앙'으로 몰아가고 있다는 비판을 받고 있다. 여기에 더해서 보조금 지급기간이 1989년 당시 약속된 것보다 길어져 서독 납세자들의 부담이 커짐에 따라 동서독 간의 새로운 사회갈등이 생겨났다. 결국 동독인들은 자부심을 잃어가고 2등 국민이라는 열등감에 시달리게 되었다. 이 모든 것이 동독을 자본주의 시장경제체제로 흡수하게 될 때에 얻고자 했던 결과는 아니었을 것이다. 1992년 작센 주지사였던 쿠르트 비덴코프는 "다시 통일을 맞이한다면 모든 것을 더 잘할 수 있을 것이다"라는 의미심장한 말을 남겼다. 그러나 아쉽게도 독일인들에겐 더 이상 기회가 없다. 지난 역사는 이미 화석처럼 굳어져 더 이상 바꿀 수 없으니까.

그러나 한국인들에겐 기회가 남아 있다. 독일 통일을 타산지석으로 삼을 수 있는 기회 말이다. 그렇다면 우리는 무엇을 준비해야 할 것인가? 그건 바로 새로운 한반도의 구체적인 미래를 꿈꾸는 일이다. 기아와 폭정에 허덕이는 무능한 북한의 공산주의체제를 원하는 바보는, 공산주의 이데올로기에 미친 사람 외에는 없을 것이다. 그렇다고 해서 남한의 자본주의 시장경제체제만으로 통일 이후 새로운 한국을 이룰 든든한 기초를 만들 수 있으리라는 자신감을 가질 수 있을까? 그것 역시 만용이다. 그러므로 통일을 준비하는 우리에게 필요한 것은 새로운 사회에 대한 소망을 그리며 상상의 나래를 펴는 일이 아닐까? 사회주의도 자본수의도 아닌, 시장경제도 공산주의도 아닌, 새로운 사회를 위한 상상력 말이다!

나는 내일 다시 독일 친구들을 만나서 이 주제에 대해 본격적으로 대화해보기로 하고, 숙제를 절반만 끝낸 심정으로 잠을 청했다.

밑 빠진 독에 물을 채우려면!

책을 좋아하는 책의 사람들.

우리나라 사람들이 참 책을 좋아한다고 생각했는데, 독일 사람들의 책에 대한 애정 또한 대단했다. 중고책 장터라고 해서 나는 거대한 체육관에 4열 종대 분야별로 부스가 나란히 배열되어 있는 대규모 중고책 장터를 상상했지만, 그런 건 아니었다. 각 사람이 자기 책을 가지고 나온 깨알 같은 중고장터. 산 중턱부터 자리 잡은 동네 전체가 거대한 중고책 시장이었다. 그동안 내가 한국에서 익숙하게 보아 왔던 어떤 단체나 관의 주최로 열리는 행사중심의 장터가 아니었다. 책을 팔아 대박을 터뜨리겠다는 의지도 보이지 않았고, 행사의 구색을 맞추느라 억지로 동원되어 자리를 채우고 앉은 알바생은 눈을 씻고 찾아봐도 없었다. 시민들이 자발적으로 형성해 가는 문화와 전통! 이런 시민문화가 정말 부러웠다. 물론 인문/사회/문학/예술 등의 구분이 없으니 필요한 책을 찾는 건 거의 불가능했지만 말이다.

그래서 그런지 좀 더 친근했고, 더 인간적이었고, 재미있고, 여유가

있었다. 책만 파는 것은 아니었다. 아이들이 어렸을 때 가지고 놀던 장난감과 수업시간에 만든 카드를 들고 나와서 팔고 있었다. 아이들은 수줍은 듯하면서도 장사에 적극적이다. 파는 사람은 손에 닳고 닳아 노랗게 색이 바랜 책에 자신의 사연(소위 우리에게 유행이 되기 시작한 '스토리 마케팅'이다)을 덤으로 얹어주고, 사는 사람은 책에 드리워진 추억을 받아들고는 다시 자신의 기억을 덧붙여가는 만남이 이뤄지고 있었다.

장터에서 마을 아낙네들이 파는 음식을 사서 앉아 먹으며 우리는 어제 나눴던 이야기를 에바와 이어갔다. 밑 빠진 독, 통일세에 대해 이야기하면서, 새로운 독일 혹은 유럽사회를 상상해본 적이 있는지를 물었다.

에바의 답은 내가 이름 붙이기로 '가족 혹은 아이들을 위한 세상^{Welt für Familie oder Kindern}'이었다. 이런 에바의 순진한 이상향을 가로막는 냉혹한 악당이 있었으니, 바로 은행가였다. 이들이 수많은 돈을 도둑질해 간다는 것이다. 고객이 돈을 맡길 때는 겨우 2%의 이자를 주고, 돈

　두 바퀴로 달린 통일청년의 유럽일기

을 빌려줄 때는 무려 16%의 이자를 갈취해 간단다. 금융산업 자체가 악은 아니지만 너무나 썩기 쉬워서, 문명이 망할 때 그 징조가 금융업의 번성을 통해 가장 먼저 감지된다는 것을 에바는 정확히 지적했다. 에바가 프랑스 아날학파의 영향을 받은 『세계체계론』*을 읽었는지 모르겠지만, 그것은 이론적이기보다 직관적인 감각에 의한 것이었다. 그리고 자기가 혁명을 일으킨다면 은행가들을 처단하고—오! 과감한 우리 에바—아이들을 최고로 중요하게 여기는 세상을 만들겠다고 했다.

또 현재 독일은 '차를 위한 나라'라는 부정적인 정의를 내렸다. 집을 지을 때 주차장을 확보하지 못하면 허가를 내주지 않지만, 어리석게도 아이들을 위한 공간은 전혀 고려하지 않는다는 것이다. 이어서 젊은 엄마들이 가진 고민인 육아문제를 지적했다. 정부가 도와준다고 하지만 실은 전혀 피부에 와 닿지 않는단다. 아이가 있으면 직장에서 거부하고, 아파트 얻기조차 힘들단다. 아마도 애들이 있어 시끄러워지는 것을 싫어하는 건 동서양 공통인가 보다. 복지가 잘되어 있다는 유럽에서도 그 속에서 살아가는 사람들의 '체감 복지'는 충분하지 않은 듯했다. 어제 대화에서도 천오백만 명의 가난한 사람들이 '형편없이' 지낸다는 이야기를 들었다. (과거 서독의) 독일인에게 '형편없는' 상태가 어느 정도인지는 몰라도 나에게는 충격이었다.

'밑 빠진 독에 물 붓기' 얘기를 더 이어가기 전에 잠시 영화 이야기 하나 해보려고 한다. 〈달마야 놀자〉를 기억하시는지? 경찰에 쫓겨 산속 절간으로 숨어든 조직폭력배들. 스님과 건달이 사이좋게 지낼 리 만무하다. 주지스님은 밑 빠진 독을 물로 채우라는 문제를 내고는 시간 내에 풀지 못하면 내쫓겠다고 으름장을 놓는다. 경찰에 쫓기는 몸이라 난동을 피울 수도 없어 조폭들은 절박한 심정으로 방법을 찾는다. 그러나

* 지오바니 아리기, 비벌리 J. 실버 외 지음, 『체계론으로 보는 세계사(Chaos and overnance in the mordern World system)』, 모티브북.

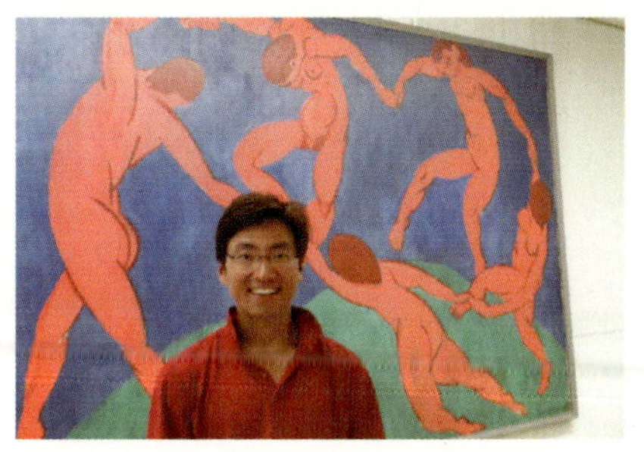

돼지 같은 건달의 배 위에 독을 올려 구멍을 막아보려 해도, 최고의 깡다구와 지구력을 가진 건달이 물 빠지는 속도보다 더 빨리 물을 들이부어도 도로아미타불. 시험시간이 째깍째깍 끝나가고 있었다. 마지막 순간, 조폭대장은 "유레카!" 밑 빠진 독을 들고 뛰기 시작한다. 그가 달려간 곳은 절간 한쪽에 있는 연못. 모두 의아한 얼굴로 서로 멀뚱멀뚱 쳐다보고 앉았는데, 가차 없이 밑 빠진 독을 연못에 던져 넣는다. 풍덩~

주지스님은 그 모습을 보고 의미심장하게 미소 지으며 "저 봐라. 독에 물이 가득 찼네" 하고 돌아선다. 물을 채우기 위해 역동적으로 돌아가던 화면은 조용한 연못 위에 주둥이만 둥둥 떠 있는 항아리를 꽤 오랫동안 천천히 클로즈업하고는 마무리된다.

이 영화에서처럼 밑 빠진 독을 채우기 위해 물을 들이붓는 것이 아니라 항아리가 처한 상황을 구조적으로 바꿔보는 건 어떨까? 한 예를 들어보자. 조사에 따르면 독일의 통일비용의 49.2%가 경제발전을 유도하는 투자성격의 비용이 아니라, 실업보험수당, 노후연금 등의 사회보장성 지출이라고 한다.* 이러한 실업수당이나 연금문제가 통일 이후 갑자기 생긴 것은 아니다. 미리 예상하고 조정할 수 있었을 것이다. 간단하

* 「고무줄 통일비용」, 매일경제(2010.8.21).

  두 바퀴로 달린 통일청년의 유럽일기

게 가정해서, 누군가 복지정책이 가진 포퓰리즘을 극복하고 시민의식을 개혁해서 복지정책을 시행했다면, 그리하여 고비용 복지정책을 피할 수 있는 사회체제를 만들어 갔다면 어땠을까? 통일비용이 절반으로 줄고, 통일세와 쌍벽을 이루는 연금의 무게도 덜 수 있지 않았을까?

대학원에서 배운 퇴니스^{F. Tönnies}라는 한 유명한 독일학자는 『공동체와 조직체(사회)』라는 책을 썼다. 쉽게 말하자면 공동체^{Gemeinschaft}는 '친척(가족)들 모임'이고, 조직사회^{Gesellschaft}는 '회사'다. 공동체는 혈통적 혹은 운명적으로 맺어진, 상대적으로 크기가 작은 정(情)적인 정신적 모임이라면, 조직체는 공통의 이익을 위해 기계적·실용적으로 모인 상대적으로 큰 집단이다.

19세기 말, 1887년에 퇴니스는 이 책을 통해 이전에 익숙했던 '공동체'가 점차 '조직사회'로 바뀌어 갈 것이라고 예언했고, 과연 이는 적중

했다. 조직체의 기계적 삶의 방식이 공동체를 해체시켜 버렸다. 120년이 지난 요즘은 친척들 간에 아무리 어려운 일이 생기더라도 서로 돈으로 도우는 일은 하지 말아야 할 것이 되어버렸고, 대신에 각종 보험상품에 의존하게 되었다. 여기 독일을 비롯한 서양뿐 아니라 21세기의 동양도 점점 더 그렇게 되어가고 있다. 그래서 인간다운 용서, 기다림, 소망의 삶은 사라지고 소외되어 차갑고 비인간적인 삶이 지배적이 되어가고 있다.

이제 21세기 초, 우리에게 필요한 것은 바로 따뜻하고, 기댈 수 있고, 용서가 가능해서 언제든지 새로 시작할 수 있는 공동체와 그 가치관이 아닐까? 1789년 프랑스혁명의 깃발이 휘날리던 그 시절에는 자유롭고 독립적인 개인을 강조해야 했다. 개인의 자유가 무참히 억압받던 시절이었으니까. 그러나 실제 인간은 그리 자유하거나 독립적이지 않다. 송아지는 태어나자마자 자기 발로 일어서서 어미젖을 먹지만, 인간은 짧게는 5년에서 길게는 20년 이상 부모와 가족이 먹이고 입혀주어야 한다. 생물학적 관점에서도 물론 그렇지만 사회적 · 역사적 관점에서도 인간은 더욱더 공동체적 존재이다. 또 인간은 부모와의 관계 속에서 태어나 형제자매로 살다가 딸과 아들을 낳고 죽는다. 인간은 원초적으로 이렇게 공동체 속에서, 역사 속에서 관계를 맺으며 살아간다. 물론 '개인 없는 공동체'는 무서운 지배만 있는—사실은 공동체가 아닌— 전제적 집단일 뿐이다. 반면에 '공동체 없는 개인'은 스스로 소외되어 버리고 만다. 관계가 없으므로 완전히 파편화되어 건조하고 이기적인 인간 껍질만 남게 된다. 그러므로 이 둘 모두가 필수적이다. 그러나 굳이 '개인'과 '공동체' 사이에 무엇이 더 우선순위인지를 묻는다면 나는 공동체라고 지금은 답하고 싶다.

인간은 공동체적 존재이다. 그렇다고 해서 다시 혈통 중심의 저 옛날 씨족사회로 돌아가자는 말은 아니다. 그러면 어떻게 새로운 공동체가

　　　두 바퀴로 달린 통일청년의 유럽일기

가능할까? 답은 '희생'이다. 가족공동체가 부모의 희생을 자양분으로 자라나듯이 누군가의 희생이 필요하다. 이 희생은 먼저 용서하고, 먼저 신뢰를 던지고, 오래 참고 기다리며, 상대가 잘못을 인정하고 돌이킬 때 몇 번이고 새롭게 출발할 기회를 주는 삶을 사는 것이다. 희생의 정반 대는 나를 중심으로 무엇이든지 긁어모으는 이기심이다. 이기심의 결 과로 뭔가가 나에게 남는다 하더라도 그것은 물질적인 것뿐이요, 이미 정신과 영혼은 피폐해지고 만다. 21세기 현대문명에서 우리는 이 쓴맛 을 톡톡히 보고 있다. 그러므로 '새로운 공동체'는 내가 희생을 실천하 는 데서 시작될 것이다. 공동체를 이상으로 생각만 할 뿐 결코 믿지 않 고 행하지 않는 사람들의 대세를 거슬러 나가는 것이 쉽지 않지만 이것 이 정말 가치 있는 것이 아닐까?

이를 위해서는 작게나마 나의 희생이 먼저 필요하다. 그 위에 용서, 자발적인 기여, 그리고 나의 우선적 희생과 같은 공동체적인 가치를 형 성하고, 배우고, 가르칠 수 있는 '새로운 공동체'가 태어날 수 있으리라.

03

독일교회의 고해

작은 촛불, 독일을 태우다

1989년 10월 9일 오후, 독일 베를린 장벽이 무너지기 꼭 한 달 전이었다. 이날도 어김없이 독일의 재통일을 염원하는 '평화기도회'가 열렸다. 철의 장막이 쳐진 동독지역 라이프치히의 성 니콜라이 교회에서 기도회를 마친 2천여 명의 신자들이 교회 문을 열고 광장으로 나섰을 때는, 이미 수만 명의 시위대가 운집해 있었다. 이들은 "우리는 하나의 국민이다Wir sind ein Volk!"라고 외쳤다. 행진을 시작하자 시위대의 숫자는 7만 명으로 불어났고, 중무장한 경찰들의 폭행에도 불구하고 다음 월요일에는 거리로 쏟아져 나와 통일을 외치는 이들이 12만 명으로 늘어났다. 이날의 사건으로 동독교회는 '월요시위Montags-Demonstrationen'라는 이름을 독일통일 역사에 선명하게 남겼다. 분명 평화기도회로 시작된 월요시위는 교회가 통일에 있어서 극적인 역할을 하였던 대표적인 사건이다.

독일통일 당시 교회가 했던 역할은 부인할 수 없이 선명했다. 동독의 비밀경찰인 '슈타지Stasi'에서 일했던 공산당 간부는 훗날 이렇게 고백했다.

"우리는 모든 것에 대한 대비를 했지만 촛불과 기도에 대해서는 대

   두 바퀴로 달린 통일청년의 유럽일기

책이 없었다.”

평화기도회를 주도했던 니콜라이 교회의 퓌러^{Ch. Fühler} 목사는 교회의 역할을 이렇게 웅변했다.

“교회가 할 수 있는 일은 작습니다. 그 기도는 한여름 태양에 뜨겁게 달궈진 바위 위에 떨어진 물 한 방울처럼 덧없는 것일지도 모릅니다. 하지만 누군가는 희망의 증거를 보여주어야 합니다. 교회가 해야 할 일이 바로 기도입니다.”

20년 전 재통일 과정에서 종교의 역할이 그처럼 의미 있는 것이었다면, 독일교회는 21세기에 진입한 지금 어떤 의미 있는 역할을 하고 있을까? 나는 독일에서 만나는 사람마다, 방문하는 교회와 공동체들마다, 이것에 대해 대화하고 싶었다.

2007년 공학도에서 사회학 대학원생으로의 급작스러운 전환, 이후 공학 쪽으로만 발달되어 굳어진 머리를 쪼개가며 책을 읽고 사회학 논문을 써갔던 시간들, 팍팍한 인문과학과 사회과학에 대한 공부에 헐떡이던 때도 있었지만 그 삶을 꾸준히 이어갈 힘이 생기곤 했던 에너지의 원천은 북한의 현실을 이대로 두고 볼 수 없다는 간절한 바람 때문이었다.

무너지고 무너져서 더 이상 소망이 보이지 않는 북한의 끔찍한 현재와 장차 그들과 어깨동무하고 가야 할 남한의 무거운 미래는 흐트러지고 느슨해진 나를 언제든지 추슬러서 다시 일어서게 해주었다. 눈을 씻고 둘러보아도 짙은 안개가 무겁게 내려앉아 한치 앞도 보이지 않는데, 언제 터질지 모르는 지뢰밭에 홀로 서 있는 느낌이었다.

뭐든 듣고 배우고 싶었다. 가장 작은 차원인 새터민 개인에게 정착지원금을 더 줘야 하는지 아니면 줄여야 하는지부터 출발해서, 천안함─연평도 문제에 대해 좀처럼 일치된 의견조차 가지지 못하는 남남갈등, 좀 더 크게는 미국과 중국 간 힘겨루기라는 글로벌 고래 싸움판 속에 새우의 처지와 같은 지정학적 위치에서 좀처럼 해법을 찾지 못하고 있는 북핵문제까지, 어디에서 얼마큼을 배우고 적용해야 할지 막막했다.

타산지석 가이공옥他山之石 可以攻玉. 옥을 갈고 닦듯이 통일로 가는 길이 멀고 험해도 진실로 통일된 한국이 행복해질 수 있다면, 옆 산의 굴러가는 돌 하나라도 건질 수 있기를 간절히 바랐다.

축제 그 후에 남은 것은—통일독일, 20년의 유산

도나우뵈르트Donauwörth의 성 십자가 순례 교회Wallfahrtskirche Heilig Kreuz 앞. 형형색색 바이킹 웨어, 두건, 손가락 부분이 잘려 손이 삐죽 나오는 자전거용 장갑 그리고 짐이 주렁주렁 달린 자전거를 끌며, 복장이 좀 안 어울린다는 멋쩍은 생각 속에 커다란 교회의 문을 두들겼다. 교회 안은 몇몇 관광객들이 있을 뿐 한산했다. 이곳저곳을 기웃거리며, 사진을 찍고 있는 관광객들 사이에서 우리는 담당 목사님을 찾아다녔다.

그러던 중, 한 강의실에서 교회가 운영하는 방과 후 교실 선생님을 보자마자 깜짝 놀랐다. 곰처럼 육중한 체구에 머리는 빡빡 깎은 데다, 열 손가락에는 거대한 반지를 끼었고, 코걸이와 귀걸이를 몇 개씩이나 달고 있는 것이 아닌가.

'이거 선생님 포스는 아닌데?'

순간 잽싸게 인사하고 뒤돌아서고 싶은 마음을 애써 누르고는 더듬더듬 우리의 용건을 전했는데, 보기와는 달리 사람이 싹싹하고 친절하다.

'역시 사람은 외모만 보고는 모르는 거야……'

잠시만 기다리라고 하더니 금세 목사님을 찾으러 달려 나갔다. 얼마 후 선생님은 비슷한 체구의 목사님과 함께 나타났다.

이렇게 인터뷰가 시작되었다. 삼십 분이 넘는 열전이었다. 열전이었던 이유는 통일에 대한 의견이 달라서라기보다는 언어 때문이었다. 목사님은 영어를 못하고 우리는 독일어를 못하고 중간에서 선생님은 통역이 안 되고……. 그렇지만 몸과 눈 그리고 핵심적인 단어들로 확실하게 서로의 의중을 헤아릴 수 있었다.

"여기까지 자전거를 타고 오면서 여러 부류의 사람들을 만나 독일통일에 대해 만족하느냐고 물어보았는데 대답이 각기 다르더군요. 목사님은 통일에 대해 만족하십니까?"

"그럼, 만족하고말고. 그러나 어떤 사람들은 불만을 가지고 있기도 하지. 이십 년 전 통일할 당시에는 다들 좋았어. 그때는 거리로 쏟아져 나오고 눈물 흘리며 감격하고 했지만, 지금은 아니라고 말하는 사람들이 많은데 그건 동쪽(동독)의 오래된 늙은 코뮤니스트들 때문이야."

그 말투 속에는 '빌어먹을 놈들'이란 의미가 담긴 것 같았다.

"그놈들이 사람들을 부추겨서 불만을 퍼뜨리고 있어. 어느 체제나 문제점은 있고 불만을 가질 수는 있지만, 그들은 과거 권력을 잡고 있었던 시절로 돌아가고 싶어 하는 것뿐이야. 진정성이 없는 거지."

통일이 되고 20년이 지난 지금에도 동독을 지원하는 문제가 얼마나 큰 문제로 남아 있는지 알 수 있었다. 사실 1989년 동서독의 통일은 점진적인 것이기보다는 극적인 이벤트였다. 장벽이 순간적으로 무너졌고, 외적인 봉합조치는 즉각적(그리고 즉흥적)이었다. 그럼에도 불구하고 그 뒷감당은 절대적으로 긴 시간과 끈질긴 노력이 드는 것이었다. 20년이 지났지만 동서의 연대와 동편의 재건은 깊이 들어갈수록 뿌리가 더 깊은 문제에 봉착해 있다는 걸 확인할 수 있었다.

이제 우리는 한반도 통일을 어떻게 준비해야 할까? 즉흥적 봉합이 아니라, 깊이 있고 포괄적인 준비로 통합을 이루어야 하리라. 그렇지 않으면 외적인 통일 이후에 끝없이 길고 고통스러운 뒷감당으로 시간과 돈을 허비할 수밖에 없기 때문이다. 어렵지만 근본적인 준비를 할 때에 새롭고 활기찬 통일한국과 동아시아 공동체 형성의 주도적 역할

을 할 수 있고, 그것이 복된 미래를 바랄 수 있는 길일 것이다.

본격적으로 독일통일에 있어서 교회의 역할에 대해 묻고 싶었다.

"1989년 동서독 통일 당시 교회가 어떤 역할을 했나요? 그리고 20년이 지난 지금은 베를린 장벽이 아니라 마음의 장벽이 더 큰 문제라는 말들을 하곤 하는데 교회가 할 수 있는 역할은 무엇일까요?"

"흠, 내가 보기에는 교회가 공적으로 역할 한 것은 없어. 다들 서독 목사들이 개인적으로 한 것들이지. 그리고 사실 통일은 고르바초프*가 한 것 아닌가? 하하하."

"그리고 마음의 장벽 얘기가 나와서 말인데, 통일되고 나서 돈이 많이 들고 힘들어지니까 마음에도 장벽이 생긴 거야. 결국은 돈 문제라니까."

"돈 얘기가 나왔으니 말인데요. 그리스 재정위기 사태로 독일이 원조의 많은 부분을 담당해야 할 상황에 놓이게 되었는데, 개인적으로 볼

* 재임 중 소련의 개방정책인 페레스트로이카를 추진하였고, 이는 소련을 비롯한 중앙 유럽 공산주의 국가들의 개혁과 개방, 그리고 민주화에 큰 영향을 주었다. 그러므로 독일통일의 국제적인 분위기를 조성한 것이 고르바초프라는 의미이다.

두 바퀴로 달린 통일청년의 유럽일기

때, 동독을 돕는 일과 그리스를 돕는 일이 같은 것으로 느껴지시나요? 다른 것으로 느껴지시나요? 다르다면 차이가 나는 이유는 뭐라고 생각하세요?"

"동독이나 그리스나 다 같은 거지. 우리는 다 같이 하나의 유럽이야. 동독과 마찬가지로 그리스도 같이 살 수밖에 없어. 그러니까 동독을 돕는 거나 그리스를 돕는 거나 똑같은 거지."

이때 목사님의 말을 영어로 옮겨주던 청년 선생님이 갑자기 자기 생각을 밝히고 나섰다.

"제 생각을 좀 얘기해도 될까요? 나는 생각이 좀 달라요. 그리스에 돈 문제가 생기는 건 나와 상관없는 일이죠. 그리스가 돈을 엉망으로 쓰고 파산하게 된 게 나와 무슨 상관이 있죠? 그렇지만 동독의 경우는 뭔가 좀 달라요."

'오호, 세대 간의 의견차이라…….' 호기심이 발동했다.

"아주 흥미로운데요? 그렇게 차이가 나는 이유는 뭘까요? 전에는 같은 나라였다는 감정 때문에?"

"음, 그건 잘 모르겠어요. 그렇지만 민족주의Nationalismus 때문이라고는 생각하지 않아요. 그냥 동독에 대한 책임감? 의무감? 약간은 막연하게 그래야 할 것 같은 그런 느낌 같은 것이에요. 잘 모르겠어요."

독일 사람에게 뭔가를 묻고 있는 내 쪽에서 일부러 민족주의에 대한 언급은 피하려고 했는데, 젊은 선생님 입에서 그 단어가 툭 튀어나왔다. 그 단어와의 연관성을 어색할 정도로 애써 부인하려는 모습에서 보통의 독일 청년들이 민족족의에 대해서 아주 민감할 뿐 아니라 부정적인 평가를 내리고 있다는 것을 엿볼 수 있었다. 그들은 자신들의 과거를 명확한 역사의식을 가지고 판단하고 있었다. 독일의 국가사회주의가 전 세계를 전쟁으로 몰고 갔던 잔인한 역사의 주범이었다는 것과 자신들이 그 과거와 연결되어 있다는 사실을 고통스럽게 의식하고 있었다. 바로 이 자의식이 장애물이었다. 독일의 젊은이들이 적극적으로 유럽의 미래를 걸머쥐고 나아갈 수 없도록 발목을 잡고 있었다. 이제 통일된 독일이 유럽의 통일을 위해 주도적 역할을 해야 할 텐데, 게르만 민족이 뭔가를 주도하게 될 때, 자기들 내부나 밖(다른 유럽의 나라들)에서 무성석으로 과거의 수치스러운 역사와 연관시킬 것을 의식하고 스스로 두려워하고 매우 조심스러워한다는 것이다.

이 대화의 핵심 내용을 우리에게 적용해볼 수 있다. 독일이 가해자로서의 역사문제를 풀어가야 한다면, 우리에게 주어진 도전은 작은 나라로서 고통당했던 피해자로서 역사문제를 해결하며, 동아시아의 통일을 향한 미래를 적극적으로 펼쳐가는 것이리라. 일본과 또 중국을 상대로 해결해야 할 역사문제는 언제나 우리 앞을 가로막고 서 있다. 군국주의적 전통이 강조되는 우경화 때문에 과거의 수치스러운 역사문제를 모른 척하는 일본, 주변국으로부터 조공을 받던 제국주의의 위세를 다시한번 떨치려고 동북공정과 같은 역사조작을 시도하는 중국 사이에서 숨죽이고 있을 것인가? 동아시아를 향한 어떤 새로운 역사해석을 제시하여 주도적으로 동아시아를 실제적인 평화공동체로 만들어가는 것이 우리 세대에 맡겨진 기회이며 과제이다.

이런 생각을 하고 있는데, 머리를 긁적이던 청년 선생님은 옆에 서 있던 고등학생을 툭 치며 "너는 어떻게 생각하는데?"라고 물었다.

"에? 저는 생각해본 적 없는데요. 저랑은 너무 먼 얘기에요. 저는 동독이라는 거 책에서 배웠을 뿐이거든요. 그리고 독일이 누굴 도와주든 저랑은 별로 상관없는 것 같은데요?"

통일문제에 대한 세대 간에 선명한 격차를 볼 수 있었다. 육십이 넘은 목사님은 2차 세계대전의 고통을 잘 알고 있을 것이고, 그 결과 생긴 정신적 트라우마를 혹시 경험했는지도 모르겠다. 또 유럽의 통일과 평화는 너무나 실제적이고 중요한 문제이기 때문에 독일이 어떤 희생을

   두 바퀴로 달린 통일청년의 유럽일기

치러야 하는지를 명확하게 의식하고 있었다. 그렇지만 20대 중반의 청년 선생님은 유럽통합에 대해 약간은 혼란스러워 하는 것 같았다. 또 동독에 대해 뭔가 도와야 한다는 것은 알지만, 구체적으로 어떻게 해야 하는지 알지 못한 채 부담감의 등짐만 잔뜩 지고 있는 것 같았다. 다른 한편 10대 중반 학생에게 통일은 먼 얘기일 뿐이었다. 한국의 10대도 그러하리라. 이들에게 아예 역사의식과 공동체의식이 거의 없다고 치부해버릴 수도 있지만, 다른 한편으로는 역사적 트라우마에 대해서 상대적으로 자유롭다는 장점이 있는 것 같다. 그렇기 때문에 통일 이후에 산적한 문제를 이데올로기나 정치논리가 아닌 새로운 상상력을 가지고 풀어나갈 수도 있으리라.

우리는 어떻게 하면 통일에 대한 세대 간 격차를 적극적인 방향으로 다루어 갈 수 있을까? 다른 시대를 경험하면서 살아가는 차이 때문에 생기는 세대 간 격차를 막을 수는 없을 것이다. 최근 연구결과*를 보아도 통일(북한)에 대한 세대 간 인식차이는 선명하게 갈린다. 이 차이를 모른 척하고 억지로 둘을 끌어다가 하나로 맞춘다는 것은 불가능할 뿐 아니라 어리석기까지 하다.

오히려 이러한 차이를 솔직히 인정하고 현재 직면한 문제를 다루는 데 적극적으로 이용하는 편이 훨씬 지혜로울 것이다.

남북의 통일과 동아시아의 통합에 대한 문제의식이 더욱 선명해지는 시간이었다. 그래서인지 마음이 약간 급해지면서 남은 여행 기간에 만날 사람들과 더 빨리 더 많이 대화하고 싶어졌다. 그들의 땀과 눈물이 밴 이야기를 듣고 싶었다. 그 속에서 같이 뛰고 같이 울어보고 싶었다.

* 통일평화연구원, 「통일의식조사」, 2011.

교회, 무엇을 했고 무엇을 할 것인가?

드디어 그렇게 고대하던 베를린에 입성했다.

베를린에 그렇게 오고 싶었던 이유는 단 한 가지. 저 무너진 장벽, 냉전의 아이콘인 동시에 탈냉전의 상징인 베를린 장벽을 눈으로 보고 손으로 느끼고 싶었기 때문이다. 통일을 염원하고 그 장벽을 부너뜨린 베를린 사람들Berliner의 심정을 잠시나마 깊이 공감하고 싶었다. 눈에 보이는 유적이 아니라, 그들의 마음속에 있는 생각과 정신을 만나고 싶었다. 바로 그 시절, 1989년의 이야기를 듣고 그 애씀과 고통, 환희와 감격을 마음에 담아가고 싶었다. 정치가들을 만나 생생한 당시 현장의 이야기를, 종교지도자들을 만나 드러난 외적 성과를 이루기 위해 숨어서 끈질기게 노력했던 이야기를 듣고 싶었다.

이렇게 내 바람은 고결했고, 이상은 원대했다.

'그래 비록 내가 알록달록한 두건을 쓰고 자전거 기름과 선크림이 뒤섞여 까맣게 탄 얼굴에 타이즈를 입고 있다고 해도, 이런 외모가 중요한 게 아니잖아? 아무래도 동기가 중요하지! 그렇지?'

나는 스스로를 달래며 이상을 향해 저벅저벅 걸어갔다. 두드리면 열리리라!

그러나 버튼만 누르면 열리는 자동문은 없었다. 실은 여행 전 한국에서부터 의미 있는 만남을 위해서 문을 줄기차게 두드렸다. 막연한 기대감을 가지고 잘 해석도 안 되는 독일어로 통일 관련 홈페이지들을 줄기차게 돌아다니는 것부터 시작했다. 결국 에바의 소개로 우연히 찾아간 교회의 친절하고 의식 있는 젊은 목사님으로부터 연락처를 받았다. 그것은 바로 독일개신교회연합 EKD Evangelische Kirche in Deutschland 의 전화번호와 이메일이었다. 통일이야기를 향한 나의 열망을 비춘 한 줄기 빛이었다. 나의 열망을 공감해준 EKD 비서의 도움으로 홀 박사님Dr. Holl과

연락이 닿았다. 천신만고 끝에 베를린 EKD회관에서 그를 만났다.

홀 박사님과 만나기로 한 날 아침. 자전거 가방 깊은 곳에 고이 간직해 온 깔끔한 면바지와 남방을 차려입고, 오전 내내 그간 독일 남부를 여행하며 만난 독일인들(주로 서독 출신)을 회상하며 질문을 준비했다. 나의 질문 요지는 독일통일에 있어서 교회의 역할과 통일 이후 교회의 기여에 관한 것이었다.

뜨거운 여름날이었다. 시원한 탄산수를 앞에 두고 박사님과 영어통역을 위한 비서, 그리고 광재 형과 나 이렇게 넷이서 1시간 반의 인터뷰를 시작했다.

"통일 당시 나는 베를린 교구목사였고 그때 서독 비숍(독일교회의 수장)인 마틴 크루저 아래서 일했어요. 동서독 교회는 서로 다른 조직

66

과 다른 비숍이 세워져 있었지만, 늘 '우리는 하나'라는 생각을 잊지 않았습니다. 늘 같이 가려는 의지를 가지고 실천하려 애썼지요. 1961년에 처음 장벽이 세워졌을 때에도 교회협의회는 하나였습니다. 같은 성경과 찬송을 사용했고, 늘 자주 만나려고 애를 썼어요. 나는 목사이지만, 동서독 교회 감독^{Kommissar}들이 제3국에서 만날 수 있도록 마치 007을 방불케 하는 작전을 펴기도 했지요."

"통일 당시 교회의 역할은 무엇이었나요?"

"동독교회는 자유^{liberty}와 민주주의^{democracy}라는 개념을 전달하는 통로 역할을 했습니다. 동독 사회에서 자유와 민주주의가 완전히 자취를 감추었다고 생각될 때에도 동독교회는 그걸 보존하고 있었지요. 동서독 교회가 서로 만나 교류하면서 동독교회는 점차 소위 '계급장 떼고'

두 바퀴로 달린 통일청년의 유럽일기

라운드 테이블에서 대화하는 서독의 문화에 익숙해질 수 있었습니다. 그래서 통일 이전에 동독교회 내에서만큼은 어느 정도 체제에 대한 비판이 가능했습니다. 1989년 니콜라이 교회의 평화기도회도 그런 맥락에서 이해할 수 있는 내용이지요. 동독교회가 이를테면 민주주의의 핵심개념을 보존하고 있었다고 볼 수 있습니다. 그래서 통일이 되고 나서 동독지역에서 많은 기독교 지도자들이 정치가로 나서게 되었습니다. 슈톨페^{M. Stolpe} 같은 이가 대표적인 경우라고 할 수 있어요. 그는 목사는 아니었고 법률가였지만 전체 독일교회에서 전임사역church administration을 하던 사람이에요. 1982년에서 1989년까지 복음주의 교회연합의 의장이었지요. 정치계에서 헌신하는 것이 하나님으로부터 받은 소명이라고 생각한 것이지요."

"흥미로운 말씀이군요. 왜 슈톨페처럼 동독 지역의 목사님들이 정치에 많이 참여하게 되었을까요?"

"'공감compassion' 때문이죠. 목사님들은 교인들의 아픔과 고통을 깊이 공감하려고 합니다. 그러다 보니 누구보다 자유를 빼앗긴 사람과 같이 울고, 그들을 이끌어 주기를 원했지요. 일종의 강한 책임감을 느낀 것이죠. 그러다 보니 자연히 누구보다 먼저 나서게 된 겁니다."

"지금 말씀하신 내용도 그렇고, 또 제가 들어서 알고 있는 바로도 재통일 과정에서 교회가 중요한 역할을 한 것 같습니다. 그렇다면 재통일 이후에 교회는 독일의 실제적 통일을 위해서 어떤 기여를 하고 있나요?"

"음…… 재통일 이후부터 오히려 본격적인 문제가 생기기 시작했지요. 서독교회가 동독교회를 비난했던 것이에요. 그 이유는 동독교회가 정부(stagi: 비밀경찰)의 하수인 노릇을 했다는 것을 알게 되었고, 그 결과 일종의 배신감을 느끼게 되었기 때문이죠. 동독교회는 국가 안보라는 목적 아래에서 동독정부와 너무 많은 부분에서 협력한 것이죠. 동독정부가 그것을 동독교회에 요구한 것은 동독교회가 서독교회와 연결

베를린 카이저 빌헬름 교회

되어 있다는 점을 동독정부가 너무 잘 알고 있었기 때문이에요. 그래서 그들은 두 교회가 같이 모였을 때 실제로 무슨 일을 하는지, 그리고 그런 서독교회를 통해 서독정부를 자세히 알고 싶어 했죠."

"이제 통일이 되고 20년이 지난 가운데, 독일사회의 통합에 방해되는 여러 가지 문제들이 생기고 있다고 들었습니다. 교회가 이 문제들을 푸는 데 할 수 있는 역할이 없을까요?"

"먼저 통일 후 교회 자체가 하나 되는 과정이 필요했어요. 통일이 되면서 동독사회가 서독사회를 맹목적으로 강제적으로 따라가는 것을 보면서 동독교회는 서독교회의 방식을 그렇게 따라가는 것을 주저했죠. 그들은 자유롭게 선택하고 행동하기 원했어요. 나이 든 사람이나 젊은이나 마찬가지였죠. 가장 잘 드러나는 예를 보자면 교회의 운영방식부터 그랬어요. 서독교회는 국가가 종교세금을 걷어서 교회에 지불하죠. 그러나 이와는 다르게 그동안 동독교회는 교인들의 자발적인 헌금으로 운영되어 왔습니다. 사실 후자가 더 나은 방식이죠.

그래서 동독교회는 서독의 방식을 따르는 것을 주저했지만, 모든 것
이 너무 빨리 서독식으로 결정되어 버렸고, 결국 동독교회는 자신의
좋은 방식을 버리고 지금은 세금을 받아 운영하는 역설적인 상황에
처했어요."

이쯤까지 이야기했는데 벌써 약속한 한 시간 반이 훌쩍 지나가 버렸
다. 통역이 있다 보니 소통에 시간이 걸렸기 때문이다. 그러나 의미 있
는 배움의 시간이었다.

홀 목사님과의 만남 이후 통일과정에서 종교의 역할에 대해 다음과
같이 두 축으로 생각해보았다. x축은 시간축으로서 통일 전과 후, y축
은 종교의 외적 역할과 내적 역할이다. 설명하자면 외적 역할은 '제도
로서 교회'이고, 내적 역할은 인간정신의 깊은 내면을 형성하는 '근본을
유지하는 교회'이다.

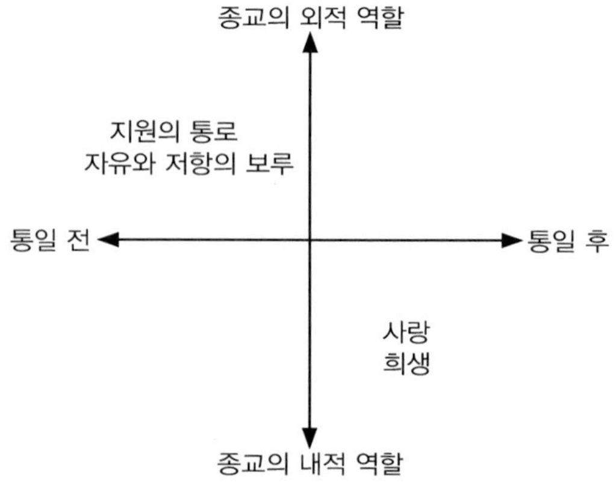

통일시점까지 동독과 서독 사이에는 안정적이고 헌신적인 지원의
통로가 필요했고, 서독 정부뿐 아니라 제도로서의 교회가 그 끈을 꾸준
히 이어 나가는 일을 성공적으로 해냈다. 여기에 더해서 그 외적 교회

는 자유를 위한 저항의 보루가 되어주었다. 사람들이 기도모임을 통하여 자유를 부르짖을 수 있도록 보호해주는 일에도 성공적이었다. 이처럼 독일통일에 있어 개신교회가 커다란 역할을 했음은 부인할 수 없는 사실이다.

그런데 1989년 독일통일 이후에도 통일독일은 종교의 내적인 에너지를 필요로 한다. 인간의 가장 깊은 속마음에 도사리고 있는 욕망을 거부하고 죄를 지적하여 회개하게 만드는 종교야말로 욕망과 죄의 결과물인 수많은 갈등을 근본적으로 해결할 수 있기 때문이다. 즉, 옳음(공의)을 선포하여 고백하는 죄에 대해서 용서(자비)를 선언하는 것과 궁극적 사랑을 성취하기 위해서 자기희생을 감내하게 만들기 때문이다. 2000년 전 고대 기독교는 이러한 본질적 역할을 다했기 때문에 지금의 동독인과 서독인 사이와는 비교할 수 없을 정도의 이질감을 가졌던 유대인과 헬라인을 하나로 만들 수 있었다.

이런 종교의 역사적 기초 위에서 독일교회가 '마음속 장벽'을 무너뜨릴 수 있는 넉넉한 에너지를 발견하게 되기를 기대해본다. 사람 사이의 마음의 장벽을 허무는 일은 어쩌면 물리적인 베를린 장벽을 허물기까지 교회가 했던 역할과는 비교되지 않을 정도로 큰 것일지 모른다. 재통일 후 20년이 지난 지금 독일교회가 그러한 본질적 역할을 담당해줄 것을 기대해 본다.

독일에는 재통일 이후 신조어가 생겼다. '오씨Ossi'와 '베씨Wessi'. '오씨'는 동쪽을 의미하는 독일어의 Osten에서부터 생긴 말로, '가난하고 게으른 동독놈들'이라고 구동독지역 출신을 비하하는 표현이고, '베씨'는 서쪽을 의미하는 Westen에서 유래한 것으로 '탐욕스럽고 거만한 서독놈들'이라고 구서독지역 출신을 비꼬는 표현이다. '오씨'와 '베씨' 사이의 갈등은 한국의 경상도-전라도 간의 갈등만큼이나 공공연하게 드러나고 있다. 서베를린 사람들을 대상으로 한 인터뷰 내용을 보면 재통

일 이후 20년이나 지난 요즈음 68%가 다시 베를린 장벽을 세웠으면 좋겠다고 답했다고 한다. 그것도 이전 장벽보다 몇 배는 높게! 게다가 동서독의 내적 통합에 대해서 통일 초기에는 6~8년 내에 이뤄질 것으로 예상했지만, 지금은 앞으로도 15~20년이 더 걸릴 것이라고 예상하고 있다. 시간이 갈수록 그 기간이 늘어나고 있는 것이다. 갈등의 골이 점점 더 깊어지고 있다는 것이 확인되고 있는 셈이다.

자유를 사용하라–마르틴 루터

통일에 크나큰 기여를 한 독일교회의 중심에는 그들이 자랑스러워 마지않는 종교개혁의 아버지 루터가 있다. 그의 3대 저서 가운데 하나인 『그리스도인의 자유』는 다음과 같은 놀라운 선언으로 시작한다.

"모든 그리스도인은 모든 것으로부터 자유하다. 그러므로 모든 그리스도인은 모든 것을 섬기는 종이 될 수 있다."

과연 오씨와 베씨들의 통일독일에는 루터가 말한 '종이 되는 희생'이 필요하다. 그것은 자발적이어야 하기 때문에 누구도 강요할 수 없다. 그래서인지 아쉽게도 현대에 와서 자발적 희생은 마치 고갈된 것처럼 보인다. 아주 가끔 뉴스와 신문에서 이것이 살아 있다는 증거로 위대한 이들의 놀라운 이야기가 언급되기는 하지만 그것은 사회 전체를 주도하는 원리와 에너지가 되기에는 역부족이다. 종교가 자발적 희생을 실천하고 권하고 주도할 수 있는 사회, 이것이 독일 사람들에게 한낱 꿈이나 이상주의자의 구호일 뿐일까?

독일 사람들을 위하여 이렇게 적용해보고 싶다.

"모든 서독 출신 그리스도인 역시 모든 것으로부터 자유하다. 그러므로 모든 서독 출신 그리스도인은 '가난하고 게으른 오씨'의 종이 될

수 있다.”

1989년 재통일의 축제 분위기 속에서, 서독인들은 그전까지 동독을 향해 쌓아왔던 의심과 원망을 베를린 장벽과 함께 전부 무너뜨렸다. 축제의 흥겨움은 서독이 그동안 쏟아부었던 정신적·물질적 에너지, 즉 동독이 진 빚을 탕감해주기에는 충분했다. 그러나 하나가 되었다는 감격은 일시적이었다. 재통일 이후로 지금까지 20년 동안 전 국민이 소득세의 5.5%를 소위 ‘형제애’*라는 이름으로 희생해야 할 줄은 아무도 몰랐다. 게다가 2020년의 만료예정인 연대협약**은 실제로 언제 끝날지 아무도 장담할 수 없다.

물론 이런 상황에서 구舊동독지역 사람들이 자신의 게으름을 정당화하며 다른 이들, 즉 서독 사람들의 희생을 강요한다면 악당이겠지만, 40년을 공산주의 체제 속에서 살아온 그들이 변화하기 위해서는 그만큼

* Solidaritätszuschlag: Solidarität는 번역하면 ‘형제애’라는 의미.
** Solidarpakt: 2001년 6월 제2차 연대협약 가결 시 연방정부와 16개 주정부는 협약종료 시점인 2020년 이후 더 이상의 재건지원금은 없기로 합의하였음.

    두 바퀴로 달린 통일청년의 유럽일기

오랜 시간이 필요하지 않을까? 서쪽 사람들이 이 사실을 알고 이해한다면 종처럼 기다리며 희생할 준비를 해야 하지 않을까?

그렇다면 반대로 동독 사람에게도 기회를 주어야겠지.

"모든 농녹 출신 그리스도인은 모든 것으로부터 자유하다. 그러므로 모든 동독 출신 그리스도인은 '거만하고 탐욕스러운 베씨'의 종이 될 수 있다."

실제로 재통일 이후 동독 사람들은 가슴에 큰 상처를 받았다. 오랜 역사와 전통을 자랑하는 대학과 연구소들이 통일과정에서 폐쇄되면서 동독지역의 문화유산과 학문업적은 처절하게 무시당했다고 느낄 수밖에 없었다. 모든 구동독의 교육 및 연구결과가 서독의 기준에 의해 평가되었기 때문이다. 또 경제적으로 동독지역은 가난하고 황량해졌다. 자본이 들어와 새 건물들이 지어졌을지는 몰라도, 옛 동구권의 선도적 위치를 자랑하던 유수의 동독기업들은 시장논리에 따라 저평가되어 처분되었고, 수많은 이들이 일자리를 잃었으며, 그 결과 동독 사람들은 고향을 등지고 살길을 찾아 서쪽으로 가야 했다. 구동독인들이 '2등 국민'이라는 자의식을 가지게 된 것은 괜한 열등감에서 비롯된 것은 분명히 아니었다.

그럼에도 사회주의 체제 속에서 게으름과 나태의 삶을 살았던 동독 사람들은 역사의 현실 앞에 겸손해야 하지 않을까? 그렇다고 서독이 자랑하는 탐욕을 정당화하는 시장경제체제가 절대선은 아닐 것이다. 오히려 구동독인들은 자신들의 실패를 거울 삼아 서독이 욕심 사나운 체제 속에 자멸의 나락으로 떨어지지 않도록 경종을 울리고 함께 대안을 모색하는 적극성을 발휘할 수 있다. 마음의 장벽을 허물기 위해서 희생을 전제로 한 솔직한 대화가 양쪽 모두에게 절실하게 필요하기 때문이다.

500년 전 독일을 비롯한 유럽을 휩쓸었던 종교개혁은 이러한 종교적 기초에서 출발한 자기희생만이 근본적인 사회변혁을 이끌 수 있다는 점을 분명히 한다.

이제 나는 한반도의 남쪽에 살고 있다. 나에게도, 우리에게도 이런 기회가 있지 않을까?

"모든 남한의 그리스도인은 모든 것으로부터 자유하다. 그러므로 모든 남한의 그리스도인은 북한 사람들을 비롯한 동아시아인들의 종이 될 수 있다."

그리스도인이라면 이 출발선에서 통일을 본격적으로 다룰 수 있지 않겠는가?

그리스도인이 아니라면 그리스도인과 종교에 대한 부정적이고 파괴적인 비판 대신에, 그리스도인의 이러한 자세를 가지도록 격려하고 기대하면 되지 않겠는가?

04

도쿄에 조선인 추모공원이 생긴다면

-베를린 홀로코스트 기념공원

홀로코스트의 원죄

신기하게도 독일이 아니라 암스테르담이었다, 독일 친구 둘을 사귀게 된 것은. 율리아와 사이몬은 연인 사이였다. 그 둘은 주말을 이용해서 암스테르담으로 차를 몰고 놀러 왔다고 했다. 눈물이 날 정도로 부러웠다. 이제 겨우 20대 초반인데, 차를 몰고 이 나라 저 나라를 이토록 자유롭게 여행 다닐 수 있다니……. 독일에 사는 이 친구들이 다른 문화를 체험하기 위해서 필요한 것은 약간의 마음의 여유와 기름값, 그리고 캠핑장 비용뿐이었다.

반면 슬프게도 섬나라(?) 남한에 사는 우리에게 해외여행은 심리적으로, 물리적으로, 문화적으로 허리가 휠 정도로 무거운 것이다. 어딜 가든지 큰맘 먹고 바다를 건너야 하며, 언어의 장벽을 돌파해야 하고, 꽤나 많은 비용을 지불해야 한다. 하지만 이 아이들에겐 국경을 넘어 다른 문화를 체험하는 것이 제주도 가는 것만큼, 아니 그보다 더 쉽다. 왜냐하면 우리는 일본이든 중국이든 도시를 여행하기 위해선 호텔에 머물러야 하는데 유럽에서는 어느 도시든 근교에 캠핑장이 있으니까. 정말 부럽다.

이 젊은 연인들이 우리 텐트 바로 앞에 텐트를 쳤다. 그런데 먹는 걸 보니 영 시원치 않아 보인다. 야전식사 준비는 아무래도 대한민국 육군 예비역 병장을 따라올 수 없나 보다. 그래서 대화도 나눌 겸 저녁 한 끼 대접하려고 그 두 친구를 우리 식탁으로 초대했다. 간단하게 자기소개를 하고 이런저런 대화를 주고받다가 독일의 청년실업 얘기가 나왔다. 그런데 이 친구들 불만이 이만저만 아니었다. 일자리 구하기 어려운 건 전 세계가 공통인가 보다.

사이먼은 고기를 취급하는 전문학교를 졸업했는데, 일자리를 얻기가 쉽지 않다고 했다. 율리아는 이번에 학교를 졸업하여 법과 관련된 전공을 선택하고 싶다고 했다. 두 사람 각각 전공영역은 달라도 일자리 부족에 대한 부담은 동일해 보였다. 이 젊은이들이 지목한 일자리 부족의 원인은 이주노동자들이었다. 그들이 밀물처럼 밀고 들어와서 저임금을 무기로 육체노동 기회를 모두 차지해버렸다는 것이었다. 그런데 놀랍게도 이주노동자들에 대한 얘기를 하면서 나치^{Nazi}의 망령이 여전히 이 젊은이들을 괴롭히고 있다는 것을 알게 되었다.

독일 사람에게 나치 얘기가 편한 주제가 아닌 줄은 알지만, 그 친구들의 젊음을 믿고 먼저 솔직하게 물었다.

"처음엔 독일 사람들이 원해서 이주노동자들을 받아들인 거 아냐? 힘든 일 할 사람이 필요했던 거잖아."

　　　　　　　　　　　두 바퀴로 달린 통일청년의 유럽일기

"맞아요. 처음엔 그랬지요. 하지만 그건 과거 얘기죠. 이제는 아니에요. 모두가 그 사실을 알고 있어요. 이제는 더 이상 외부 노동력이 필요하지 않다는 사실을 말이죠. 독일 사람들만으로 충분해요."

"그럼, 그만 들어오도록 할 수 있지 않나?"

"이주노동자늘을 그만 받으면 좋겠지만, 정치가들이 문제예요. 이주 문제에 대해서 다른 국가와 협상할 때, 'No!'라는 말을 못해요. 왜냐하면 다른 인종/민족을 차별한다든지, 독일인만의 무언가를 주장했다가 나치라는 말을 들을까 봐 두려워하고 있는 거죠. 그런 부담 때문에 외국인들이 이주해 들어오고자 할 때 '너희도 OK, 너희도 OK' 이런 식이에요. 그러다 보니 이주를 막을 수가 없게 되어버리는 거죠. 그게 큰 문제예요. 나치가 벌인 전쟁은 사실 저와는 상관없는 일이에요. 물론 전쟁 때 우리 할아버지들이 정말 큰 잘못을 했죠. 그건 정말 큰 범죄예요. 그렇지만 내가 이런 식으로 그 책임을 져야 하나요? 그때 난 태어나지도 않았는데요? 그렇지만 어쨌든 그 문제 때문에 젊은 우리도 현실적으로 일자리의 어려움을 겪고 있어요. 저는 그것을 분명히 느껴요."

율리아의 말에서 전쟁의 책임을 회피하려거나 모른 척하려는 의도는 찾을 수 없었다. 그럼에도 아직까지 자신들이 이런 고통을 받고 있다는 사실, 그리고 부정적 과거 역사로부터 오는 고통은 이제 그만 끝나야 한다고 생각하는 듯했다. 그 고통은 근면과 성실로 전후복구에 성공하고, 유럽의 맹주로 우뚝 섰지만, 여전히 무겁게 드리워져 있는 2차 대전의 어두운 그늘이었다.

이 친구들을 만났던 2010년 당시 독일의 실업률은 7%에 불과했고, 이 수치는 당시 재정위기를 겪던 그리스는 물론이거니와 영국, 프랑스 등 유럽연합의 주요 국가들에 비해서도 낮은 수치였다. 이주자들의 숫자도 프랑스와 비슷한 수준이고 오히려 영국에 비해서는 훨씬 낮은 숫자임을 확인할 수 있었다. 그러나 숫자보다 중요한 게 있기 마련이다.

수치는 이렇게 말하고 있지만, 실제 독일에서 살고 있는 청년들의 마음
에 새겨진 그래프는 달랐다.

이 친구들은 이제 고등학교를 갓 졸업했을 뿐이었다. 1945년에 끝난
전쟁은커녕, 1989년 이전의 냉전이 주는 긴장과 고통, 그것이 해소된 통
일의 자유, 무장해제아 화해의 감격주차 책에서 배웠을 뿐이라고 말했
다. 그럼에도 불구하고 이 같은 새로운 세대들 역시 홀로코스트의 원죄
로 고통받고 있었다. 대화를 이어가면서 세대를 이어오는 고통의 무게
가 이들에게 부당하게 느껴질 수도 있겠다는 생각이 자연스레 들었다.

한편으로 독일 젊은이들의 불만을 심정적으로는 이해할 수 있었지만,
정반대편의 더 실제적이고 피할 수 없는 질문들이 꼬리에 꼬리를 물고 이
어졌다.

'개인이 역사적 과거로부터 자유로울 수 있을까? 독일은 그 원죄에
대해서 충분히 반성했나? 독일은 피해민족과 국가들에 대해 적절한 배
상을 넘어 적극적인 섬김을 통해 전쟁에 대한 모든 부채의식을 떨쳐버
리는 적극적인 길을 택했던가?'

독일엔 있고, 일본엔 없는 것?

홀로코스트에 대한 독일인들의 태도는 여행하기 전부터 우리의 관심사
였다. 지구 정반대편에서 우리의 이웃 일본과 풀지 못한 역사문제로 고통
받는 한국인으로서 당연한 것이었는지 모른다. 나 역시 일본이 우리나라
에게 한 나쁜 짓을 책으로만 배웠을 뿐이다. 그렇지만 축구경기를 할 때
든지 혹은 뭔가 일본과 경쟁할 일이 있을 때 내 속에서 원초적으로 올라
오는 복잡한 감정이 있다.

그래서 나는 꼬일 대로 꼬이고 막힐 대로 막힌 역사문제를 풀기 위해

　　　　　　　　　　　　두 바퀴로 달린 통일청년의 유럽일기

독일로부터 작은 힌트라도 얻어내야겠다는 간절한 마음으로 독일 이곳 저곳을 살펴보기로 했다.

그러나 사실 그 힌트는 그렇게 간절히 애써 찾을 것도 없었다. 여행의 거점이 되는 도시마다, 지나는 길목마다 지난 역사에 대한 참회의 흔적이 역력했다. 프랑크푸르트 유대인 박물관 역시 그 흔적 중 하나였다. 우리는 단지 로만틱 가도와 가깝다는 이유로 프랑크푸르트를 여정의 출발지로 정했다. 그런데 바로 그곳에 유대인 박물관이 있었다.

박물관은 보통 그 지역의 역사와 밀접한 관련을 갖는 것이기에 나는 그곳을 찾아가면서 문 앞에 들어서기까지 이런 궁금증이 들었다.

'왜 하필 여기에 유대인 박물관이 있지? 유대인 박해의 특별한 역사가 있는 건가?'

크지 않은 전시관 이곳저곳을 돌아본 후에야 그 이유를 깨달을 수 있었다.

'과거에 대한 처절한 반성이로구나. 유대인들에 대한 죄의식을 적극적으로 표현하는구나.'

유대인 박물관은 프랑크푸르트에만 있는 것이 아니었다. 독일 곳곳에 있는 유대인 박물관에는 그 부끄러운 역사에 대한 솔직한 내용들이 다양하게 전시되어 있었다. 대체로 유대인의 일상과 그들이 받은 박해에 대한 전시물이었다. 차분한 분위기로 전시되어 있었지만, 한국인의 눈에 비친 유대인 박물관은 적지 않은 충격이었다. 역사의 잘못을 삶의 중심에 새겨 놓겠다는 명백한 의지를 볼 수 있었기 때문이다.

그런 점에서 베를린 중심에 위치한 홀로코스트 기념공원Holocaust Mahnmal*은 독일에서 볼 수 있는 참회의식의 정점이었다. 유대인 학살에

---

* 홀로코스트 기념공원은 홀로코스트에 의해 희생된 유대인들을 기리기 위해 아이즌만(P. Eisenman)에 의해 디자인되었고, 합폴드(B. Happold)에 의해 건설되었다. 19,000㎡ 넓이에 2,711개의 콘크리트 블록이 놓여 있다.

대한 처절한 반성의지를 확인할 수 있었다.

그들은 자신들의 수도 한복판의 그 넓은 공간을 죗값을 치르는 데 사용하고 있었다. 그들의 참회는 말로 적당히 때우는 수준이 아니었다. (그마저도 안 하는 일본을 보고 있어야 하는 동아시아 사람들은 속이 터지지만) 상당한 공원면적은 실제로 어마어마한 돈이 들었고, 계속 들어가고 있다는 것을 보여준다. 독일인이 만일 돈만 밝히는 천박한 민족이었다면 생각할 수도 없는 일이다. 물론 이뿐 아니라 실제적으로도 이스라엘 건국 시에 독일이 직접 재정적인 지원을 넘치게 한 것은 누구나 아는 사실. 그러나 이 기념공원은 과거의 잔혹한 역사를 돈으로 되갚아주는 것 이상을 말한다. 공원 구석구석을 돌아보다 보면 이들이 정말 지난날의 과오를 참회하는 심정으로 기념물 하나하나를 세워 놓았다는 것을 느낄 수 있다.

80일 동안 유럽을 돌아다니면서 꽤 많은 미술관과 전시회를 둘러보았지만 이곳의 오디오 가이드는 기계와 내용 면에서 가장 탁월했다. 그뿐이 아니다. 일단 넓은 공간에 펼쳐져 있는 가로 2.38m, 세로 0.95m의 2,700여 개의 블록들은 관람자들을 압도한다. 기획자인 아이젠만Eisenman은 관람자들로 하여금 발 딛고 있는 땅이 불안정하게 느껴져서 그 속에 들어가면 방향감각을 잃도록 설계했다고 한다. 실제 그 블록들 속에 파묻혀 보니 지금 이 길이 어디로 향하는지 언제 끝날지 알 수 없는, 약간 불안하기도 하고 막연하기도 한 느낌에 사로잡혀 당황스러웠다.

최상의 편의성과 최고의 공간기획. 이처럼 하드웨어가 놀라운 정도이지만, 그 속에서 돌아가는 소프트웨어는 진정 고개 숙여 경의를 표할 만했다. 홀로코스트 기념공원 전시실 중 하나의 이름은 '이름들의 방Room of Names'이다. 유대인의 전통에 따르면 개인의 생애를 기리며 기념하는 것은 대단히 중요하고, 그런 의미에서 각 사람의 이름은 특별한 의미를 가진다고 한다. 그들의 선조였던 예언자 이사야는 그의 아들의

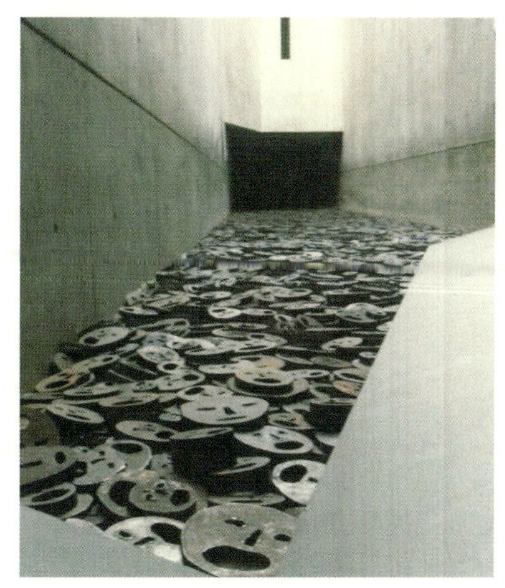

이름을 '마헬살랄하스바스', 번역하면 '급히 노략하고 서둘러 강탈하라' 는 뜻의 이름을 지어 이스라엘에 경고하기도 했다. 그만큼 이스라엘에 있어 이름은 각별한 중요성을 지니고 있다.

완전히 깜깜한 '이름들의 방'에 들어서면 텅 비어 휑한 공간에 가득 찬 칠흑 같은 어둠을 마주하고 쓸쓸함, 고독함 심지어 절망감이 절로 마음에 사무친다. 수용소에서 유대인들이 경험했을 바로 그 생생한 절망감을 재현하고자 한 것이다. 그리고는 이 검고 넓은 사방의 벽을 스크린 삼아 희생된 유대인의 '이름들'이 프로젝터의 빛에 의해 작고 크게 잠시 비춰지곤 이내 사라진다. 그들을 사랑했던 수많은 사람들에 의해 기념되어야 할 그 '이름들', 그러나 그렇게 할 수 없게 되어버린 수많은 '이름들'을 위한 애도……. 마치 쓸쓸한 무덤 앞에 정성스럽게 준비한 국화 한 송이 올려놓듯, 그렇게 이름들은 정성스럽게 나타났다가 다음 이름을 위해 자리를 내어주고 다시 어둠 속으로 사그라진다. 세계 2차 대전의 파괴력과 600만 명이라는 거대한 잔인함 앞에 쉽게 파묻혀

     두 바퀴로 달린 통일청년의 유럽일기

버릴 수 있고, 질식해 버릴 수 있는 하나하나의 귀중한 인간의 삶, 한 남편의 아내로서, 그리고 아이들의 아버지로서 빵 굽고, 청소하고, 기뻐하고, 슬퍼하며 살았을 개개인들의 비극은 이렇게 추모되고 있었다.

오디오 가이드에 따르면 독일인들은 희생된 유대인들의 실명을 발견해 내기 위해 광범위하고 세밀하게 다각적인 조사를 거듭했고, 독일의 각 방송사들은 이 전시사업을 위해 막대한 재원을 투자했다고 한다.

유대인들이 이것들을 요구했을까? 아닐 것이다. 이름을 중요시하는 자신들의 전통을 일일이 설명해 주면서 우리를 이러저러하게 위로해달라고 했을 리 만무하다. 더더구나 이런 전시를 위해 세심한 조사를 해야만 한다고 그 정성스러움의 정도를 정해 무언가를 요구했을 리도 없다. 전후, 유대인들의 기다림과 용서, 그리고 독일인들의 적극적이고 치밀한 참회라는 환상적인 조합은 정말 부럽고도 부러운 역사적 화해의 절정이었다. 그렇지만 한국과 일본 사이의 과거사 정리의 수준은 이에 비하면 미숙한 정도가 아니라, 열등하고 심지어 추잡하게 느껴지기까지 한다.

게다가 이 거대하고 세심한 방식의 추모가 과연 전시기획자 한 사람의 아이디어만으로 만들어질 수 있었을까? 그렇지 않았으리라. 수도 한복판의 거대한 공간 위에 이렇게 철저하게 피해자인 유대인들의 마음을 찾아 들어가 헤아려 위로하고 진정성을 가지고 기념하려는 온 국민의 공감대가 있었을 것이다.

물론 독일인들이 처음부터 성숙한 태도로 과거사 청산문제에 나섰던 것은 아니다. 2차 세계대전이 끝나고 홀로코스트가 세상에 폭로되었을 때, 독일인의 첫 번째 반응은 '침묵'으로 일관하는 것이었다. 나치의 악에 적극적으로 동조하지 않았더라도 결국 이를 소극적으로 지지했기 때문에 침묵할 수밖에 없었다.

그러나 더 이상 침묵할 수 없을 만큼 사실들이 드러나고 공개되기 시

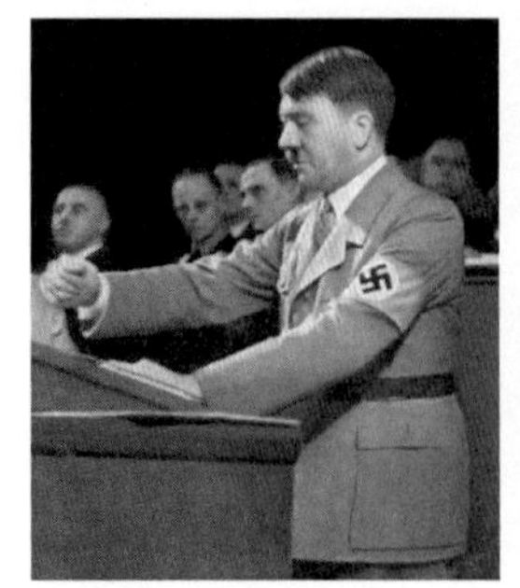

작하자 그들은 일차적으로 히틀러에게 모든 책임을 돌리려 들었다. 악마 같은 지도자, 난폭한 짐승의 유혹에 국민 전체가 속아 넘어갔다고 자위하려 들었다. 이것이 두 번째 반응으로 소위, '히틀러 악마 만들기' 였다. 그러나 히틀러를 악마로 만들어서 독일국민이 집단적 죄의식으로부터 잠시 빗이나게 되었는지는 몰라도, 긍정적인 새로운 정체성을 가질 수는 없다는 것을 깨달았다. 그래서 그들이 취한 세 번째 반응은 부정적 과거는 완전히 외면해버리고 훈육, 희생정신, 신뢰, 정직과 같은 독일인의 민족적 덕성을 고양시키는 것이었다. 그러나 이러한 '위선적 노력'으로 회칠한 무덤의 썩은 냄새까지 없앨 수는 없었다. 전 세계적으로 역사에 남을 오명으로 낙인 찍히고, 죄의식으로 몸부림치던 독일인들은 1970년대가 되어서야 비로소 홀로코스트를 독일민족 전체의 범죄로 인정하고 학문세계 속에서도 공적으로 다루는 네 번째 반응기에 도달했다. 이는 전쟁에 직접적인 책임이 약했던 전후세대가 역사에 등장하면서 전쟁세대의 과오에 대해 더 이상 덮어두지 말자는 움직임에서 비롯된 것이었다. 그 대표적 행위가 1970년 바르샤바에서 빌리 브란트 수상이 유대인 집단거주지의 무덤 앞에서 무릎을 꿇어 국제 공중에 고해한 것이었다. 이 참회의 행동은 전 세계에 독일의 진정성을 전달해주었다.

거점도시마다 지어져 있는 유대인 박물관과 독일의 중심도시 베를린의 홀로코스트 기념공원은 바로 이러한 오랜 역사에 걸친 몸부림이었고, 그들의 처절한 참회의 산물이었다.

물론 독일의 참회가 완성된 것은 아니다. 이제 남은 것은 과거의 행동 자체에 대한 반성을 넘어, 한 차원 더 깊은 독일문화 자체에 대한 근원적 반성이 필요한 것은 아닐까?

'왜 괴테의 나라, 칸트의 나라 독일이 집단광기의 탄생을 막지 못했을까?' 아니 보다 더 근본적으로 '왜 하필 독일에서 그런 비극의 씨앗이 잉태되었는가?

독일은 역사적으로 프랑스나 영국에 비해서 통일된 국민국가를 빨리 이루지 못했다. 지리적으로 작은 왕국으로 쪼개져 있었기 때문이다. 그 결과 근대화에 있어 뒤처질 수밖에 없었고, 이미 활짝 열린 황금시대 20세기에 지각생 신세가 된 독일인 개개인의 마음에는 실패감, 소외감이 상처로 남았다. 이것들을 극복하기 위해 광기 어린 독재자 히틀러가 낭만주의적(혹은 신화적) 독일 국민성을 타고 군림할 수 있었다고 평가되기도 한다. 어쨌든 그 결과는 비참했다. 정치, 사회, 문화, 언론……. 심지어 마지막 저항과 비판세력이어야 할 종교까지도 히틀러에 충성을 맹세했다. 무엇 때문에 한 미치광이가 만들어 낸 미숙한 신화에 독일민족 전체가 열광하게 되었을까?

이것이 독일이 새 시대에 가장 먼저 스스로에게 해야 할 질문이 아닐까? 새로운 독일민족성(혹은 독일문화 전반)을 만들어내기 위해 필요한 더 깊은 의미의 자기반성 말이다. 잘못한 과거 행동에 대한 고해를 넘어, 내 자아에 대한 성찰과 자기반성, 자기부인을 할 수 있는 기회인 것이다.

어쨌든 현재 독일은 이 같은 정신적 발전과정을 거치면서 과거의 실패를 딛고 부활을 꿈꾸고 있다. 이것은 실패한 과거역사를 직면하는 진정한 역사의식이 있을 때에만 가능한 일이다. 이런 점에서 독일은 참 존경할 만하다. 역사문제는 피해자가 원하는 만큼 보상해주는 것으로 풀 수 있는 것이 아닐 것이다. 그런 점에서 독일은 이미 그 정도는 넘어선 것 같다. 어떤 면에서 유대인들이 무엇을 원하는가는 상관이 없어져 버렸다. 역사를 거울삼아 독일인 스스로가 자신의 치부를 공개적으로 드러냈기 때문이다. 이로써 21세기의 독일은 통합된 유럽을 향한 진일보한 정체성을 만들어 갈 기초를 마련한 셈이다.

나도 꿈꾼다.

동아시아의 평화와 공생을 꿈꾼다.

한국과 일본 그리고 중국이 함께 어깨동무하는 그날을.

추악한 과거사에 대한 용감한 고백과 마음 깊이에서 나오는 총체적 용서를.

과거의 원망과 한(恨)을 넘어 하나의 공동체의식을 가지고 새로운 미래를 같이 건설하는 동아시아를.

일본도(日本刀)의 칼바람마저 잠재울 수 있는 힘, 용서

벌써 떠났다, 벌써…….

어제 저녁엔 너무 추웠다. 독일에서 스웨덴을 거쳐 핀란드로 들어온 이후로 어느 정도는 추위에 익숙하다 생각했건만 아무리 한반도보다 훨씬 북쪽이라고 해도 한여름 8월인데 덜덜 떨면서 밥을 먹고는 차를 끓여 형과 마주 앉았다. (우리는 추워도 밖에서 밥을 먹는다. 그럴 수밖에 없다. 따뜻한 불까지는 아니더라도 바람만은 피해서 밥을 먹고 싶지만 그럴 수 없다. 왜냐하면 여기는 캠핑장이니까.) 따뜻한 차 기운에 조금 몸이 녹았을까? 갑자기 어딘가에서 나타난, 딱 봐도 반노숙자 차림의 동양 할아버지가 뭐라고 큰소리로 중얼거리고는 슥 우리 옆에 앉는다.

'이건 뭐지? 이런 당황스러울 데가…….'

처음에는 정신 나간 거지인 줄 알았다. 그런데 거지는 아니었다. 국적은 일본. 나이는 62세. 얼마 전 은퇴하고, 부인은 값싼 여행을 싫어해서 친구들이랑 크루즈나 패키지여행을 주로 다니고 자신은 중국에서부터 몽골 그리고 수많은 '~스탄'들을 거쳐서 핀란드까지 왔다고 했다.

아마도 우리와는 정반대 방향으로 핀란드에 도착했나 보다. 우리는 끓여 두었던 차를 한 잔 대접해 드리고, 멀고 먼 유럽까지 날아온 동양인으로서 공감을 나누고자 했다. 이런저런 사정을 듣고 보니 노숙자 같던 사람이 자유로운 모험가처럼 달라 보이기 시작했다. 나이도 이렇게 많은데 혼자 여행하는 것도 그렇고 제대로 된 문장이 아닌 단어를 읊어대는 수준의 영어실력으로 이런 대담한 여행을 하는 것을 보아 참 여러 가지로 흔치 않은 인물임에 틀림없었다.

이런 여행을 다니는 이유가 정말 궁금해진 것은 당연지사.

"(남은 삶을 편하게 즐기기 위한 걸까? 하지만 이건 완전히 사서 개고생하는 수준인데……) 아저씨, 이렇게 여행 다니시는 이유가 뭐예요?"

"어, 나 기차 좋아. 나 중학교 때 지리 좋아해. 세계지리 최고."

대충 그렇게 영어를 읊은 것 같다. 영어 단어들을 앞뒤로 재배열하여 짐작건대, 기차 타는 것을 좋아하고, 중학교 때부터 지리, 특히 세계지리를 좋아했기 때문이라고 말하는 것 같았다.

"어, 우리 아버지, 돌아가신 아버지 만주에서 철도 기술자였어. 나 어렸을 때 만주에 따라가고 그랬어. 그때부터 기차 좋아해."

그래도 이렇게 열린 마음으로 여행을 다니고 일본인답지 않게 실례를 무릅쓰고 이 사람 저 사람 말 걸고 하는 걸 봐서 대화가 통할 것 같았다. 이미 아저씨는 육십을 넘었고, 그의 아버지가 만주에 철도 기술자로 갔다면 1931년 만주사변이나 1937년 난징대학살을 모를 리 없었다.

"만주에 가서 미안한 감정이 드셨어요?"

"하이! 물론!"

"아, 그래요? 제가 안 그래도 핀란드 들어오기 전에 독일을 지나왔거든요."

"나도 독일에 여러 번 갔었지."

"정말요? 독일에서 가장 인상 깊었던 건 홀로코스트 기념공원이었어

요. 거길 돌아보면서 독일 사람 몇몇이 개인적으로 슬퍼하는 정도가 아니라, 모든 국민이 적극적인 방식으로 참회하고 있다는 걸 마음으로 느낄 수 있었어요.”

“어, 일본도 한국에 많은 돈을 지불했어. 개개인에게 준 건 아니지만, 산업발전을 위해 엄청난 돈을 줬지. 한국정부가 그걸 원해서 우리는 원하는 대로 해줬어.”

‘이런, 돈 얘기가 아닌데…….’

과거 산업차관 형식으로 몇 푼 돈을 지원한 사실로 역사문제를 덮어버리려고 하는 뻔한 스토리. 그 뻔뻔스러운 얼굴에 확 쏘아붙여 주고 싶은 말이 산더미처럼 많았지만, 가슴속 깊은 곳에서 올라오는 뜨거운 감정을 삼키고 차분하게 말해주었다.

“아저씨! 돈 얘기가 아니라 마음 쓰는 것 말이에요. 제가 쉽게 말할게요. Is there a holocaust memorial park in Japan(일본에도 홀로코스트 기념공원이 있나요)?”

못 알아들었을 리 없는데 자꾸 딴 얘기를 하신다. 빗나가기로 작심한 대화를 이제는 마칠 때가 된 것 같았다.

“부탁 하나 들어주실래요? 일본 가시면 아들, 손자, 며느리, 친구들 있으시죠? 그분들에게 독일 갔더니 홀로코스트 기념공원이라는 게 있더라고 얘기 좀 많이 해주세요.”

“어, 그런데 나는 너무 늙었어.”

역시 못 알아들은 건 아니었다. 맥락을 정확히 이해한 거절의 표현이 아닌가!

“맞아요. 아저씨는 늙으셨어요. 그래서 당신이 살아 있는 역사예요. 아들, 손자는 그런 당신에게 배웁니다.”

그렇게 기대했던 대화는 싱겁게 끝나 버렸다.

그리고는 새날이 밝았다. 어제의 대화는 단도직입적이었다. 일본 사람들이 싫어하는…….

일본인들은 거의 병적으로 명예(기리)를 중요하게 생각하기 때문에 직선적인 대화를 하지 않는다고 한다. 일본말로 ‘기리(義理: 의리)’는 자신의 이름과 명성이 외부의 어떤 비난에도 더럽혀지지 않도록 해야 하는 것이다. 그래서 남이 자신의 역사적 과오를 직접 지적하는 것이 죽도록 싫었는지 모른다. 그렇지만 적어도 남에게 해를 끼친 역사에 대해서는 솔직하고 정직하게 말할 수 있어야 하는 것이 아닌가? 이것을 막는 것이 일본의 ‘기리 문화(義理文化)’라면, 그 자체가 ‘질병’이 아닐까? 그것이 질병이라면 치부를 드러내는 것이 힘들고 불편해도 정면승부 하는 것이 결국 우리가 일본과 하나 되고, 더 나아가 기리문화와 한국문화도 극복한 새로운 문화를 만드는 길일 것이다. 그래서 오늘 다시 만나면 정말 친구가 되고 싶었다. 이제 여행을 마치고 일본으로 다시 돌아가면 한일 간 대화를 위해 같이 노력하자는 얘기를 잘 해보려고 했는데 그는 벌써 떠났다, 벌써. 너무 빨리 떠났다는 생각을 하면서 동아시아의 지도를 떠올렸다.

상상할 수 있을까?

일본 수도 도쿄에 한국인들의 정착역사와 한국인들을 차별하고 학살한 치졸한 역사를 차분하고 세심하게 기록한 ‘한국인 박물관’, 난징대학살은 동양의 홀로코스트라는 별칭이 붙을 정도로 수많은 생명을 잔인하게 죽였다고 하는데, 중국인들을 깊이 이해하고 그들의 방식으로 정성을 다해 그들을 위로하는 '홀로코스트 기념공원', 수도 한복판에 그런 기념공원을 일본이 자발적으로 세우는 그날을 상상할 수 있을까?

이제 정말 우리는—적어도 나는 일본을 용서하고 싶다. 감히 '우리'라고 표현할 수 있을 거라 생각한다. 밉다고 없는 듯이 무시하고 살 수 없는 세상이기 때문이다. 이제 더 이상 한국이 원하는 건 돈이 아니다. 우리는 역사문제를 담보로 대출을 받아야 할 정도로 가난하지 않다. 우리가 원하는 것은 '진정성'이다. 진심으로 미안하다는 마음을 먹고 그것을 정중히 표현하는 것이 그렇게 어려운가? 왜 일본 사람들은 이토록 버티면서 진정으로 사과하지 않을까? 사과하고 용서받으면 그들이 가지는 또 다른 망할 문화 '할복자살'을 막을 수 있을 텐데…… 개인적으로 만나는 일본 사람들은 정말 사소한 일에도 죽을죄를 지은 것처럼 그렇게 미안해하는데, 왜 유독 국가 전체가 아시아에 저지른 역사문제에 있어서는 모순되는 태도를 보일까? 이것은 역시 일본 민족성의 문제인 것 같다.

루스 베네딕트는 그의 책에서 일본을 '국화와 칼'로 요약하고 있다. 그중에 '칼의 일본' 문화를 이해하는 데 있어 가장 중요한 개념으로 '이름에 대한 기리'를 든다. 이것은 '명예'라고 번역할 수 있는데, 이 '기리'가 일본인에게는 얼마나 중요한지, '기리' 때문에 다른 나라 사람들은 이해 못 할 일이 벌어지곤 한다. 예를 들어, 사람이 사업을 하다 보면 빚을 지기 마련인데, 빚을 청산해야 하는 정월이 다가오면, 빚을 갚지 못하는 채무자로 이름을 더럽히지 않기 위해 자살하는 경우가 제법 많이 있었다고 한다. 심지어 일본의 외교관은 기리 때문에 자신의 외교방침의 실패를 인정하지 않기도 하고, 선생은 기리 때문에 학생 앞에서 자신이 학생보다 모른다는 사실을 인정하지 않기도 한다고 한다. 그런데 더 이상한 것은 이런 이상한 현상이 국민적인 공감을 얻는다는 사실이다. 기리는 일본의 처절한 칼의 문화, 즉 명예는 죽음으로 지킨다는 일본 특유의 정신을 나타낸다. 어쩌면 이런 일본인들이 전쟁에서의 학살과 폭력을 인정함으로써 자발적으로 기리를 더럽히는 것은 일본열도 전체가 집단자살을 선택하는 것보다 더 불가능한 일인지도 모른다.

그러나 영원히 불가능한 것은 아니기를 간절히 바란다. 어떻게 하면 문제의 돌파구를 만들어낼 것인가? 체면을 중요하게 생각하는 것은 공동체 문화의 일부분이다. 즉, 공동체 속에서 한 번 잘못해서 미운 털이 박히면 그 속에서 매장당하게 되고, 그것을 두려워하여 체면을 무엇보다 중요하게 생각하는 것이다. 그러나 이것은 결국 공동체 문화가 부정적으로 왜곡된 형태이고, 이를 극복하기 위해서는 고백과 용서, 그리고 새 출발이 가능한 긍정적 공동체문화가 필요하다. 용서를 통해 그 공동체 속으로 다시 받아들여질 수 있어야 잘못을 정직하게 드러낼 수 있게 되고, 피바람 부는 '칼의 문화'가 불필요해지며, '기리문화'도 치료할 수 있을 것이다. 우선 한국에 '용서의 문화'를 꽃피워 우리끼리 서로 충분하고 완전하게 용서할 때, 밖을 향해 서로 그런 자세를 가지고 있음을 보일 수 있을 것이다. 그렇게 한국이 새로운 '동아시아 공동체'라는 열매를 맺는 시발점이 되기를 기대한다.

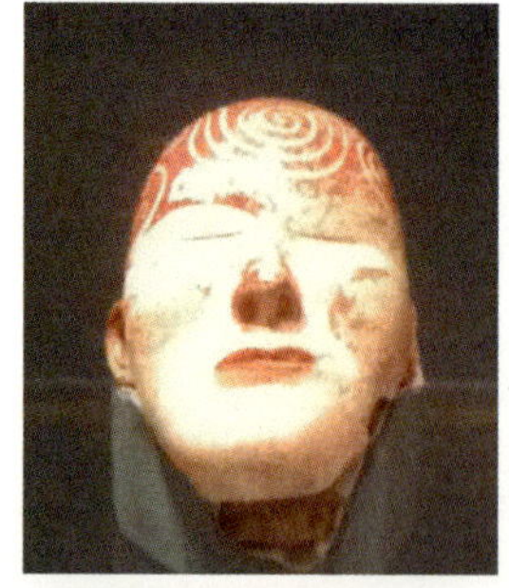

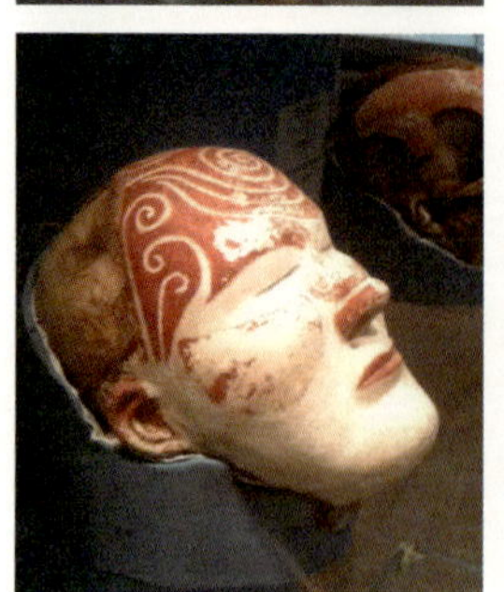

언젠가
언젠가
일본의 홀로코스트 기념공원을 여행할 수 있을까?

05

한 · 중 · 일
미워도 다시 한번
─유럽연합을 배우다

작은 나라 룩셈부르크가 꿈꾸는 유러피언 드림

룩셈부르크에는 유럽의회 사무국이 있다. 드디어 유럽연합의 중심에 들어간다! 룩셈부르크에 들어서는 나는 실로 엄청난 기대감에 부풀어 있었다.

나는 왠지 유럽연합이 좋았다. 일종의 환상이라고 해도 상관없다. 12개의 노란 별이 우주처럼 깊은 파란색 바탕에 둥글게 박혀 있는 그 유럽연합 깃발의 모양마저도 마음에 들었다. 한국적으로 말하면 강강술래 같았다. 말도 많고 탈도 많지만 유럽인들이 그렇게 조금씩 하나 되어 가는 과정이 무척이나 부러웠다. 그 부러움은 아마도 21세기에 무지막지하게 세력을 불려가는 중국과 과거역사 바로잡기조차 씨알이 안 먹힐 정도로 답답한 일본 사이에 끼어서 함께 하나의 동아시아를 이루어가야 할 작은 나라의 국민에 불과하다는 자의식 때문일 것이다.

이렇게 유럽연합을 향해서 쏟아지는 마음은 지극정성이었지만, 냉철한 사전조사는 사실 턱없이 부족했다. 결과적으로 나의 간절한 기대와는 달리 사무국 방문의 결과는 대실망이었다. 룩셈부르크 동북쪽에 위치한 EU위원회 사무국에 가서 겨우 한 사람을 만나 10분 정도 대화한 것이 고작이었다. 우리의 대화 상대가 되어준 그마저도 담배를 피우는 동안 굉장히 귀찮은 태도로 마지못해 몇 가지 질문에 무성의하게 답했을 뿐이었다.

그렇게 몇 곳을 둘러보고 이리저리 지도를 뒤지다가 다시 룩셈부르크 시내의 EU정보센터EU information center로 향했다. 이번에는 별로 기대하지 않았다. 정보센터에서 해줄 수 있는 이야기야 뻔할 것이라고 생각했다. 시간의 압박도 있었다. 암스테르담으로 넘어가기로 예정된 시간도 이미 지나가고 있었다. 뭔가 허탈하고 귀찮았다.

그러나 안내소에 도착하자 사정은 완전히 달라졌다. 일단 직원의 친절이 마음을 편하게 해주었다. 그의 이름은 라헤츠 마셜(Larchez Martial), 훤칠한 키에 호남형이었다. 나와 비슷한 젊은 나이였다. 그는 우리가 필요로 하는 것에 대해 참을성 있게 쭉 듣더니, 몇 가지 질문을 더 하고는 이것저것 책자를 갖다 주기 시작했다. 그렇게 쌓인 책이 종이가방 하나 가득. 자전거에 실을 공간만 충분했어도 모두 들고 오고 싶을 정도로 재미있고 필요한 내용들이었다. 글로 된 자료도 유익했지만 중요한 것은 역시 살아 있는 사람과의 대화! 그 책자들에 대한 소개를 들으면서 한 시간 정도 대화를 나누었다. 그는 붙임성 있고 진지하며 진실하게 대화에 응해주었다.

규동: "그리스 문제에 대해서 어떻게 생각하세요? 이 위기에도 불구하고 유럽연합이 깨지지 않을 거라고 확신하나요?"

라헤츠: "물론이죠. 여기 이 자료에 2009년 금융위기에 대한 회생계획(recovery plan)이 있어요. 경제적으로 어려운 나라들이 이렇게 각자의 노력을 하고 있어요. 그리스가 현재 상황이 나쁘지만 제 개인적 생각으로는 3~5년 내로 회복될 거라고 보고 있어요. 특히 경제적인 면에서, 우리(EU)는 유럽연합 가입에 기준을 가지고 있기는 하죠. 그렇지만 그 기준을 충족시키지 못

하는 나라에 대해서 '너희 기준 미달이야. 안 돼!'라고 딱 잘라 말하지는 않아요. 오히려 우리는 각 나라들이 그 기준을 채우도록 돈을 빌려줍니다. 그렇게 해서 함께하길 원한다면 길을 찾아주려고요."

규동: "그렇군요. 좀 다른 질문을 할게요. EU는 그 이름처럼 국가들의 연합이죠. 회원국들이 이전에 흩어진 각 나라일 때보다 '유럽연합'이라는 이름으로 뭉쳤을 때, 국제사회에서 발언권이 세졌어요. 한편에서는 이런 추세로 가면 지역정부(regional government)를 넘어서 세계정부(global government)로 발전하지 않을까 하는 예상을 하는데 어떻게 생각하세요?"

라헤츠: "EU가 세계정부로 발전할 가능성에 대해 물어보셨는데요. EU의 관심은 '시민들의 적절한 삶의 기준(standard of people's life)'입니다. 제가 조금 전에 EU가 가입기준을 세우고 각 나라들이 그 기준을 충족할 수 있도록 돕는다는 말을 했는데, EU가 절대권력(absolute power)을 행사하기를 원하지 않기 때문입니다. 우리는 누구나, 예를 들어 러시아나 터키가 EU에 들어오려 한다면 환영합니다. 함께 더 잘하기 원한다면 OK. 현재 가입 국가들이 한정되어 있는 것은 역사적으로 시작이 그랬을 뿐입니다."

여기까지 대화를 듣다 보면 마구 의심이 생기고 캐묻고 싶어질지도 모르겠다. '뭐? 절대 권력을 원하지 않는다고? 가난한 나라라도 누구나 가입하길 원한다고? 진짜? 무슨 자원봉사단체도 아니고 EU가 그렇

게 착할 리가 있나…….'

　물론 EU가 착해서가 아니다. 미국학자 제레미 리프킨은 2004년에 그의 책 『유러피언 드림European Dream』에서 착해 보이는 이유를 밝혔다. 그는 아메리칸 드림이 끝나고 유러피언 드림의 시대가 열리고 있다고 주장했다. 아메리칸 드림이 자수성가해서 효율적인 생산라인이 풀가동되는 공장주인이 되어 누구도 침범할 수 없는 높은 울타리에 방범시스템이 갖춰진 교외의 대저택에 따로 살고 싶은 꿈이라면, 유러피언 드림은 무슨 사고가 생겨도 최소한의 삶을 보장해 주는 복지사회에서의 직장 동료, 동창, 교회, 가족, 후배, 자녀 등등 수많은 네트워크 속에서 누리는 안정감 그것이다.

　안정감의 추구라는 관점에서 볼 때, 한없이 착해 보이는 EU의 정책은 단지 유러피언의 이상을 실현하기 위한 당연한 선택일 뿐이다. 그리

고 놀랍게도 그 이상이 이 대륙에서 사는 방식을 규정하고 있었다.

자, 그렇다면 룩셈부르크가 부르는 노래에 귀 기울여 볼까. 인구로 볼 때 룩셈부르크는 서울의 강동구(49만)보다 조금 적다(46만). 이런 나라가 프랑스, 독일, 영국 사이에서 중립국으로서 당당히 역할하고 있다. 이런 점에서 룩셈부르크야말로 유러피언 드림의 최대 수혜자라는 생각이 든다. 작은 나라가 당당히 역할하며 살아갈 수 있는 게임의 법칙rule of game을 가진 유럽이 더 부러워지는 건 당연한 것 아닐까?

이렇게 살을 부비며 전쟁하고 갈등하면서도 함께 살아가는 이들의 정체성이 궁금해졌다.

규동: "그렇다면 EU의 정체성(identity)에 대해 질문할게요. 예를 들어 서양문명권을 언어(유럽어권), 종교(기독교), 피부색(백인종)으로 구분하기도 하는데, 유럽연합의 정체성은 무엇으로 형성되었고, 앞으로 무엇을 중심으로 형

성될 것이라고 생각하나요?”

라헤츠: “현재로는 피부색이나 종교가 혼합되어 있다고 생각해요. 그러나 결국은 지리적 근접성(같은 대륙에 속해 있다는 사실)이 현재 유럽연합의 현실적 정체성을 이룰 것이라 생각합니다.”

라헤츠는 독일태생으로 여기 룩셈부르크에 산다고 했다. 우리 둘은 유럽연합에 대한 대화 말고도 개인적으로 여행에 대한 이야기도 많이 했다. 독일통일 문제에 대해서도 몇 가지 주제로 대화했는데, 내가 사용하는 용어 중에서 ‘서쪽 독일서독’, ‘동쪽 독일동독’이라는 말을 이제 더 이상 쓰지 않는다고 친절하게 교정해 주었다. 독일통일과 유럽연합에 대하여 개념정리가 확실히 되어 있는 친구였다. 자신의 시간을 쪼개 진지하게 대화에 응해 준 그에게 이 자리를 빌려 감사하고 싶다.

Danke schön Larchez Martial!(정말 고마워 라헤츠 마셜!)

European Identity–네덜란드 사람? 유럽 사람!

오스트리아 빈Wien에 머물 때의 일이다. 빈에서 우리는 빡빡한 일정 중에서 그나마 쉴 수 있는 여유를 마련할 수 있었다. 빈은 서유럽을 돌고 북유럽을 거쳐 러시아를 관통하는 우리 여정의 정중앙에 있었다. 그동안 경험했던 형형색색의 대화의 조각들을 차곡차곡 정리해두고 싶어 우리는 빈에서 중간 점검을 위한 시간을 가졌다. 이참에 체력도 보충해서 북유럽과 러시아에서 의미 있게 일정을 보낼 작정이었다.

마침 캠핑장은 도나우Donau 강 바로 옆에 자리를 잡고 있었고, 날씨는 눈부셨다. 특히 자전거 여행을 하는 우리에게 도나우 강변을 따라 이어져 있는 한적하고, 정리가 잘된 자전거도로는 마음의 여유를 찾을 수 있게 해주었다. 이곳에 머무는 동안 우리 둘은 아침을 차려 먹고 작은 가방에 가벼운 짐과 간단히 먹을 것을 넣어서 산책하듯 캠핑장을 나서곤 했다. 그렇게 자전거로 달리다가 더위가 느껴지면 어디라도 멈춰 서서 웃통을 벗고 뛰어들면 그만이었다. 긴 강변 전체가 일광욕과 수영을 즐기는 데 안성맞춤이었다.

하루는 이렇게 한적한 시간을 즐기면서 저녁을 먹고 앉아 다음 기착지인 베를린 일정을 점검하고 있었다. 한창 인터넷을 검색하며 대화하고 있는데, 옆에 갓 대학생이 된 듯한 여자 셋이 앉더니 말을 걸어오는 것이 아닌가! 자세히 보니 전날 저녁식사를 만들면서 취사장에서 보았던 친구들이었다.

애들은 네덜란드에 살고 있었다. 갓 고등학교를 졸업하고 의기투합해서 여행을 다니는 중이라고 했다. 전공 얘기, 대학생활에 대한 기대감 등 이런저런 얘기를 하다가 내 관심사인 유럽의 통합과 그 정체성에 대한 질문을 꺼내놓았다.

"유럽이 하나라고 느끼니?"

"물론이죠. 유럽은 하나에요. 예~."(왜 환호성을 치는지는 잘 모르겠지만, 아마도 유럽이 하나인 게 이 청년들 눈엔 꽤 신나는 일인 것 같았다)

"그럼 너는 유럽인이라는 정체성을 가지고 있니?"

"예. 내가 네덜란드인Dutch이라고 느끼는 만큼 유럽인european이라고도 느껴요. 야누스 얼굴처럼 절반은 유럽인, 절반은 네덜란드인인 거죠. 어렸을 때는 그저 네덜란드가 전부인 줄 알았어요. 아마 누구나 그랬겠죠? 그렇지만 지금은 아니에요. 네덜란드인이라고 느끼는 만큼 유럽인이라고 느껴요."

놀랐다. 이제까지 내가 생각하던 것과는 너무 달랐기 때문이다. 위계상으로 네덜란드는 하나의 국민국가이고, 유럽연합은 국가연합이

니까. 네덜란드 사람의 하나로서 당연히 100% 국가적 자기정체성을 가지고 있고, 유럽 사람으로서의 정체성은 '덤'으로 가지고 있으리라고 생각했다. 그런데 '지금은 50:50'이라니, 마치 '네덜란드'와 '유럽연합'이 축구경기 중이고 현재 스코어 5:5라고 말하는 듯했다. 개별국가를 중심으로 하는 정체성과 더 큰 공동체를 추구하는 정체성이 이 아이들 마음속에서 마치 선의의 경쟁을 하는 것 같았다.

"아, 그래? 우리랑 다르구나. 우리는 한국인이라고 느끼지만 동시에 '우리는 하나의 동아시아 사람'이라고 생각하지는 않거든. 그저 한국인일 뿐이지. 그럼 너의 경우엔 언제가 전환점이니? 방금 말한 것처럼 네덜란드인이지만 동시에 유럽인이라는 정체성을 갖게 된 때 말이야?"

"음, 그건…… 정확히 말하기는 어렵지만 한 열여섯쯤? 아마 나 자신에게 갇혀 있다가 더 큰 세계가 있다는 것을 알고부터인 것 같아요."

옆에 있는 다른 친구가 얘기를 거든다.

"유럽연합이라는 더 넓고, 다양하고, 풍성한 세상이 우리를 그렇게 푹 빠지게^{absorbed} 만들어요. 예를 들면 TV나 영화, 뉴스에서 끊임없이 계속해서 '유럽인', '유럽연합' 등의 말들을 쏟아내니까요. 우리가 그렇게 생각하게 되는 게 당연해요."

이 아이들의 얘기를 듣고 적지 않은 충격을 받았다. 애들은 청소년기를 지나는 동안 네덜란드를 넘어 더 넓은 세상이 있다는 걸 알게 되면서부터 '너'를 향한 가치관의 변화가 시작되었단다. 애들에겐 이 둘이 경쟁하지만 서로 갈등하는 것처럼 보이지는 않았다. 마치 어른이 되어가면서 자아중심에서 서서히 벗어날 기회를 얻는 것처럼 점차 유럽인의 정체성을 공유하기 시작하는 것이었다.

우리는 어떨까? 한국에서 청소년기를 보내는 경우, 한반도를 넘어 더 넓은 세상이 있다는 걸 알게 되면서 동아시아 전체를 국가 간 팽팽한 견제와 심각한 경쟁이 횡행하는 싸움판으로 인식하는 것이 일반적이다. 중국의 동북공정과 2012년 이어도 자국영토선언, 일본의 전쟁역사 왜곡과 독도영유권 주장 등 갈등하고 서로를 불신하고 미워할 만한 일을 계속 쏟아내고 있다. 이러니 어찌 미워하지 않을 수 있을까?

물론 우리에겐 서로 미워해도 되는 당연한 이유가 있다. 동북공정, 독도영유권, 위안부 문제 등등. 구구절절 중국과 일본이 틀렸고 잘못했다. 적어도 당하기만 한 약한 나라인 한국의 입장에서는 더욱 그렇다. 그런데 만약 그들이 사과한다면, 과연 우리는 사과를 받아들여 긍정적이고 진취적인 동아시아 공동체를 만들어 갈 준비가 되어 있는가? 미운 이웃을 넉넉하게 끌어안고 평화롭게 살아갈 수 있는 넓은 가슴을 작은 나라에 사는 우리는 가졌을까?

장기적인 평화의 기초를 놓으려면 우선 '동아시아인으로서의 우리'라는 정체성을 가지는 것이 필요하다. 그렇지 않고 동아시아에 속한 나라들 서로가 함께 살아가야 할 '우리'가 아니라 적대적 관계를 이어 갈 가능성이 많은 '남'인 이상, 관계 개선의 당위성도, 심지어 대화할 의지 자체도 사라지고 만다. 이미 네 번째 스토리에서 일본에게 바라는 바를

 두 바퀴로 달린 통일청년의 유럽일기

밝혔으니 이번에는 일본과 중국의 잘잘못을 말하기보다 우리 스스로에 대해 질문해볼 차례다. 한국과 한국인은 과연 다가오는 동아시아 시대에 정신적 '청소년기'를 지났을까? 캠핑장에서 만난 아이들이 네덜란드인으로서의 정체성을 넘어 더 큰 '나'인 유럽인으로서의 자의식을 갖기 시작한 그 '청소년기' 말이다.

인간은 갓난아기일 때 고도근시라고 한다. 그래서 30cm 이내의 것만 식별이 가능할 뿐이라고 한다. 시력뿐 아니라 인식능력도 제한적이어서 자기 손가락을 움직이면서 신기해할 정도라니 알 만하다. 그렇게 갓난아기 때부터 내 몸을 인식하기 시작해서 가장 가까이에 있는 엄마를, 그다음에는 나머지 가족들을 인식하고, 더 성장해서 청소년기가 되면 가족의 범주를 넘어 친구와 선생님으로 구성된 학교공동체를 인식하게 된다. 이때쯤 되면 갓난아기는 '자아집중 상태'에서 벗어나기 시작한다고 한다.

이것을 다른 민족과 세계를 받아들이는 정신적 발전의 관점에 적용해볼 때, 한국은 과연 국가중심의 '자아집중 상태'를 벗어났을까? 이것은 우리가 얼마나 해외에 진출하여 수출을 많이 하고, 무역규모가 큰지의 문제가 아니다. 중국, 일본이 좋고, 싫고를 판단하기 전에 한국이 이들 나라와 '우리'의 관계를 이루려고 시도했으며, 앞으로 더 적극적으로 이룰 수 있을까의 문제이다. 혹시 우리는 아직도 과거에 나를 고통스럽게 한 '너'에 대한 '나'의 상처, '나'의 감정, '나'의 한(恨)에 사로잡혀서, 결국은 다른 사람이 아닌 내가 만든 '나'라는 역사의식의 감옥에 갇혀 지내는 것은 아닐까?

6·25전쟁이 끝난 뒤에 한국은 하여튼 열심히는 살아왔다. 경제적 가난, 문화적 무지, 정치적 미성숙을 벗어나기 위해 사력을 다해 싸운 것만큼은 세계가 인정하는 사실이다. 이제 60여 년이 지난 지금 우리가 포함되어야 할 하나의 거대한 정치공동체인 동아시아를 향한 이상

을 가졌다면, 대한민국은 부정적인 과거 역사를 떨쳐내고 우뚝 서야 한다. 개별 국가들의 상호투쟁으로 일관된 동아시아의 과거 때문에 서로를 불신의 눈으로 바라보지 않을 만큼 성숙해져야 할 때가 되었다.

옆을 보니 이제 청소년기를 막 지난 그 여자아이들 셋이서 강낭콩과 옥수수 깡통을 뜯어서 수프에 넣어 끓여내고는 무슨 대단한 요리사라도 된 듯이 서로 자랑하고, 칭찬하고, 자지러지게 웃고 난리다. 딱 여대생이다. 에너지가 넘쳐서 보기 좋았다. 나이는 내가 몇 살 더 먹었지만 이 아이들이 자라온 용서와 화해로 애써 신뢰를 쌓아가는 문화의 성숙함에 머리가 숙여졌다.

우리 사랑해도 될까요?

비가 올 듯 말 듯 흐릿한 날이었다. 독일의회^{Bundestag} 건물을 돌아보기 위해 긴 줄을 서서 기다리고 있었다. 우리 뒤에 선 세 아저씨들과 대화를 시작했다. 세 분은 벨기에 출신으로 특이하게도 여행으로 맺어진 친구 사이였다. 나이도 5세에서 10세 차이가 나고, 직업도, 삶의 환경도 달랐다. 제일 나이 많은 아저씨는 아직 미혼이셨다.

이 세 분과 만나서 헤어질 때까지 대화의 주제는 단 하나, 언어^{language}였다. 대화 중에 알게 된 사실은 벨기에는 남한의 1/3밖에 안 되는 나라인데, 언어 구분을 따라 세 지역으로 나뉜다고 한다. 먼저 크게 남쪽의 프랑스어권, 북쪽의 네덜란드어권, 다시 남부 프랑스어권의 동쪽은 독일어를 사용한다고 했다.

독일 땅에서 벨기에의 지역갈등 얘기를 듣노라니, 저 멀리 고국 땅의 고질적인 지역갈등이 생각나지 않을 수 없었다. 그래서 이 벨기에 신사분들에게 한반도의 지역갈등을 짧게 소개하면서, 우리도 유사한 지역

갈등이 있다고 했다. 그렇지만 한국의 경우 언어가 아니라 과거역사가 근본문제라는 것을 강조했다. 경상도와 전라도의 경우 아주 근소한 차이가 나는 지역 방언수준일 뿐 전혀 다른 언어를 사용하지는 않으니까. 이어서 물었다.

"혹시 벨기에가 세 지역으로 갈라져서 갈등하는 이유가 언어 말고 다른 요소가 있는 건 아닐까요? 한국처럼 말이에요. 예를 들면 역사적 문제라든지, 권력투쟁이라든지, 경제적 이유 같은 것 말이에요."

"아니, (단지) 언어가 그런 문제들을 만들어낼 뿐이야Language makes that kind of problems."

아니, 오직 언어의 차이가 그런 갈등을 만들어낸다니! 한술 더 떠서 이들은 말했다.

"독일어권 벨기에는 프랑스어권 벨기에보다 독일에 심정적으로 더 동질감을 느끼지."

아니 이게 무슨 소린가? 내가 제대로 들은 건가? 국적이 달라도 같은 언어를 쓰는 다른 나라 사람에게 자신의 나라보다도 심정적으로 더 동질감을 느낀다고? 도무지 상상이 안 되는 상황이다. 그러나 몇 번을 다시 물어도 결과는 마찬가지. 게다가 조금의 주저함도 없었다. 확신에 넘치다 못해 당연한 걸 뭐 그리 새삼스레 묻느냐는 투였다. 놀랍다.

사실은 좀 더 자극적으로 묻고 싶었다.

"그럼 나라를 아예 세 개로 쪼개서 같은 언어를 쓰는 사람끼리 다시 합치지 그래요?"(반 농담)

그런데 답은?

"언젠가는 그럴지도 모르지. 왜 안 되겠어? 그렇게 될지 누가 알아 Maybe someday it can be. Why not? Who knows that?"

충격! 두 가지를 생각하게 되었다.

첫째, 언어가 유럽 대륙에서 삶에 얼마나 중요한 역할을 하는지 실감

하게 되었다. 아주 단순하게 말하면, 이 세 분과 친해지려면 벨기에 사람이 되는 것보다 프랑스어를 잘하는 편이 더 낫다는 것이다. 언어공부의 동기부여가 팍팍!

내친 김에 하나 더, 하나의 언어를 더 배우는 것은 또 하나의 새로운 우주의 지평이 열리는 것이라는 말을 들은 적이 있다. 언어 속에 같은 언어를 사용하는 공동체의 역사와 문화, 삶의 자취들이 속속들이 새겨져 있기 때문이리라. 그러므로 언어를 배우는 것은 단지 그 나라 말이 아니라 삶 전체를 이해하는 것이다. 다양한 언어를 공부하자! 동아시아의 작은 나라에 살고 있는 젊은이(라고 확신하는 이)들이여!

둘째, 유럽이 국민국가nation-state의 경계를 유연하게 받아들일 수 있는 조건을 이미 갖추고 있다는 사실이다.

남한에 살아온 우리는 지리적으로 반도이지만 지정학적으로는 섬에 살고 있다. 남쪽으로는 바다이고, 북쪽으로 1953년 7월 전쟁이 끝난 이후에 4km 두께의 완전 무장된 155km 비무장지대로 꽉 막혀 있기 때문이다. 물리적으로 아주 두껍고 위험하게 막혀 있고, 이데올로기적으로는 과거 몇 십 년간은 북쪽을 증오하도록 배웠으며, 최근에 와서 경제적으로, 정치적으로 북쪽은 귀찮은 존재이므로 잊기를 원하는 듯하다.

그러나 유럽인들은 하나의 큰 대륙 안에 살고 있다. 어린 시절 동네

　　　　　두 바퀴로 달린 통일청년의 유럽일기

에서 비슷하게 생겼지만 프랑스어를 쓰는 아이들이 가끔 놀러 왔고, 독일어를 쓰는 형들이 배낭을 메고 지나갔고, 청년이 되어서는 주말에 두세 시간 차를 달리면 암스테르담 캠핑장에서 밤새 유럽 내의 세분화된 다른 문화를 경험하고, 열띤 토론을 하고 집으로 돌아올 수 있었다.

그들의 유럽과 우리의 동아시아는 이렇게 지리적인 면에서 근본적으로 다르다. 그러나 '환경결정론자'가 결코 아닌 나는 우리가 더 잘할 수 있는 면이 분명히 있으리라고 생각한다. 이것을 찾기 위해 아직 연구와 경험을 쌓아가야 할 나는 어떤 구체적이고 특별한 통합과 공존의 '대안을 제시'하기보다는 우선 '상상력'에 대해 말하고 싶다. 우리는 그 동안의 물리적(지리적)·심리적 한계를 극복하기 위해 얼마나 큰 노력을 해야 할까? 상상력이 필요하다. 아주 자유로운 상상력. 물론 이 상상력은 단지 머리로 무엇을 생각해보는 정도가 아니라, 그것을 이루기 위해 외국어를 비롯한 인문학, 자연과학, 사회과학 다방면에서의 최고 지식을 갈고닦은 정신적 능력이 전제된 가운데 만들 수 있는 것이겠지만……

독일의회(Bundestag)

첫째, 지정학적 한계를 극복하는 것에 대해 생각해보자.

우리는 '섬 의식'에서 탈출해야 한다. 그러기 위해 북한문제에 대해 적극적이어야 한다. 좀 더 포괄적으로 말하자면 북서쪽을 향한 적극성을 가져야 한다. 북한을 관통하여 러시아와 중국을 지향하는 북서쪽 말이다.

중국의 한반도 전략은 순망치한脣亡齒寒이라고 한다. 전통적인 조공책봉관계를 여전히 의식하면서 북한을 완충지대buffering zone쯤으로 여기고 있다. 과거 일본의 제국주의적 욕망의 최종목표는 언제나 대륙 그 자체였고, 끝없는 열등감에 몸부림쳤다. 그 과정에서 이 두 나라에 있어 한반도의 중요성은 이루 말할 수 없는 것이었다. 러시아 역시 철도건설과 부동항 확보라는 차원에서 남쪽의 한반도는 늘 강한 욕망의 대상이었다. 최근 블라디보스토크에서 북한을 지나 남한과 일본까지 이어지는 가스관 매설사업에 적극적인 것은 역시 남동쪽 바다를 향한 부단한 관심의 표현이다.

요컨대 한반도는 대륙세력이 대양으로 뻗어 나가기 위한 발판이요, 반대로 해양세력이 대륙으로 진출하기 위한 전략적 요충지였다. 그러나 안타깝게도 정작 남한의 학자, 행정가, 기업가들이 가진 북한에 대한 전략은 너무 경직된 것이 아닌가? 꽉 막혀 있어 토론 자체가 활발하지 못한 현상에서 알 수 있다.

자, 이제 상상의 나래를 펴자. 금요일 저녁에 일을 마치고 자동차 뒤 트렁크에 텐트를 싣고서 4~5시간을 북서쪽으로 달리면 중국 단둥丹東에 도착한다. 서둘러 텐트를 치고 금요일 밤을 보내면, 단둥 캠핑장에서 토요일 아침을 먹고 가벼운 마음으로 중국여행을 시작할 수 있다.

이번에는 북동으로 방향을 돌려 러시아 쪽으로 가볼까? 현재 논의 중인 러시아-북한-남한으로 이어지는 가스관을 따라 철길이 놓인다면, 시베리아 횡단철도의 동쪽 끝인 블라디보스토크에 닿게 된다. 시베리아 횡단철도에 연결된다는 것은 단지 러시아 전체를 관통할 수 있을 뿐 아니라 유럽까지 기차여행길이 열리는 셈이다.

정북쪽을 향해 적극적으로 대시하자. 북한이 적어도 우리의 의식 속에서나마 결코 불편한 이웃에 머무르게 내버려두지 말자. 그와 하나 되면 엄청난 가능성이 열린다고 확신하자. 물론 과거 제국주의 시절에 시베리아 횡단철도는 침략의 도구, 식민통치의 마수였을 뿐일지라도, 북쪽을 향한 미래가 악몽이 되도록 내버려 둘 수는 없다. 못 본 척 눈감고 웅크려 돌아앉으면 오히려 죽음이 기다릴 뿐이다. 아니 죽음 이상의 비참함을 맞게 될 것이다.

한반도는 이미 그 비참함을 19세기 말 20세기 초에 현대로 넘어오는 시간 동안 지겹도록 경험했다. 1868년 일본은 서양의 강력함에 눈을 뜨고서 즉각적으로 메이지 유신을 단행, 봉건적 허물을 벗고 근대 제국주의 국가 대열에 합류하여 한반도를 발판으로 대륙침략을 감행했다. 그러나 같은 시간 대원군은 문을 꼭꼭 걸어 잠그고 몇 가지 내부개혁을

실행하고자 했지만 그 밤에 그 나물, 개구리가 우물 안에서 뛰어본 것에 불과했다.

역사는 반복된다고들 한다. 그러나 패배감에 젖은 과거를 다시는 반복하지 말자. 상상력의 나래를 활짝 펴자. 우리 스스로 심리적으로 막아 놓았던 북쪽을 향한 마음의 빗장을 활짝 열고 현실 속으로 뛰어들자.

둘째, 이데올로기적 한계를 제대로 한번 극복해보자. 1989년 소비에트 연방이 무너져 내렸다. 이는 공산주의 계획경제에 대한 자본주의 시장경제의 판정승이었다. 그 둘 사이의 싸움은 실로 길고도 길었다. 거칠게 몰아붙이는 두 번의 열전(제1, 2차 세계대전) 이후에 시작된, 이지루한 전쟁을 사람들은 냉전cold war이라고 부른다. 냉전이 막을 내린 1989년 이후로 이데올로기에 의해 세워진 장벽들이 하나둘씩 무너지기 시작했다. 베를린 장벽이 무너지고 동서독이 감격적인 통일을 맞이하게 된 것도 냉전이 끝난 결과였다.

그런데 1989년으로부터 20년이 흘렀는데도 여전히 한반도는 허리가 잘린 채로 신음하고 있고, 한국사회에는 좌우 이데올로기 유령이 출몰한다. 아니 출몰 정도가 아니라 완전히 사로잡혀서 이데올로기 좀비처럼 되어버린 것이 아닌가. 이미 죽었는데 마치 산 것처럼 걸어 다니는 좀비……

　물론 통일된 독일의 경험에서 배우듯이 자본주의가 새롭게 하나 된 나라에 그렇게 간단하게 대안이 될 수는 없다. 과거 서독의 전반적 사회체제는 통일독일의 모델이 되기에 한없이 부족했음이 드러났다. 현재 전체적 남한의 체제 혹은 사회시스템 역시 통일한국의 모델이 되기에 자격미달인 것은 사실이다. 그러나 지난 냉전의 역사 속에서 자본주의 시장경제의 유효성이 어느 정도 증명되었다면, 일단 북쪽의 극단적 공산주의 계획경제가 스스로 무너지기를 인내심 있게 기다려야 할 것이다. 그동안 우리 편에서 준비해야 할 것은 '더 좋은' 사회시스템이다.

　마침 세계는 새로운 이데올로기에 기초한 대안적 체제를 찾기 위해 고심하고 있다. '성찰적 근대화', '반성적 자본주의' 등 자성하는 목소리가 공산주의 붕괴 후 승리의 자신감에 차 있던 자본주의 진영 내부에서

세를 얻고 있다.

전 세계에서 (중국-대만을 제외하고) 마지막 분단국가 한국. 한반도는 이전에도 그러했지만 지금도 여전히 이데올로기적 갈등의 현장이다. 북한의 극단적 공산주의, 중국의 유교-사회주의(국가자본주의), 남한의 자유민주주의, 일본의 자유민주주의 속의 군국주의(초민족주의)가 충돌한다. 한반도를 둘러싼 이데올로기적 혹은 국가 이기주의적 충돌을 누가, 또 무엇으로 끝낼 것인가? 딱 그 중심에 놓여 있는 한반도를 전 세계는 주목하지 않을 수 없을 것이다. 여기에 우리의 갈고닦은 실력이 전제된 넘치도록 풍성한 상상력이 필요하다.

우리의 상상력을 좀 더 펼쳐서, 현실적 문제들을 해결하고, 실력이 검증되고 난 뒤, 세계시민들을 한반도로 초대하면 어떨까?

17세기 명예혁명의 전통을 배우러 세계시민들은 영국에 가는 것도 좋다.

18세기 시민혁명의 '자유, 평등, 박애'의 정신을 배우러 프랑스에 가는 것도 나쁘지 않겠지.

19세기 노예제도 폐지와 노예해방을 이뤄낸 영국과 미국에 가는 것도 좋겠다.

20세기 아메리칸 드림을 따라 무한한 자유와 가능성의 땅 미국에 가는 것도 좋은 일이다.

21세기 무의미한 공산주의와 노쇠한 자본주의의 대안을 제시하는 통일된 한반도에 세계시민들이 찾아오게 하는 것도 참 좋은 일이 아닌가!

추잡스, 벤처기업을 떠나 '문화여행'으로 벤처(venture)!

비지니스에서의 탈출

1998년, 나는 대학에서 컴퓨터공학을 전공, 박사과정에 재학 중이었다. 졸업 후 정부출연 연구기관에서 경력을 쌓은 후 대학에 돌아와 학생들을 가르치는 단조로운 삶을 맘속에 그리고 있었나. 하지만 지도교수로부터 '벤처 창업'의 제안을 받는 순간, 한 번도 경험해보지 않은 삶에 대한 호기심에 덜컥 발을 들여놓았다. '벤처'라는 단어에서 풍겨지듯 모험과 열정의 삶에 대한 막연한 동경이 나를 유혹했고, 남들이 가지 않는 그 길에서 나만의 성공 스토리를 멋지게 그려가고 싶었기 때문이다. 1990년대 후반은 벤처 열풍에 온 나라가 들썩이던 시기가 아닌가. 당시 언론들도 이런 분위기를 부추기듯 신랑감 리스트 1위에 벤처사업가를 올려놓으며, 연신 벤처의 성공 스토리로 신문 지면을 도배했다.

지금 생각해봐도 그때는 개념 없이 용감했다. 뚝딱뚝딱 뭔가를 만들고, 프로그래밍하고 실행해보는 것엔 자신이 있었기에 '사업도 이렇게 하면 되겠지'라는 엔지니어적인 단순사고가 내가 가진 전 재산이었다. 그러나 세상은 내가 경험하고 알고 있는 것보다 훨씬 크고 넓었다. 제품에 관심을 보이는 사람이 있기만 하면 그곳이 어디든 마다 않고 찾아가서 만났다. 그리고 벤처생활 동안 남들보다 일찍 출근하고 늦게 퇴근했다. 이런 것들이 성공을 위해 가져야 하는 당연한 태도라 생각했고 이런 기준들은 내 성공을 위한 저금통에 차곡차곡 쌓여갔다. 나는 반드시 성공해야 한다는 강박관념으로 점점 성공에 목말라했다.

나의 목표는 '최고가 되어서 최고를 만들어라Be the best and make the best' 였다. 세상에는 최고를 꿈꾸는 사람들이 많지만 상황과 여건 때문에 그런 꿈을 포기하고 사는 이들이 많다. 그러므로 사람들을 최고로 만드는 삶이야말로 가장 가치 있는 삶이라고 생각했다. 스트레스 많고 힘든 벤처생활에도 이런 꿈 혹은 목적의식이 내 속에 지치지 않는 열정의 연료가 되어주는 듯했다.

그러나 벤처 10년차에 접어들면서 차츰 나 자신을 돌아보기 시작했다. 벤처를 통해 평생 다 경험할 수 없을 것같이 정말 많은 것들을 배우고 경험했고, 세계 곳곳에서 각양의 사람들도 만났다. 그렇지만 안타까운 것은 사업과 일을 떠나 신뢰를 주고받을 수 있는 사람, 내 것을 다 주어도 아깝지 않은 그런 친구는 손으로 꼽을 정도로 얼마 되지 않는다는 사실이다. 무엇보다 처음 벤처에 뛰어들었을 때 가졌던 순수한 동기와 열정은 점차 사라지고, 눈에 보이는 성공만을 맹목적으로 추구하며 달려가는 브레이크가 고장 난 기차처럼 변해버린 나를 발견하고 깜짝 놀랐다. 많은 것을 얻었다고 생각했지만 정말 소중한 것들은 놓쳐버리고 있었다. 기업과 조직 속에서 정의와 의리라고는 눈곱만큼도 찾아볼 수 없었고, 개인들 속엔 이기주의가 팽배했다. 냉혹하리만치 차가운 비즈니스 세계에서 이윤극대화를 위해서라면 오늘의 친구를 내일의 적으로 만드는 것은 당연지사였다. 돈 때문에 사람은 철저하게 소외되는 삶, 그 속에서 산다는 것은 사는 것이 아니었다.

왜 기업은 신뢰와 사랑을 주고받는 공동체가 될 수 없는가? 기업은 무엇을 위해 존재해야 하는가? 기업의 자산은 사람인데 도대체 왜 돈 때문에 사람이 소외되어야 하는가? 정말 가치 있는 삶은 무엇인가? 이런 근본적인 질문들을 고민하던 중, 한 멘토를 만나 인생의 전기를 완전히 다시 쓰게 되었다. 허무와 회의의 나날을 보내던 나는 진정한 의미를 발견하고 영원한 가치를 추구하는 삶을 살기로 결심하고 2007년 10월 정든 회사와 동료들을 떠났다.

이제 내 남은 인생의 가장 중요한 목표로 따뜻한 비즈니스 문화를 만드는 문화적 기업 그리고 용서와 사랑, 신뢰와 희생을 진심으로 주고받으려는 사람들이 어우러진 기업공동체를 만들어보려 한다.

즉, 이윤추구만이 목적인 기업(기업1.0)이나 사회적 약자를 위한 사

회적 기업(기업2.0)을 넘어서서 공동체와 같은 따뜻한 기업생태계를 창
조해가는 문화적 기업(기업3.0)을 만드는 것이다. 더 자세히 말하자면,
맹목적 성공을 추구하는 이기적인 기업문화나 사회적 약자를 돕는 정
도의 기업문화가 아니라, 상호 신뢰와 사랑으로 생명력이 넘치는 공동
체를 이루어 사회와 문화를 긍정적으로 변혁시키는, 더 큰 가치를 추구
하는 새로운 기업문화를 만들려는 것이다.

그 첫 출발로 2010년 9월, 이윤추구보다 '사람이 주인이 되는 기업
문화, 사람을 진정으로 자유하게 하는 기업문화'를 만들고자 IT기업
'HUMBLE험블'을 새롭게 시작했다. 첫 제품으로 RF기술과 센서기술을
이용하여 도난과 분실로부터 사람들을 자유하게 하는 스마트알람 제품
을 기획, 개발하던 중, 멘토로부터 뜻밖의 여행 제안을 받았다. 익히 알
고 있는 먹고, 보고, 찍는 여행이 아니라 사람들과 사건들을 만나서 부
딪치고 대화하며 그들이 이루는 삶의 본질인 문화를 이해하는 이른바
'문화 비평 여행', 그들을 깊이 보고 이해할 뿐 아니라 나와 우리도 다시
돌아보고 평가해보는 여행, 그것도 현대세계를 지배하는 서구문화의
근간이 되는 유럽으로의 문화비평여행 말이다.

새로운 도전의 기회라는 생각에 선뜻 제안을 받아들였지만, 새로이
사업 간판을 내건 상황에서 2~3개월씩이나 자릴 비워도 되는지에 대해
끊임없이 스스로 질문해야 했다. 개발스펙도 확정되지 않은 상황이고,
전체 개발 및 사업일정 또한 그다지 여유가 없었기 때문이다. 사실 사
업 중에 여행을 간다고 법적으로 문제가 되지는 않지만 '그러면 안 돼!'
라는 생각이 내 속에 규범이 되어버린 것은 한국 땅에서 40년을 발붙이
고 살았기 때문인지도 모르겠다.

한편 내게 또 다른 도전은 '행복한 동네문화 만들기 운동'에 함께하
는 동생뻘 규동이와 여정을 같이 계획한다는 사실이었다. 생활은 함께
해 보았지만 실제 여행을 함께하는 것은 처음이었다. 둘이 여행하는 것

은 전혀 새로운 차원의 경험일 것이라는 주위 사람들의 말에 긴장이 앞
서기도 했다.

　그런데 가기로 한 여행의 일정이 성큼성큼 눈앞으로 다가올수록 사
업상 해야 할 일들에 대한 부담감이 눈덩이처럼 불어나 나를 짓눌렀다.
여행을 위한 준비보다는 비즈니스business를 위한 '비지니스busyness'로 하
루하루 정신없는 나날을 보냈다.

　한국이란 땅덩어리에서 바쁨이라는 비즈니스의 족쇄를 벗어버리고,
과연 주마간산走馬看山 식의 여행이 아닌 유럽 문화의 본질을 이해하고
평가하려는 문화여행을 위해 훌훌 떠날 수 있을까? 이런저런 걱정들을
뒤로하고 유럽대륙을 향해 자전거 페달을 힘차게 밟았다.

01

유럽문화의
불편한 진실

소통의 시작, 궁함을 먼저 드러내라!

햇살이 눈부신 날, 푸른 숲 사이로 난 아름다운 도로를 달린다. 불어오는 싱그러운 바람을 가슴으로 한 아름 품으며 두 발로 페달을 밟을 때마다 자전거는 미끄러지듯이 달려간다. 이제 핸들에서 두 손을 떼고 가슴을 활짝 열고 햇살과 바람을 맞는다. 상상만 해도 가슴이 두근거리는 자전거 여행이 갑자기 현실이 되었다.

야호! 내가 유럽에서 자전거 여행을 하게 되다니! 나는 낭만적이고 환상적인 멋진 여행을 꿈꾸며 규동과 함께 비행기에 몸을 실었다. 로만틱 여정의 첫 출발지는 이름만 들어도 설레는 독일의 '로만틱 가도 Romantische Strasse'. 우리는 프랑크푸르트Frankfurt에 잠시 들러서 로만틱 가도의 시작점인 독일 남부도시 퓌센Füssen까지 버스로 이동할 계획이었다.

빨리 유럽 땅을 자전거로 달리고 싶은 마음에 프랑크푸르트 공항에 내려서는 시합이라도 하듯 경쟁적으로 자전거를 조립했다. 그리고는 안내데스크에서 가장 가까운 캠핑장과 숙소를 확인했다. 안타깝게도 자전거로 직접 이동해서 갈 수 있는 거리 내에는 캠핑장이 없었기에 예정에 없던 유스호스텔을 찾아가야 했다.

우리는 약도를 받아들고서는 물어물어 도심을 향해 자전거로 질주
했다. 하지만 낯선 도심 안에 깊숙이 위치한 유스호스텔을 찾는 것은
쉬운 일이 아니었다. '아, 이제 드디어 고생이 시작되는구나.' 여행 중
만나게 될 어려움의 실체가 무엇인지 아직은 확실히 모르겠지만 상상
도 환상도 아닌 실제 현실과 부딪히고 돌파해야 하는 고생의 시간이 다
가왔다는 것은 본능적으로 직감할 수 있었다. 프랑크푸르트에는 자전
거도로가 차도와 인도 사이에 별도로 나 있고, 자전거를 위한 신호등도
보행자를 위한 신호등과 따로 동작하도록 되어 있었다. 우리는 최대한
빠른 시간에 찾아가고픈 마음에 자전거도로와 차도를 아슬아슬하게 넘
나들며 열심히 달려갔다.

해가 저물기 전 숙소에 도착하려는 마음에 정신없이 달리다 보니, 어
느덧 우리 둘은 시가지 안으로 진입하고 있었다. 자전거 앞에 매어 단
약도를 확인하면서 달리고, 또 달리다가 멈춰 서서 사람들에게 길을 물
어보기도 하고, 또다시 지도 속에서 위치 확인하기를 수없이 반복했다.

지나가는 행인들보다 운전자가 더 잘 알 거라는 막연한 기대감에 마
침 신호 대기 중인 차량에 잽싸게 뛰어들어서 물어보지만 머리만 갸우
뚱거렸다. 그 순간, 신호대기 중인 건너편 차량에서 고함소리가 들려
왔다. 나이 지긋한 중년 운전자가 롤러브레이드를 타고 지나가는 여대
생을 향해 뭐라 뭐라 소리치더니 우리를 손가락으로 가리켰다. 지나가
던 여대생은 귀를 쫑긋 세우며 그분의 말을 듣더니 알았다며 미소와 함
께 머리를 끄덕였다. 잠시 후 그녀는 우리에게 다가와서 어디를 찾느냐
며 상냥하게 물어 왔다. 그 상황이 어찌나 고맙던지 와락 눈물이 쏟아
질 지경이었다. 신호대기 중이던 그 중년 아저씨는 수많은 경험을 통해
서 우리의 상황을 직감했고, 자신은 내릴 수 없으니 어떻게 할까 하다
가 때마침 지나가는 여대생을 발견하자 그녀를 큰소리로 불러 세워서
사정을 설명하고 우리를 도우라고 한 것이다. 신호등 앞에 짧은 시간

서 있는 동안 상황관찰, 판단 그리고 제3의 인물을 개입시켜 문제해결을 하도록 하는 능력, 배려심 그리고 문화적 여유! 한마디로 압권이었다.

전혀 모르는 사람이라 할지라도 적극적인 태도로 다가가서 대화하려 할 때, 동일하게 아주 능동적으로 반응하는 유럽인들의 일관된 자세가 처음에는 이해하기 힘들었다. 하지만 유럽에서 만나는 사람마다 거의 예외 없이 이런 모습을 가진 것을 보면서 우리와는 사뭇 다른 문화라는 것을 실감했다. 유럽여행에서 처음 경험한 문화충격이었다. 이런 태도가 어디서부터 형성되었는지는 잘 모르겠지만 상대방이 능동적으로 행동하면 나도 동일하게 능동적으로 반응하는 자세는 명백히 현 서구문화의 장점이다. 양반문화, 유교문화에 익숙한 우리는 속내를 드러내 보이기 싫어한다. 나의 부족, 나의 필요를 내 입으로 얘기하기보다 남들이 알아주기를 은근히 바라고, 또 남들이 다가와서 나의 속사정을 물어봐주고 이해해주기를 더 바란다. 사실 자기 속내를 말하지 않으면서 상대가 알아주기란 신통력이 있지 않고서야 불가능하다. 한국인이 세계시민이 되기 위해 가장 먼저 극복해야 할 문제가 바로 자신을 있는 그대로 표현하고 다가서는 것이라는 점을 정신이 번쩍 들도록 배우게 되었다. 진정한 소통의 시작은 내가 능동적으로 다가서는 것! 이번 여행을 통해 그런 새로운 문화적 태도를 습관화시켜 보리라!

어느덧 지평선 너머로 자취를 감춘 해는 하루의 감동을 남기려는 듯 하늘을 분홍빛으로 물들였다. 도심을 관통해서 흐르는 라인 강 주변에는 옹기종기 모여 앉은 사람들의 모습이 평화롭고 정겨웠다. 이 평화로운 정경 속에 풍덩 뛰어들어 어울리고 싶지만 그 속에 우리 자리는 없었다. 숙소문제를 해결해야 하는 우리의 안타까운 현실을 아쉬워하며 마지막 안간힘을 써서 페달을 밟았다. 곧이어 첫 목적지인 유스호스텔에 무사히 도착했다. 유럽여행 대장정의 첫날 미션 완수!

우왕좌왕 정신없이 보낸 하루. '자전거로 길 찾기가 만만치 않구

나…….' 이제 겨우 첫날을 보냈다고 생각하니 두 달 반이란 여행기간이 살짝 두려워진다. 하지만 한편으로는 '그래! 해볼 만하네!'라는 자신감도 생겼다. 긴 시간의 비행을 마치고 종일 발바닥에 땀나도록 페달을 밟았던 우리는 서로를 격려하며 감사하는 마음으로 잠자리에 푹 빠져들었다.

삶에 무능한 종교의 대륙

독일 남부 퓌센에서 출발해서 북으로, 북으로 자전거 행군은 계속되었다. 작은 도시 파이팅Peiting을 지날 무렵, 우리 둘 다 '파이팅fighting!'을 외치고 서로를 격려하며 한적한 시골길을 달리고 있었다. 그때 갑자기 규동의 다리근육에 이상 신호가 왔다. 더 이상 강행군은 불가능했다. 캠핑장은 아직도 몇 시간을 더 가야 했기에 달리 숙소를 찾을 방법이 없었다. 암담했다. 그렇지만 덕분에(?) 전혀 계획에도 없었던 다사다난한 일들이 마치 동화같이 우리에게 펼쳐졌다. 주변을 둘러보니 멀리 외딴 집이 눈에 들어왔다. 어떻게든 사정을 얘기하고 묵어갈 수밖에 없었다. 할머니가 베키Becky라는 늙은 개 한 마리와 살고 있었다. 할머니는 우리의 딱한 처지를 듣고 선뜻 우리에게 아늑한 공간을 내어주셨다. 창고처럼 사용하던 곳이긴 했지만 오도가도 못하는 상황 가운데 얻은 장소치고는 너무나 조용하고, 안락했기에 우리는 감사했다. 그곳에는 할머니의 손때 묻은 가구랑 자녀들의 어렸을 적 짐들이 할머니의 인생을 들려주듯 차곡차곡 쌓여 있었다. 우리는 그곳에서 규동의 다리가 속히 회복되기를 기도하며 피곤한 몸으로 잠자리에 들었다.

다음 날 아침, '똑똑' 노크소리와 함께 할머니는 아침과 커피를 준비했다며 와서 먹으라고 하신다. '이렇게 감사할 수가!'

아침식사를 하면서 할머니의 삶에 대해 듣게 되었다. 이 저택은 과거에 남편이 '군쉬 미쓰비시, 스코다 자동차 대리점'을 하며 사업이 잘나갈 때부터 살았던 집이었다. 현재는 남편과 이혼한 후 홀로 늙은 개 베키와 함께 살고 있고, 자식들은 인근 도시에서 따로 살고 있었다.

할머니는 생뚱맞게 혼이온 불청객인 데다가 독일어도 떠듬떠듬 겨우 말하는 우리가 매우 반가우신 모양이다. 하긴 남편과 자식들이 떠나고 난 뒤에 많이 외로우셨으리라. 그래서 할머니의 권유로 우리는 하루 더 머물게 되었다. 그렇게 시작된 하루가 이틀이 되고, 그 다음 날은 비 때문에 이틀이 삼일, 사일이 되었다. 때마침 비가 내려준 덕분에 긴장하고 피로에 지쳤던 우리의 몸은 기력을 완전히 되찾았다.

다음 날 아침 우리의 출발을 축복하듯 하늘은 맑고 청명했다. 샤워실에 들어가려는데 바닥에 깔려 있는 발 닦는 수건 옆으로 벌 한 마리가 기어가는 것을 보았다. 저러다 날아가겠거니 생각하고 따뜻한 물로 샤워를 한 후 발을 닦는 수건에 한 발을 사뿐 내딛는 찰나, 아주 날카로운 바늘 같은 것이 사정없이 발바닥을 찔렀다. 아차! 싶은 마음에 잽싸게 수건을 들춰보니 아까 기어 다니던 그놈의 벌이 벌러덩 뒤집어져서는 나를 향해 엉덩이를 치켜들고 있는 것이 아닌가?

'아이 참! 오늘 아침 떠나기로 했는데 벌에 쏘였으니 어떡하지?' 자전거 페달을 밟는 부분을 벌에 쏘여 페달을 밟을 수 없을 뿐 아니라 신발조차 신기 어렵게 되어버렸다. 이 상태로는 떠나기 어렵다는 판단에 할머니께 이 사실을 말씀드렸다. 할머니는 독일어로 된 곤충도감을 가져와서는 그놈이 어떤 놈인지 찾아보라고 하셨다. 내 어릴 적 한국의 할머니라면 맨발로 달려와 된장부터 발라 주셨을 텐데, 유럽의 군쉬 할머니는 뭔가 학구적이고 원리적이시다. 내 발에 비수를 꽂은 그 녀석은 바로 전형적인 '독일 말벌 Deutsche Wespe'이었다. 할머니는 잘 아는 주치의에게 전화를 걸어 "벌에 쏘여 상태가 이러이러하니 어떻게 하면 좋겠느

   추잡스, 벤처기업을 떠나 '문화여행'으로 벤처(venture)!

냐?"라고 물어보시는 듯했다. 통화가 끝나고 이름도 알 수 없는, 겨자씨만 한 알약을 주셨고, 혀 밑에 여러 알을 머금고 있으면 회복에 도움이 될 거라고 하셨다.

이래저래 할머니께는 더 미안한 마음뿐인데 잠시 후 놀랍게도 할머니는 우리를 위해 정성껏 독일식 아침식사를 마련하신 것이 아닌가! 마지막 식사여서 그랬을까, 보통 때는 사용하지 않는 그릇과 용기들, 그리고 테이블 장식 등을 꺼내 차려주셨다. 우리도 스마트폰에 담아간 클래식 음악으로 분위기를 띄웠다. 극진한 환대에 몸 둘 바를 모를 정도였다. 너무나 감사한 마음에 "꼭! 꼭! 한국에 한번 오십시오. 저희가 할머니를 극진하게 대접할게요"라고 말씀드렸다. 식탁 밑에는 낭만적이며 화기애애한 정찬의 분위기와는 전혀 어울리지 않는 파란 플라스틱 양동이에 물이 지독히 현실적으로 채워져 있었다. 할머니께서 부은 발을 식히는 데 효과가 있을 거라며 준비해주신 거였다. '으앙! 완전감동이다.'

할머니의 집은 온통 수리하느라 엉망이다. 개보수를 하려다 멈춘 작업들을 여기저기서 볼 수 있었다. 재정부족 때문에 진행이 제대로 되고 있지 않았지만, 개보수만 마치면 그 집을 임대하려 한다고 하셨다. 다음 기회에 우리가 여기 들른다면 창고가 아닌 가장 좋은 방을 내어주시겠다고 약속까지 하셨다.

집안을 둘러보니 3층에는 여러 방들이 있는데 과거 자녀들이 사용했던 방들이라고 하셨다. 그중 한 방에 놓인 낡은 피아노 한 대. 우리는 할머니에게 즉흥 연주를 부탁드렸다. 종종 이렇게 가족들이랑 시간을 보내셨나 보다. 하지만 지금 할머니의 뒷모습은 너무도 외롭고 쓸쓸해 보였다. 한편으로는 파라다이스에 살고 있는 왕비처럼 보이지만 실제로는 대궐감옥에 갇혀 있는 처절하게 고독한 영혼을 보는 듯했다.

할머니가 애지중지하는 늙은 개 베키는 귀가 잘 들리지 않았다. 그 할머니에, 그 늙어가는 개. 처음 할머니 집에 왔을 때 "아무도 없어요?"

라며 크게 소리를 쳤지만 그때도 베키는 짖기는커녕 꿈쩍도 하지 않았다. 할머니가 늙은 베키를 불쌍히 여기는 것도 자기연민을 투사한 것 아닐까? 늙은 베키의 유일한 관심은 때맞춰 나오는 식사, 생존뿐이다.

하여간 우리는 할머니의 따뜻한 배려에 대해 감사하는 마음으로 조속히 한국에 한번 오시도록 초대했다. 그러나 할머니는 그곳을 떠날 엄두를 내지 못하셨다. 첫째는 일 때문이었고, 둘째는 돌볼 사람 없는 늙은 개 베키에 대한 염려 때문이었다.

이 커다란 파라다이스가 족쇄가 되어 할머니를 가둬놓고 있었다. 이 집에는 자신의 과거가 고스란히 담겨 있기 때문에 처분하지도 못하고 애물단지가 되어 도리어 경제적으로, 육체적으로, 정신적으로 자신을 옭아매는 올무가 되어 있었다. 그 과거를 미련과 연민 때문에 처분하지 않았기에 오히려 짐이 되어 자신을 짓누르고 있었다. 할머니는 늙은 개가 혼자 있을 것에 대한 걱정과 큰 집에 아무도 관리할 사람이 없어 쌓여 있는 일거리들 때문에 입버릇처럼 '많은 일들_viele arbeiten_'을 외치면서도 한시도 그곳을 떠나려 하지 않으셨다. 우리는 이런 할머니의 어리석음(할머니께 실례가 되겠지만)에 대해 안타까운 마음을 솔직히 토로하기도 했다.

우리는 할머니에게 있어 무엇이 정말 중요한지, 참 믿음은 무엇인지, 그리고 왜 자유하지 못하는지에 대해 더 진지한 대화를 나누었다.

  추잡스, 벤처기업을 떠나 '문화여행'으로 벤처(venture)!

인생, 삶, 그리고 종교에 대한 근본적 질문과 대답으로 깊어지는 대화 속에 어느새 우리는 할머니와 가장 가까운 가족이 되어 갔다. 대화 속에서 우리 마음도 뜨겁고 간절해졌다. 피 한 방울 섞이지 않았고 민족도 국가도 달랐으며 언어조차도 달라 의사소통에 어려움이 많았지만 누구보다 인생의 본질적 문제를 각자가 어떻게 해결하는지에 대해 관심과 애정으로 대화했다. 그러는 동안 우리는 아픔을 나누는 정신적 · 영적 가족이 되어 갔다.

할머니는 이런 것들을 일상적으로 주고받을 수 있는 가족을 필요로 했다. 하지만 정작 필요한 것은 그런 대화를 나눌 사람보다도 종교의 본질인 절대자에 대한 할머니 스스로의 참된 믿음과 그 결과로 누리게 될 자유였다. 우린 한마음이 되어 할머니가 바로 그 믿음으로 돌아가실 수 있도록 기도했다.

다음 날 우린 할머니를 잠시라도 이 족쇄에서 벗어나 기분전환이라도 시켜드릴 겸 퓌센 근처에 위치한 루트비히Ludwig 성에 모시고 가려 했다. 하지만 선약 때문에 대신 호헨파이센베르크Hohenpeißenberg로 우리를 안내하셨다. '호헨'—독일어로 '높은'이란 뜻—이란 이름처럼 주변에서 가장 높이 솟은 지역이었다. 그런데 할머니는 난간도 없는 꾸불꾸불한 자동차 길을 눈감고도 달릴 수 있다고 자랑이라도 하는 듯 한 치의 오차도 없이 운전해 나갔다. '헉, 이럴 수가' 아마추어 레이서를 했던 내가 보아도 놀랄 정도의 운전실력이었다. 수동기어와 핸들을 자유자재로 조작하는 모습에 나도 넋이 나가 "할머니, 어떻게 운전을 그렇게도 잘하세요?"라고 물어보았다. 할머니 왈, "어릴 때부터 짐 싣고 이렇게 다녀봐! 그렇게 안 되나." 할머니에게 절묘한 운전실력은 테크닉이나 자랑거리가 아니라 그저 할머니 자신의 삶의 작은 일부분이었을 뿐이다.

무언가 있을까 하고 그렇게 목숨 걸고(?) 올라간 산꼭대기에는 운동장보다 큰 공간에 기상관측소와 옛날 교회가 덩그러니 형체만 유지하

고 있었다. 그 옆에는 허물어질 대로 허물어진 학교가 철문이 굳게 닫힌 채 시체처럼 자리만 지키고 있었다. 할머니는 어릴 적 이곳에서 살았던 삶을 얘기해 주셨다. 교회는 물리적인 위치에서뿐만 아니라 사회적으로도 중심적인 자리에 있었다고 회고했다.

할머니가 예전에 다녔던 교회, 그리고 지금 출석하고 있는 성당까지 할머니의 삶 가까이에는, 아니 중심에는 항상 종교가 있기는 했다. 하지만 지금 자신이 선택했으나 스스로 매인 삶을 하루하루 힘들게 살아가는 할머니를 볼 때 과연 종교가 할머니의 과거에, 그리고 지금, 어떤 의미가 있는지 묻고 싶었다. 또 할머니 개인의 차원을 넘어서 독일교회 속에 어떤 근본적인 문제가 있는 건 아닌지 생각하는 계기가 되었다. 즉, 독일교회가 독일사회를 건강한 방향으로 역동적으로 변화시킬 힘을 가지고 있을까?

　　　　　　　　

화려한 저택의 집, 식물원 같은 정원, 수영장과 작은 연못, 그리고 커다란 차고까지. 깨끗한 마당과 그 집을 삥 둘러서 한 아름 가득 보듬고 있는 나무들. 외형만으로는 너무도 풍족하고 여유로워 보이는 환경이지만, 그 속에서 자유도 없이 고통스럽고 무엇보다 외로운 삶을 영위하고 있는, 한 유럽인을 어떻게 이해해야 할까?

우리는 자전거로 여행하는 동안 독일의 여러 교회들을 방문했었다. 사회를 변혁시키는 살아있는 교회, 그 속에서 참 종교적 열정을 가지고 살아가는 사람들을 만날 수 있을까 하는 기대감을 가지고 찾아갔지만 하나같이 고풍스러운 건물들만 덩그러니 자리를 차지하고 있었고, 예배드릴 사람들이 없어 주일에 한 번 혹은 격주에 한 번만 사람들이 모여 예배를 드리는 교회들이 많았다. 그나마도 젊은이들은 찾아보기 힘들었고 노인들만 간간이 자리를 지키고 있었다. 사회를 바꾸어 놓는 교회 본연의 역동적인 모습은 점점 사라지고 대신에 생명력을 잃고 노인화되어 가는 교회의 모습은 유럽의 다른 기독교 국가에서도 흔히 볼 수 있는 '기독교 후시대post-christianity era'—사회 · 문화 · 종교를 비롯한 사람이 사는 삶의 전반에서 기독교의 영향력이 사라지는 현상—의 전형인 듯 보였다. 역동적이어야 하는 교회가 이렇게 껍데기만 남은 이유는 무엇인가? 독일 기독교의 역사를 거슬러 올라가보자.

독일의 종교개혁은 마르틴 루터Martin Luther에 의해 시작되었다. 그는 극도로 타락해가는 교황과 가톨릭교회에 맞서 그들의 비리와 죄악들을 95개 조항에 낱낱이 적어 만천하에 공개했다. 그리고 '오직 믿음으로 구원을 얻는다'는 기독교 진리를 세상 가운데 드러내고 목숨 걸고 그것을 지켜냈다.

그런데 루터의 기독교 전통을 이어받은 독일 교회는 400년 후 독일 의회의 주류를 형성하면서도 왜 인류의 재앙인 제2차 세계대전을 막지 못했을까? 우선 루터에게 하나의 잘못은 적어도 있었던 것 같다. 그는

교황의 핍박을 피하고, 종교개혁을 이루어가기 위해 제후들의 힘을 의지했다. 그 결과 루터교회는 제후들의 영향력 아래에 있게 되었다. 결국 이 전통은 제후(정치), 궁극적으로 나치가 교회(종교)를 지배하게 되는 단초를 제공하게 된 것이다.

루터시대에도 루터 자신이 이런 잘못을 드러낸 것은 1524년부터 그 이듬해까지 독일 각지에서 벌어진 대규모 농민전쟁 때였다. 농민전쟁은 종교개혁과 함께 근대의 여명을 알리는 중요한 역사적 사건으로 근대 초기까지 잔존해 있었던 봉건적 · 중세적인 종속관계를 한꺼번에 벗어나고자 하는 극단적인 운동형태를 지녔다. 과거 농민은 예속인이자 하층민으로서 귀족과 제후들의 요구에 무조건 순종했으나 이제는 농민도 국가구성원으로서 정치적 일원임을 유럽 전역에 일깨워 주는 사건이었다. 농민들은 루터가 농민운동을 지지해 주기를 요청했으나 루터는 이를 지속적으로 거절했다. 루터는 농민운동 초기인 1525년 4월 '평화를 위한 훈계'에서는 농민과 제후들 모두를 비판했지만, 하르츠 남부 지역의 설교여행에서 자신이 거의 피살될 뻔한 일을 겪은 뒤 농민들의 극단성에 분노하여 '강도 살해 농민 폭도에 반대하여'라는 성토문을 발

     추잡스, 벤처기업을 떠나 '문화여행'으로 벤처(venture)!

표했다. 급기야 루터는 "전쟁 일으킨 농민들을 영주와 귀족들의 칼로 쳐라!"라고 했다. 물론 폭력 대신 평화를, 나른하고 퇴락적인 안정보다 역동적인 변화를 추구하는 것은 두 마리 토끼를 쫓는 것만큼 어렵기는 하다. 그렇지만 루터의 선택은 종교가 사회 속에서 건전하고 중립적인 중재자가 되어 사회변혁이 이루어지도록 새 길을 제시한 것이 아니라 기존 사회질서 유지 쪽으로만 편향된 것이었다. 그 결과 교회는 점차로 세상의 질서에 복종하는 자세를 가지게 되었다.

이때 루터가 양자 간에 무력이 아닌 적극적 대화를 유도하는 능동적 중재자 역할을 함으로써 그 문제를 해결할 수는 없었을까? 자신의 죽음을 무릅쓰고서라도 말이다! 그랬더라면 유럽에서 독일사회가 다음 시대 역사들을 긍정적으로 형성하는 데 있어 가장 먼저 꽃을 피우지 않았을까? 루터 개인적으로도 종교만 개혁한 것이 아니라 사회와 국가도 개혁한 인물이 되었으리라.

이렇게 독일교회가 국가와 사회를 긍정적이고 적극적으로 변혁시키지 못하고 오히려 정부가 국민들로부터 세금을 거두어서 교회에 지급하는 형태를 띠었기 때문에 교회는 정치와 밀착되거나 심지어 정부의 지배하에 들어갈 수밖에 없었다. 결국 정치에 대해 쓴소리를 하지 못하며 세상을 변화시키는 교회의 역할을 하지 못하는 구조적 한계 속으로 들어가게 되었다. 이렇게 루터는 국가교회Landeskirche에 대한 애착을 버리지 못하는 동시에 반유대주의를 인정하는 한계를 드러냄으로써 400년 후 그 후손들의 치명적 실패의 빌미를 제공했던 것이다.

과연 루터의 한계를 극복하지 못한 독일교회는 나치 체제에 대해 모호한 태도를 취했다. 나치가 교회에서 운영하는 학교를 공격하고, 교회 조직을 재편하려는 시도에 대해 일부 개별 교인들은 저항했지만, 대체로 나치가 내세운 반공산주의 정서와 보수 민족주의적 목표에는 공감했다. 교회 지도자들은 정신병에 걸려 있거나 지진아라는 이유로 수많은 독일인들을 살해해버린 나치의 '안락사' 프로그램을 비난했지만, 유대인 정책에 대해서는—본회퍼Dietrich Bonhoeffer를 비롯한 고백교회를 제외하고는— 대부분 침묵했다.

21세기 통일을 이루었던 독일교회는 그 선조인 루터의 기초 위에 서는 것이 아니라, 그가 기준으로 삼았던 성경 위에 다시 서야 하는 것이 아닐까? 이것이 독일 사람과 독일 개신교 교회에 있어 불편한 진실인 것 같다.

한국의 기독교는 어떤가? 우리 또한 현재 한국교회가 사회를 긍정적으로 변화시키는 역동성을 가진 교회인지 질문해 봐야 한다. 정직히 말한다면 그렇지 못하다고 답해야 할 것 같다. 숫자로는 전 세계적으로 유례가 없는 양적 성장을 이루었지만 성경에서 말하는 세상의 빛과 소금으로서의 역할을 하지 못한다. 그것은 복음과 교회의 본질을 잃어버렸기 때문이다. 그동안 한국 기독교는 개인의 외적문제를 해결해주고 이 세상에서의 행복을 이루어주는 기복新福신앙 그 이상도 그 이하도 아니었다. 종교가 삶의 중심에 있는 것이 아니라 나의 문제해결을 위한 수단으로 이용되고 있을 뿐이다. 종교와 삶을 분리시켜 월요일에서 금요일까지는 세상과 구별되지 않은 채 그저 직장에서 잘리지 않기 위해 적당히 타협하며 살고, 주일만 교회에서 의로운 척 위선적으로 사는 것이 지금 대다수 기독교인의 모습이기에 사람들로부터 존경을 받지 못하는 것이 아닌가. 또 독일교회처럼 정치와 종교가 상하관계를 이루는 국가교회의 형태를 띠고 있지는 않지만, 전혀 다른 이유 때문에 정반대의 모습인 종교와 정치를 너무 지나치게 분리시키는 전통을 가지고 있다.

한국교회는 미국교회의 영향력이 지배적이다. 건국 초기 미국에 정착한 청교도들이 영국에서 영국국왕政治이 교회를 지배한 것에 반대하여 핵심 슬로건으로 '정政 · 종宗 분리정치와 종교의 분리'를 내세우게 된 것은 당연한 것이다. 이런 미국교회의 영향을 아주 많이 받은 한국교회는 자동적으로 정종분리원칙을 따르게 되었다. 미국과 미국교회의 특수한 역사에서 나온 이 원칙은 치명적인 약점을 가지고 있다. 교회와 세상을 구분하다 보니 세상을 변화시키는 역할을 해야 할 접촉점을 교회가 잃어버린 것이다. 그렇기 때문에 월요일에서 금요일까지의 삶은 세상적으로 보내고, 주말의 시간은 예배드리고 교인끼리 모이는 분리된 삶을 살게 된 것이다.

기독교인이라면 월요일에서 금요일뿐만이 아니라 일 년 365일 모든 시간 그리고 직장이든, 교회든, 가정이든 모든 장소에서 자유로움 가운데 의롭게 살아야 하는 것 아닌가. 하나님 말씀이 교회 안에서뿐 아니라 세상에서의 삶도 비추는 빛이 되어서 세상을 건강하게 변화시키는 역동적이고 생명력이 넘치는 교회가 되어야 하는 것 아닐까?

나는 종교개혁의 도화선이 되었던 유럽 속에서 그 전통을 발견하길 원했다. 아직도 그 찬란한 기독교 전통을 이어가는 생명력 있는 교회, 사회변혁에 핵심적인 역할을 하는 살아 있는 공동체를 절실히 만나고 싶었다. 그래서 그들과 한국교회의 문제, 더 나아가 기독교 후시대 가운데 있는 유럽교회의 현실을 놓고 같이 아파하고, 같이 고민하며 대화하길 원했다.

나이 들어 가족을 찾는 까닭

군쉬 할머니의 기억이 아련해질 즈음 우리는 롯암제Rot am See라는 캠핑장에 도착하게 되었다. 그곳은 약도와는 전혀 다른 곳에 위치하고 있었고, 아무도 찾지 않을 조용하고 음산한 기운마저 감도는 인적이 드문 곳이었다. 우리는 그곳에서 에바 마리Eva Marie라는 초로初老의 독일여성을 만났다. 아마도 에바를 만나지 않았더라면 우린 다른 캠핑장을 찾아 떠났을

것이다. 에바는 동양의 젊은 청년들이 다른 문화의 사람들과 대화하러 유럽을 찾아왔다는 소리에 처음 본 우리를 친자식처럼 대해주었다. 나중에 알게 된 사실이지만, 에바의 둘째아들이 젊었을 때 무일푼으로 집을 나가 유럽 전역을 여행하며 사람들과 만나고 부대끼며 삶을 배우고는 믿음직한 어른이 되어서 돌아왔다는 이야기를 들었다. 아마도 그런 경험이 있었기 때문에, 우리의 여행이 더 각별하게 느껴졌을 것이다.

6월의 독일은 봄보다는 따뜻하고 여름보다는 차가운 그런 날씨였다. 사계절에 익숙한 우리는 "에이, 우리나라 겨울에 비하면 따뜻하네, 뭐" 하며 얕잡아 보고, 따뜻한 겨울옷은 전혀 챙겨오지 않은 상태로 버티느라 저녁마다 추위에 떨며 몸살을 앓아댔다. 에바에게 이런 사정을 얘기하니 인근 시내의 쇼핑몰까지 자기 차로 태워다 주었다. 옷을 고르는 과정에서도 옷감, 스타일, 색깔, 가격 등등 친엄마처럼 하나하나 꼼꼼하게 챙겨주었다. 우리는 에바를 '독일 엄마German Mom'로 부르기로 했다. 우리 사이는 점점 가까워졌고, 서로의 관심사뿐 아니라 가정사에 대해서도 스스럼없이 터놓고 얘기를 나누었다.

먹을거리보다 이야깃거리의 풍성함, 그리고 마음이 나누어지는 정신적 풍성함에 우리는 정말 배가 불렀다. 하루 이틀 지나자 에바의 친구들이 모여들었다. 캠핑장에서 알게 된 친구란다. 나이 오십을 넘긴 여성 에바가 가정을 떠나 이런 캠핑장에서 친구들과 교제하며 시간을 보내는 형태의 사회생활이 오백 년 조선의 피를 이어받은 내게는 여전히 생소하고 어색하기만 하다. 하지만 대화의 깊이가 더해갈수록 그런 친구관계가 참 부러웠다. 에바는 휴가시즌이 되면 아르바이트로 이곳 캠핑장을 관리하며 돌보는 일을 하고, 휴가시즌이 끝나면 다시 뮌헨에 있는 자식에게로 돌아간다고 했다. 또한 자기가 사는 뮌헨은 큰 도시라서 사람과 공해 때문에 여기보다 더워 휴가시즌엔 시원한 이곳으로 피신 온다고 했다. 여기서 친구들을 만날 수 있어 좋고, 금전적으로도 생활에 적지 않은 도움이 된다고 했다. 에바와 그 친구들은 이구동성으로 나이가 들어감에 따라 생계를 스스로 부양해야 하는 부담에 대해 얘기했다. 그런 이유로 개인사업을 하기도 하고, 파트타임으로 일하기도 하였다. 시즌 때마다 가족을 떠나서 이렇게 일을 하다가 시즌이 끝나면 낯선 자기 자기 가정으로 돌아간다는 것이다.

아이가 성년이 되면 부모와 같이 살지 않는 것이 일반적인 서구유럽 사회. 하지만 그 양태가 조금씩 바뀌고 있다. 이런 가족으로의 회귀현상은 고령화 사회에 진입한 유럽에서 공통적으로 나타나는 현상인 듯했다. 부모와 자식이 떨어져 사는 개인주의적 삶이 너무도 당연했던 서구사회에서 점차 부모와 자식들이 서로를 찾아 가족의 품으로 돌아오는 아이러니한 형태로 변하고 있는 것이다. 하지만 가족을 찾는 이유가 가족에 대한 애틋한 사랑 때문일까? 아니면 결국 고령이 되어가는 자신의 외로움과 경제적 부양에 대한 두려움을 해결하기 위함일까? 에바와 그의 친구들의 대화 속에서 나는 후자라고 생각하게 되었다.

시간이 갈수록 경제적 부양, 노령화, 세대갈등과 같은 문제로 인해 인간은 점점 더 소외되어 가고 특히 노인과 같은 약자들의 소외는 점점 더 심해질 것이다. 서구문명으로 인한 인간소외문제를 과연 서구사회가 해결할 수 있을까? 그렇다면 무엇으로 인간소외의 문제를 해결할 것인가?

  추잡스, 벤처기업을 떠나 '문화여행'으로 벤처(venture)!

벨기에,
사건과 사고(思考)

경찰이 귀머거리가 된 이유

2010년 6월 28일 월요일

04:00 꼭두새벽, 암스테르담 인근 캠핑장

간밤에 시장바닥처럼 요란하던 텐트들이 이른 새벽에는 일제히 폭격을 맞은 듯 고요했다. 유럽 각지에서 몰려온 젊은이들이 밤늦도록 떠들어대던 모습들이 여행을 마친 지금도 눈에 선하다. 유럽엔 도심 인근에 어김없이 캠핑장이 위치해 있다. 도심에 가까운 곳일수록 떼 지어 온 청년들이 자유분방하게 쏟아낸 에너지로 온통 시끌시끌했다. 상대적으로 교외에 위치한 캠핑장엔 그동안 소홀했던 자연과 하나가 되려는 듯 노인들이 옹기종기 모여들고 반가운 인사로 살아 있음을 확인하고 돌아가곤 한다.

이들 캠핑문화의 핵심은 격의 없는 대화와 그것을 통한 관계 형성과 발전이다. 안면이 없다는 사실이 오히려 대화의 동기가 되어 나이, 성별, 국적에 관계 없이 누구와도 더 쉽게 친구가 된다. 다른 사람들의 애

기를 듣고, 질문하고, 대화하는 것에 자유로운 그들의 문화가 몹시 부럽다.

잠시 감상에 젖는 동안 바로 옆 탱탱하던 규동의 텐트가 폭삭 내려앉더니 차곡차곡 포개어져 갔다. 나도 아차 싶어 이슬 맞은 텐트를 번쩍 들어서는 물기를 떨어냈다. 그리고는 자로 잰 듯 접고 접어서 가방 속으로 쑤욱 집어넣었다.

오늘 목적지는 '파리'다. 경비를 줄이기 위해 논스톱 고속열차 대신 세 번을 갈아타는 수고를 감수해야 하는 완행열차를 타기로 마음을 모았다. 60kg이 넘는 짐을 앞뒤로 주렁주렁 달고 다니는 자전거 여행에서 교통편을 갈아타는 문제는 정신적으로나 육체적으로 곱절 이상의 부담이다. 그래서 여행 중 비슷한 처지의 사람들을 만나면 동지를 만난 듯 반갑고, 자연스레 경의를 표하게 된다.

04:40 애물단지 전기자전거!

자전거에 텐트랑 짐들을 '균형 있게' 매달고 유유히 캠핑장을 빠져나왔다. 차량이 드문 이른 아침, 잠이 덜 깬 아직은 뻑뻑한 근육의 다리에 애써 힘을 실어 페달을 돌렸다. 옷 속으로 파고드는 찬 기운이 어느덧 상쾌하게 느껴졌다. 꽉 껴입은 옷 사이로 온기가 느껴지면서 땀이 차오르기 시작했다.

추잡스, 벤처기업을 떠나 '문화여행'으로 벤처(venture)!

하지만 상쾌한 느낌도 잠시. 순간 전기자전거의 PAS^{Pedal Assistant System}
기능과 핸들에 달린 액셀이 반응하지 않음을 직감했다. 파워를 껐다 켜
보지만 결과는 동일. '이런 젠장! 또 말썽이야.' 유럽여행을 위해 경험
삼아 했던 지난 울릉도 투어에서도 배터리가 방전되는 통에 체력마저
바닥나서 말도 못할 생고생을 경험해서인지 덜컥 겁부터 났다. 무게의
절반을 차지하는 배터리가 고장 나면 그때부터 전기자전거는 애물단지
가 된다. 그런데 이 문제가 유럽여행 끝까지 나를 괴롭힐 줄 누가 알았
으랴!

일단 암스테르담 중앙역에 도착한 후 다시 확인하기로 마음먹고 기
차시간에 늦지 않기 위해 온전히 근력의 힘만으로 더 힘차게 페달을 돌
렸다. 캠핑장을 나온 지 20여 분. 낯익은 선착장이 눈에 들어왔다. 매
시간 운행하는 배가 중앙역까지 사람들과 자전거, 오토바이를 무상으
로 건네주었다. 우릴 기다리던 배는 잠시 후 큰 입을 벌려서 사람들과
자전거를 꿀꺽 삼켰다.

배가 중앙역에 도착하자 다물었던 입을 다시 벌려 사람들과 자전거
들을 일제히 토해냈다. 우리는 부리나케 자전거를 끌고 중앙역 내로 향
했다. 먼저 파리행 티켓을 끊고 허기진 배를 위해 주섬주섬 먹을 것을
사서는 기차에 몸을 실었다.

06:30 SOS

기차에 몸을 싣자마자 한국에 있는 전기자전거 기술팀에 SOS를 보냈다.
"배터리의 문제인지, 컨트롤러의 문제인지 확인이 필요하다. 다른 전기
자전거에 달린 배터리와 교체해서 확인해보라"라고 주문이 왔다.

10:00 악몽의 추억, 벨기에 안트베르펜(Antwerpen)

기차는 어느덧 첫 번째 기착지인 안트베르펜 역에 도착하고 있었다. 자

전거에 짐을 주렁주렁 매단 채로 에스컬레이터를 내려와 갈아탈 장소로 이동했다. 다음 기차를 타기까지는 1시간. 자전거에서 분리한 짐들을 한 곳에 차곡차곡 쌓았다. 자전거 프레임에서 배터리를 잽싸게 떼어내고는 규동 자전거의 배터리를 연결해보지만 역시나 작동하지 않았다. 컨트롤러로 연결되는 케이블은 이상이 없어 보였다. '뭐가 문제지?' 다시 배터리를 원위치 시키려 하니 이마에 땀이 뚝뚝 떨어지기 시작했다. 아까부터 중요 물품들을 모두 모아둔 '허리 색sack'이 배를 눌러서 불편했다. 잠시 허리 색을 벗어서 짐들 위에 올려놓고, 다시 나사를 풀고 조이고를 반복했다. 여기저기 연결부위를 확인하지만 결과는 마찬가지. 하는 수 없이 배터리를 원상태로 복구시켰다. 규동은 자신의 자전거를 다시 조립하느라 정신이 없었다.

5분쯤 지났을까? 벗어둔 허리 색이 걱정되어 돌아보는데, '아뿔싸!' 허리 색이 온데간데없다. 황급히 주위를 둘러보지만 의심 가는 개미새끼 한 마리 보이지 않았다. "으악! 안 돼! 여권, 유레일패스, 아이폰, 비상금, 신용카드까지 다 들었는데!" 주변을 샅샅이 뒤져보고는 위층으로 연결된 계단을 단숨에 뛰어올랐다. 그리고는 출구 쪽으로 내달렸다. 내 눈과 행동은 번개처럼 움직였고 영화필름이 정지된 듯 모든 사람들은 그 자리에 멈춰 서 있었다. 하지만 어디에도 단서는 없었다. 망연자실……. 그 순간 밀려드는 육체적 피로. 이럴 때마다 어김없이 마음에 찾아드는 '다 포기하고 싶은 충동'으로 나의 눈과 귀는 멀어졌다.

10:30 내게 관심을 보여줘, 제발!

잠시 멍한 가운데 눈에 들어온 것은 역내에 위치한 '경찰POLIZEI' 간판. '그래, 신고하면 혹시 모르잖아'라는 생각에 달려 들어갔다. 이러이러해서 내가 허리 색을 잃어버렸다고 설명하니 안으로 들어오란다. 급한 마음에 경찰에게 자초지종을 일사천리로 설명했지만, 내게 돌아온 것은

 추잡스, 벤처기업을 떠나 '문화여행'으로 벤처(venture)!

지상 어느 곳에서나 경험할 수 있는 '늘 있는 일이야, 왜 그렇게 호들갑을 피우니, 니 말엔 별 관심 없거든'처럼 반응하는 그 무심한 공무원의 태도였다.

그리고는 내가 생전 처음 듣는 말(아마도 프랑드르어—남부 네덜란드어—인 듯)만 반복하면서 독수리타법으로 열심히 무언가를 치고 있었다. 간절한 내 마음과 달리 늙수그레한 경찰의 태도는 너무도 느긋했다. 순간, 역내에 달려 있던 CCTV가 생각나서 "CCTV를 보면 범인을 즉시 잡을 수 있다"라고 말해주었지만 한마디로 거절당했다.

'아니! 왜 사용하지도 않는 걸 달아놓은 거야!' 급한 마음을 조금 가라앉히고 냉정하게 관찰해 보니 잃어버린 것을 찾아주기는커녕 적당히 사건을 마무리하겠다는 태도가 명백했다. 홧김에 또다시 따지고 통사정도 해보지만 '늙은 소 귀에 경 읽기'다. '이런! 귀머거리, 고집불통 늙은 경찰 같으니라고!' 내 요구가 귀찮아서인지, 자신의 말을 내가 알아듣지 못해서인지 깊은 한숨을 내쉬더니 갑자기 책상을 '쾅!' 내리치며 버럭 소리를 질렀다. '아니 이게 뭐야? 피해자는 정작 난데, 가해자 취급을 당해야 하다니. 아이씨! 억울해!' 순간 울컥 화가 치밀었지만 잘못 대들었다가는 경찰과의 싸움으로 여행을 아예 포기해야 하는 돌이킬 수 없는 사태가 벌어질지도 몰라 억울한 감정을 애써 눌렀다.

상대가 심각한 상황에 처했는데 어떻게 이토록 무관심할 수 있단 말이냐! 이 사람의 성격 때문만은 아니리라 물론 다른 문화에서도 이런 점이 보일 것이지만 아마도 서구문화가 빚어낸 개인주의의 결과일 듯하다. 나와 관계된 일 외에는 철저하게 무관심한 사람들. 관심 밖에 있는 타인은 언제든 소외당하는 객체로 전락한다. 동양에 속한 한국의 과거 문화는 그렇지 않았다. 타인에 대해 지나칠 정도의 관심과 배려가 미덕이었고, 오히려 지나친 관심 때문에 '오지랖이 넓다'라는 말이 생겨날 정도였지만 말이다. 안타깝게도 이런 따뜻한 모습이 우리 주변에서 점차 사라져간다. 오히려 타인에 대한 따뜻한 관심은 지나친 간섭, 후한 배려는 사치라는 인식이 편만해져 있다.

서구문화가 절대적인 영향을 행사하는 21세기에 서구뿐 아니라 한국에서도 타인과의 관계 맺음보다 자신과 관련된 이기적인 관심에만 시간과 에너지를 사용하며 관계를 스스로 단절한 채 외롭게들 살아간다. 수없이 많은 고독한 '나'는 있지만 같이 아파하는 '우리'는 눈 씻고 찾으려야 찾을 수 없다. 얼굴만 보아도 자기네 서양인이 아님을 알 수 있고, 또 애쓰며 자기네들을 알려고 여행하다가 당한 사고가 아닌가? 이렇게 냉정하게 자신의 편함만을 추구하며 기계적으로 대하는 경찰에게서 이기적인 모습뿐 아니라 개인주의적 서구문화의 단면을 가슴이 터질 듯한 답답한 상황 속에서 절절히 경험하였다. 기술의 발달은 세계를 점점 가깝게, 아니 하나로 만들어간다. 그럴수록 마음과 마음 사이의 거리는 점점 멀어져 가는 것이 이 시대의 아이러니다. 지금 이 순간 내가 절실히 필요로 하는 것은 언어와 국가를 초월하여 그저 바로 이 순간 눈앞에서 낭패를 당해 고통받고 있는 한 인간에 대한 '따뜻한 관

추잡스, 벤처기업을 떠나 '문화여행'으로 벤처(venture)!

심'이다. 결국 허리 색은 찾지 못하게 된다 할지라도 마음을 다해서 같이 찾아보려고 노력했다면 그 사실 때문에 그 경찰은 내내 마음속에 남았을 텐데 말이다.

12:20 영사관 가는 길

사건의 경위와 잃어버린 것들의 목록을 작성한 후에야 경찰서에서 풀려(?)났다. 경찰서를 나서기 전 나와 악연을 맺은 경관이 선심 쓰듯 툭 건네준 전화번호. 공중전화에서 전화를 거니 반가운 한국인 목소리가 들려왔다. 유럽지역을 관할하는 한국 총영사관이었다. 말이 통한다는 것이 얼마나 반가운지. 분실 사실과 함께 억울한 심정까지 그 자리에서 미주알고주알 다 토로할 뻔했다. 그런데 사건에 대한 간단한 정황을 들은 영사관의 반응은 오히려 다행이란다. '웬 다행?'

이유인즉, 총영사관이 있는 벨기에에서 사건을 당했기에 망정이지 다른 유럽국가였으면 임시여권 발급받고, 그걸 가지고 또다시 벨기에까지 와야 한다는 것이었다. 운이 좋다며 대중교통을 이용해서 얼른 찾아오란다. 자전거로 가려했지만 족히 4~5시간은 걸릴 수 있고, 전화상으로 설명해서 찾아오긴 어렵다니 대중교통을 이용하는 수밖에…….

풀어놓은 짐들을 주섬주섬 자전거에 달고서는 영사관으로 향하는 트롤리(전차)에 올랐다. 그런데 전차에 오르자 큼지막한 경고문구가 눈을 부라리는 적군처럼 앞을 가로막아 섰다.

"지정된 시간 외에 자전거 휴대금지!"

그런데 그냥 자전거 정도가 아니라 속이 가득 찬 가방들을 주렁주렁 단 자전거를 두 대씩이나 동양인들이 트롤리에 태웠으니 이목이 집중될 법도 하다. 양해 구할 것을 작정하고 콩나물시루처럼 사람들이 들어찬 전차 속으로, 1970년대 한국의 여차장들이 승객을 밀어넣듯이 자전거를 쑤셔 넣었다. 유독 눈살을 찌푸린 채 구시렁대는 사람이 여기도 있었다. 양해를 구했지만 계속 구시렁댔다. 상대의 딱한 사정보다 자신의 불편이 더 크고 중요한가 보다. 상대를 이해하고자 하는 마음의 여유가 없는 모습이 말투와 표정에서 느껴졌다. 이곳이 한국이 아니라 벨기에라는 낯섦이 이중 압박으로 다가왔다. 그렇게 우리는 우여곡절 끝에 영사관에 도착했다.

14:30 규동아, 미안해

영사관에 도착하자마자 갈증을 이기지 못해 마실 물을 긴급 요청했다. 애처로운 듯 건네준 1.5리터 생수 한 병을 들입다 입에 부어 넣었다. 시간은 어느덧 오후 2시를 훌쩍 넘어서고 있었다. 조금씩 갈증이 가라앉으면서 점심도 거른 채 달려온 사실을 깨달았고, 그제야 옆에서 생사고락을 함께하고 있는 규동이가 눈에 들어왔다. 미안한 마음이 퍼뜩 들었다.

모든 서류작업을 마무리한 뒤 다시 파리행 기차를 타기 위해 기억하기도 싫은 안트베르펜 역으로 다시 돌아왔다. 그런데 또 다른 고통으로 이 역에 대한 부정적 추억이 길어질 줄 누가 알았으랴!

18:00 얄미운 한마디, I'm sorry

파리행 고속열차에는 자전거를 싣기 위해 별도로 예비된 공간이 없기 때문에 자전거를 분해, 포장해야 된단다. 이럴 줄 알고 자전거 휴대용 맞춤 가방을 국내에서 제작해 왔지만 손에 기름 묻혀가며 나사를 풀고 분해해서 가방에 넣어 포장하는 일이 말처럼 간단하지만은 않았다. 내심 '그냥 실어줄 수 없나?'라는 아쉬운 맘이 불쑥불쑥 삐져나왔다.

출발시각 30분 전. 슬슬 자전거를 분해하려고 짐들을 분리하는데, 지나가던 한 승무원이 우리를 측은히 여겨 선심 쓰듯 제안한 한마디.

"자전거 분해하지 않고 싣도록 해줄 테니 조금만 기다려 봐요. 보스에게 물어봐 줄게요."

   추잡스, 벤처기업을 떠나 '문화여행'으로 벤처(venture)!

하지만 금세 올 것처럼 한 보스는 좀처럼 모습을 드러내지 않았다. '왠지 불안한 걸' 출발 15분 전. 드디어 말쑥하게 차려입은 보스 등장! 승무원은 마치 자기가 물어봐줄 듯했지만 우리에게 손짓으로 직접 물어보라며 슬며시 책임을 떠넘겼다.

"보시나시피 우리는 짐이 많습니다. 가능하다면 자전거를 분해하지 않고 그냥 싣고 싶은데 어떻게 안 될까요?"

그때 보스의 반응이 어땠을까? 우리의 기대를 무시하듯 일언지하에 "No!" 라며 불도그처럼 선언하는 것 아닌가.

'으, 뭐야 이거.'

황당한 마음에 다시 사정하며 애원했다.

"보다시피 지금 분해해도 시간이 너무 부족합니다. 어떻게 다른 방법이 없을까요?"

그런 우리에게 냉정하게 돌아온 건 그야말로 전통 유럽식의 냉혹하리만치 사실적인 통고 한마디.

"15분 남았어 15 minutes left !"

'으이씨, 저 졸병 승무원은 책임지지도 못할 말을 왜 해서 우리를 이렇게 힘들게 만드는 거야.'

선택의 여지가 없었다. 그 순간 기차를 타려고 플랫폼에 모여든 대부분의 서양인 승객들은 관객이 되고, 동양에서 용감하게 서양을 경험하리라 돌진해 들어간 우리는 현란한 '자전거 분해쇼'를 펼치는 배우가 되어, 한바탕 연극을 펼쳤다. 잔뜩 기대감을 줬던 졸병 승무원은 얄밉게도 미안한 표정보단 멀리서 불구경하듯 즐겁게 바라만 보았다. 잠시의 감정 동요도 지금 이 순간엔 사치였다. 선택과 집중! 잽싸게 자전거를 뒤집어서는 앞바퀴를 분해하고, 뒷바퀴 기어와 체인을 벌려 바퀴를 순식간에 분리시켰다. 기름때 묻히기 싫어하던 귀차니즘은 15분 남았다는 소리에 흔적도 없이 사라져 버렸다. 핸들을 적당히 풀어서 한쪽 방

향으로 고정하고, 페달은 분리해서 준비해 온 자전거 가방 2개에 조심조심 챙겨 넣었다. 바퀴 두 개가 들어가는 가방은 여유가 있지만 나머지 가방은 튀어나온 짐받이 때문에 지퍼가 닫히지 않았다. 자전거 차체에서 짐받이를 분리해내는 것은 대공사라 그대로 둔 채 이래저래 시도해 보지만 답이 나오질 않았다. 바로 그때 들려오는 출발 3분 전을 알리는 소리, "삑~ 삑~."

이대로 가다간 기차를 놓칠 판이었다. 2차 세계대전 독일이 프랑스를 치러갈 때 썼던 번개작전Blitzkrieg처럼 우리도 어떻게든 파리로 가야 했다. 일단 짐들이랑 자전거를 기차에 실어야겠기에 널려 있는 가방을 양손에 집어들고 뛰기 시작했다. 우리 좌석이 있는 출입구 공간에 가방을 던져 놓고 장소를 찜해 놓았다. 다시 작업하던 곳으로 뛰어와서는 대충대충 가방 속에 쑤셔 넣었다. 짐받이 때문에 가방에 들어가지 않는 프레임 부분은 가방으로 적당히 가리고 최대한 양손에 나눠 잡고 찜해 놓은 자리로 달려갔다. 나머지 짐들을 기차에 던져 넣고 올라타니 기차

     추잡스, 벤처기업을 떠나 '문화여행'으로 벤처(venture)!

가 출발하기 시작했다.

'휴, 간신히 탔네!'

한숨 돌릴 겨를도 없이 가방들을 짐칸에 차곡차곡 정리하고 자전거
는 제대로 포장된 것처럼 애써 가려보았다. 그러는 사이 아까 그 승무
원이 '씨익' 웃으며 한마디 흘리고 지나갔다.

"I'm sorry."

진짜로 얄미운 감정이 들었지만 한편으론 얼음장처럼 차가운 현실
앞에서 귀차니즘을 냉혹하게 쫓아내야 한다는 것을 배웠다고 너그럽게
생각하니, 감사한 마음까지 들었다. 기름과 땀으로 손과 얼굴은 범벅이
지만 앞으로 더한 상황에 처한다 해도 해낼 수 있다는 자신감이 생겼다.

소유하면 자유로울까?

이 도둑놈아, 이것도 함께 가져가!

원래 일정보다는 훨씬 늦게 파리행 기차에 몸을 실은 셈이다. 광풍같이
몰아치는 듯한 경험으로 밀착된 시간을 보내는 동안 사건이 내게 남긴
것이 무엇인지 규칙적으로 덜그럭거리는 기차 속에서 창밖을 보며 차
근차근 생각해보았다.

나는 오늘 소중히 여기는 물건들을 잃었다. 나를 증명하는 여권, 재
정적 든든함을 주는 신용카드와 현금 400유로, 뭐든 할 수 있게 만들어
줄 것만 같아 새로 장만한 아이폰, 그리고 유럽나라들을 맘대로 오갈
수 있게 하는 유레일패스. 이것들은 여행 중에 내게 꼭 필요한 것들이고
없어서는 안 될 것들이었다.

그러나 한편 이것들은 여행에는 필수적이지만, 인생에서 없어서는
안 되는 필수적인 것은 아니었다. 나는 그때 왜 그렇게 불안해했을까?

나는 왜 이것들을 그렇게 믿고 의지하였던가? 내 인생에서 없어서는 안 될 소중한 것은 과연 무엇인가?

인간은 물질적인 존재이다. 그렇기 때문에 눈에 보이는 무엇, 만져지고 경험되는 무엇을 끊임없이 갈구한다. 그렇기에 그것을 소유함으로 위안을 찾으려고 한다. 하지만 잠시 잠깐 얻는 소유의 위안은 우리를 소유하지 못함에 대한 불안과 더 소유하고픈 욕망 사이에서 시계추처럼 오가며 지긋지긋한 삶을 살도록 우리를 밀어넣는다. 소유의 위안은 마치 구심력처럼 불안과 욕망을 향해 우리를 끌어당긴다. 결국엔 불안과 욕망의 구심력이 승리한다. 지구의 중력보다 더 강한 이 불안과 욕망의 구심력에서 우리는 과연 자유하는 원심력을 발휘할 수 있을까?

오늘 이 특별한 사건들은 나의 내면을 현미경 보듯 자세히 보여주었다. 현상만 바라보는 좁디좁은 시각, 예기치 않은 상황 속에서 감정의 널뛰기에 조종당하며 우왕좌왕하는 행동, 그 속에 타인에 대한 관심과 배려를 갖지 못하는 여유 없는 마음, 몸뚱이 움직이기 싫어서 열심히 잔머리만 굴려대는 이기적인 귀차니즘 중독자, 부끄럽고 창피하지만 인정할 수밖에 없고 그게 나다.

"이 유럽 도둑놈아! 이왕이면 좁아터지고, 이기적인 마음과 두꺼비 같은 내 속의 한국인 기질도 함께 가져가버리지!"

   추잡스, 벤처기업을 떠나 '문화여행'으로 벤처(venture)!

　드디어 파리역에 도착하자 시계바늘은 저녁 9시 반을 훌쩍 넘어서고 있었다. 서둘러 자전거를 재조립했다. 분해과정은 힘들었지만 조립은 훨씬 수월했다. 조립을 끝내고 역전 광장으로 나섰다. 캠핑장을 가기 위해 파리 시내를 관통해야 했다. 시간이 너무 늦어버려 이미 관광안내소는 문을 닫은 상태였다. '또 난관이군!' 안트베르펜 역으로부터 이곳 파리로 이어지는 이 고난의 행군으로 우리는 완전히 녹초가 되어버렸다.

　그때 지친 우리의 눈과 우연히 마주친 한 프랑스 청년. 그가 바로 하늘에서 내려온 선물이었다. 그는 여자친구를 기다리고 있었다. 캠핑장 가는 길을 묻는 우리에게 기다렸다는 듯이 블랙베리 휴대폰을 주머니에서 꺼내더니 캠핑장 가는 길을 직접 전자지도로 보여주었다. 그리고는 지나쳐야 할 길들을 하나하나 불어로 천천히 발음하며 가르쳐주기까지 했다. 그것도 성에 차지 않아서인지 이번엔 메모지를 꺼내서 직접 손으로 약도를 그려 주었다. 그사이에 도착한 그의 여자친구는 우리의 대화가 끝나기를 기다리며 주변을 서성이고 있었다.

　파리에 도착하자마자 마주친 이 선물과 같은 만남으로 기뻐하며 우리는 알려준 약도를 자전거 가방에 달고서는 힘차게 페달을 돌렸다. 자전거 두 대가 나란히 어둠을 뚫고, 아니 난관을 헤치고 달려갔다. 우리는 꽤나 행복감에 젖었다. 오늘 당한 일을 생각하면 이런 행복감에 젖을 자격이 충분하다는 듯이. 낭만적인 파리의 밤거리는 우리의 무사귀환을 환영하듯 사람들과 차들로 넘쳐났다. 친절한 파리 청년 덕분에 역에서 꽤나 먼 캠핑장을 밤늦은 시각임에도 헤매지 않고 정확히 찾아갈 수 있었다.

　시곗바늘이 자정 테이프를 끊으려 할 즈음 우리는 무사히 캠핑장에 입성했다. 때마침 '띠리링' 한국에서 멘토로부터 안부를 묻는 전화가 걸려온다. 'What a surprise in the exact time!' 상황종료를 축하하듯 걸려온

전화.

'그래! 오늘 내가 경험한 모든 사람들과 사건들은 하늘에서 내려온 선물들이었다!'

눈을 마주치며 따뜻한 마음을 삶으로 전달한 파리 청년과의 만남만이 선물이 아니다. 심지어 이 연극의 주인공인 유럽 실정에 어두운 동양인을 노리는 얌체 도둑님, 냉혹하고 이기적인 경찰, 두 나그네를 반갑게 맞아준 총영사관, 손 하나 까딱하지 않고 인심 쓰는 듯 책임을 회피해버린 졸병 승무원, "15분 남았어!"라고 차가운 21세기 유럽 사람들의 현실감을 일깨워준 차장 모두가 선물이었다. 내 평생 한 번도 만나지도 경험해보지도 않은, 그리고 돈 주고도 살 수 없는 소중한 사람들과의 만남들이었다. 나에게 무엇이 가장 소중한가를 생각하는 시간, 더 나아가 나 자신을 정직하게 볼 수 있었던 시간이었다. 앞으로의 여정 동안 얼마나 많고 풍성한 선물들이 우릴 기다리고 있을지 궁금해진다. 생애 가장 길었던 하루가 기억 속에 파노라마처럼 지나가면서 감사한 마음으로 타국의 캠핑장에서 머리를 눕혔다.

사법연수생,
영국문화에 빠지다

세 마리 토끼를 잡기 위한 여행

처음 연수원에 들어갈 때는 검사가 되고 싶었다. 왜냐하면 사회의 악을 대면하고 처리해 나가는 검찰의 업무가 역동적이면서도 매력적으로 보였기 때문이다. 그렇지만 검찰청에서 두 달 동안 검사직무대리로시 실무수습을 하면서 생각을 바꿨다.

지금도 생생하게 기억나는 첫 피의자 신문. 낡은 벽 사이로 찬바람이 솔솔 들어오는 늦은 오후의 검사실에서 포승줄에 묶여 내 앞에 앉은 그를 대면하게 되었다. 특수공무집행방해로 구속된 20대 중반의 청년, 겉으로 보이는 얼굴에는 걱정과 두려움이 잔뜩 드러나 있다. 나도 처음이라 긴장된다. 그러나 그와의 대화가 진행될수록 한 꺼풀 뒤에 가려진 그의 거짓이 보인다. 이렇게 저렇게 말을 바꾸고 둘러대며 불쌍하게 보이려는 그 몸짓 뒷면에 욕망의 줄을 결코 놓지 않으려는 그의 단단한 눈빛이 살짝 엿보인다.

여기저기 널려 있고 때로는 조작된 '외부에 드러난 사실'들 속을 뚫고 들어가 진짜 사건의 실체를 '객관적 증거'를 기반으로 파헤쳐 가야 한다. 그것이 법적 작업의 기초이다. 뭐가 옳고 그른 것인지, 진실은 어디에 있는 건지 몰라 헤맬 때도 많다. 이렇게 사람과의 싸움에는 지력과 정신력, 그리고 체력까지 소모가 크다. 물론 반대로 이런 심리적 줄다리기가 없는 경우도 있다. 삶을 포기한 것처럼 사는 사람들이 특히 그렇다. 자신의 잘못을 술술 인정하지만 그 속에 짙게 밴 체념과 패배의식을 접하다 보면 나도 덩달아 힘이 쫙 빠져나가곤 한다. 패배감이란 악이 나에게까지 깊숙이 전염되는 것이다. 앞으로 일상적으로 접하게 될 이런 현실들이 가슴 끝까지 시릴 정도로 섬뜩하게 다가온다. 무법자들을 잡는 검찰에서 폭탄주 문화가 왕성했던 것이 언뜻 이해가 간다. 육체적·정신적 도피처가 필요하기 때문이다.

악과 싸우다가 악마가 되어가는 한 남자의 이야기는 그래서 영화만의 이야기가 아니다. 언제든지 나의 이야기가 될 수 있다. 드라마 속 화려하고 폼 나는 검사의 모습은 어디까지나 드라마일 뿐이었다. 그런데 이렇게 사회의 어두운 면들을 계속해서 대면하며 살아야 한다고? 그건 내가 선택한 법률가라는 직업의 특성상 어쩔 수 없다. 아니 세상의 모든 직업들이 사실 다 그럴 것이다. 어둠을 만들어내는 것은 물건이나 상황이 아닌 바로 사람이고, 그 사람들이 각종 직업세계 속에서 살고 있으니 말이다.

법원은 당사자가 문제를 제기하고 자료를 제출해야 그것을 가지고 판단할 수 있고, 검사는 조금 다르긴 하지만 역시 조직에 매일 수밖에 없다. 이런 사법영역의 본질적인 한계를 벗어나 새로운 것을 개척하고 성취하고 싶었다. 사실 학부시절 제일 재미있게 들은 수업은 국제통상법이었다. 비록 사법시험 준비 때문에 더 이상 깊게 파고들지는 못했지만 말이다.

FTA와 시장개방의 흐름은 그것의 정당성은 뒤로하고서라도 이제 외면할 수 없는 현실이 되었다. 우리나라는 무역규모 10위권 내의 국가지만 우리나라 로펌 중에 세계 100대 로펌에 들어가는 곳은 없다. 물건을 만들어 파는 제조업과는 달리 모든 3차 지식산업의 경우는 근대를 주도한 서양국가들이 만든 문화적 격차를 따라잡기가 더 쉽지 않아서일 것이다.

세계 금융과 법률의 중심지인 런던, 그곳에서는 국제적인 법률가가 된다는 것의 실체를 조금이나마 잡아볼 수 있지 않을까? 그리고 무엇보다 런던이 아닌가! 3개월의 짧은 기간이지만 유럽문화의 한가운데로 첨벙 빠질 수 있는 기회이다. 다양한 서양의 문화, 예술, 그리고 철학의 주산지인 그곳에서 생생하게 삶을 체험하고 동시에 역사의 깊이를 폐부 깊숙이 음미해보고 싶다. 그리고 한 가지가 더 있다. 이것은 밖을 향해서가 아니라 나의 안을 향한 여정이다. 홀로 떨어진 생생한 삶의 현장 속에서 나 자신에 대해서 더 알고자 한다. 내가 진짜 원하는 것이 무엇인지, 진정으로 무엇을 두려워하는지, 내 모습을 알아가는 두려움을 극복하고 서서 궁극적으로 내가 어떤 존재인지를 깊이 알아가고 싶다.

어띤 역경에노 굴하지 않던 돈키호테는 결국 거울 앞에 비춰진 초라한 자신의 모습을 보고 무너져버리고 말았다. "너도 똑같아!"라고 외치는 소리 한 방에 무너지지 않기 위해 최초에 대면할 존재로서 나 자신을 빤히, 그리고 깊이 들여다봐야 한다.

평소에 늘 지적받는 대로 느릿느릿 진행시켜 온 삶의 패턴을 바꿔 이젠 잽싸게 이 세 마리 토끼를 잡을 수 있을까?

맘이 설렌다.

01

역사는
살아있다

하이브리드 홍콩·영국과 중국을 잇는 다리

인천을 출발한 비행기는 런던의 히스로 Heathrow 공항으로 향하기 전 홍콩을 경유했다. 이제 4월 말이건만 홍콩의 날씨는 엄청 후텁지근하다. 이층버스를 타고 공항을 떠나 긴 다리를 건너가며 창밖을 내다보니 커다란 배들이 쉴 새 없이 물건을 실어 나르고 있는 모습이 보인다. 어디서부터 와서 어디로 가는 길일까? 저 컨테이너 박스에는 어떤 물건들이 담겨 있을까? 궁금해진다. 버스가 시내로 들어서자 높게 선 빌딩 사이로 좁다란 골목길들이 보인다. 그걸 보고 있자니 예전 홍콩 느와르 영화들이 생각난다. 학창시절 소년의 감성을 자극했던 의리와 배신, 그리고 사랑의 주제가 버무려진 그 영화들을 추억으로 간직한 채, 이제는 어른이 되어서 이 땅을 밟게 되었다. 아직도 좁은 도로와 그 사이로 난 골목길 저편에는 그런 영화 같은 이야기가 숨어 있을 것만 같다. 이런 영화이야기들을 잉태한 19~20세기 홍콩의 진짜 역사는 어떤 것일까?

　홍콩은 중국과 영국의 아편전쟁의 결과로 체결된 난징조약을 통해 영국에 양도되었다. 그것이 1842년. 그 뒤로 홍콩은 영국의 물산집산지 역할을 하는 자유무역항으로 탈바꿈하며 영국식 제도가 수입되는 등

아시아의 영국령 중에서 빅토리아 문화를 최고로 꽃피운 지역이 되었다. 2차 세계대전 중 짧은 일본의 지배를 겪고 나서 발발한 중국의 국민당과 공산당의 내전을 피해 본토에서 많은 이민자들이 홍콩으로 건너왔고, 시간이 지나 중국이 공산화가 된 이후에는 상하이와 광저우의 많은 회사들노 본토로부터 이전해 와서 홍콩은 빠른 공업화를 이룬 도시가 되었다. 즉, 국제적 수출거점으로 급격히 성장하게 된 것이다.

1997년 영국과 중국 간 체결된 새로운 조약에 따라 지금 홍콩의 주권은 다시 중국으로 이전된 상태이다. 그 조약에 따르면 홍콩은 50년간 자치권이 보장되는 특별행정구역이 될 것이라고 명시되어 있다. 그러나 나 같은 외부인의 눈에는 이런 역사적 사실들이 영화 속 주윤발의 이야기처럼 선뜻 다가오지 않는다. 영화는 관객 대신 상상을 해주고 관객은 그저 편안히 받아들이면 되지만, 이런 역사적 사실과 그에 따라 형성된 문화는 직접 그 속에서 오랫동안 살아가면서 체험해 보지 않으면 결코 쉽게 다가오지 않기 때문이다. 그러므로 문화를 이해하기 위해서는 훨씬 더 적극적이고 능동적이 되어야 하며 섬세하게 대화하고 깊이 있게 들을 줄 알아야 할 것이다. 역사적 상황 가운데서 고통과 격랑을 겪은 그들의 시간과 공간 속으로 의식을 집중해서 상상하고 뛰어드는 것이 필요하다.

홍콩의 정체성을 어떻게 정의내릴 수 있을까? 아시아의 많은 나라들과 도시들이 서구열강에 의한 식민지배를 경험했지만 제대로 서구화된 지역은 홍콩과 싱가포르 정도일 것이다. 그중 홍콩은 중국과는 별개로 1841년부터 거의 150년 가까이 영국의 직접 통치를 경험하였다. 아주 짧은 일본통치기간을 제외하면 홍콩은 자유민주주의와 시장경제제도의 혜택(?)을 누리며 국제도시로서 성장해 왔다. 그런데 21세기의 문턱에서 다시 중국식 사회주의체제에 편입되었다. 아마도 중국 당국은 홍콩을 급격하게 중국화하지 않고, 그의 자본주의적인 요소를 본토에 수

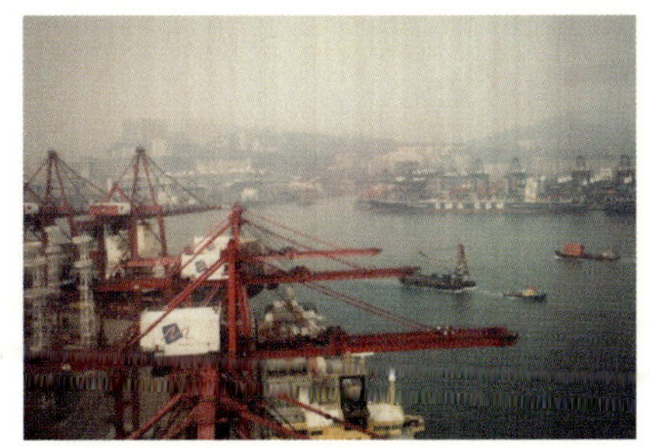

입하기로 하면서 다시 역으로 홍콩은 조금씩 중국화시키는 쌍방향 발전과정을 택한 것 같다. 역사의 변화무쌍함이 한 도시에 이토록 절절하게 배어 있을 수 있을까!

이 같은 역사의 과정을 통해서 여러 면에서의 '연결점'이라는 홍콩의 정체성이 만들어졌다고 평가할 수도 있겠다. 동양과 서양 혹은 자본주의와 사회주의를 잇는 통로로서의 정체성 말이다. 그런 의미에서 중국이 세계의 거대한 공장인 동시에 시장이 된 지금, 홍콩에게 경제적으로뿐 아니라 문화적으로도 동양과 서양을 아우르는 새로운 상상을 할 수 있는 기회가 주어진 것은 아닐까? 막상 홍콩 스스로는 어떻게 생각할지, 그리고 그런 역량이 있을지는 잘 모르겠다. 역시 이런 질문에 대한 답은 오래 머물면서 경험하며 알아가는 것이지 이런 짧은 방문으로 알기에는 사실 역부족이다.

하지만 몇 가지 경험을 통해서라도 그 역량을 가늠해보는 것은 의미있을 것이다. 2011년 서울에서 열렸던 LawAsia Conference를 통해 알게 된 홍콩의 한 변호사가 있다. 그 변호사 사무실에서 2~3개월간 외국변호사로서 같이 일을 할 기회를 갖게 되었는데 그 사무실을 소개하는 웹페이지에는 흥미롭게도 '기다란 다리'가 하나 그려져 있다. 그것은 바로 서양과 중국을 잇는다는 회사의 정체성을 표현한 것이다. 기다란 다

　　　　　　　　　　　사법연수생, 영국문화에 빠지다

리를 지나야만 닿을 수 있다고 말하는 이 웹페이지의 외침처럼 중국은 접근이 쉽지 않다. 언어의 문제는 그렇다 하더라도 땅덩어리가 너무 크다. 무엇보다 가장 큰 장애는 아직 사회주의 국가체제를 취하고 있다는 점이다. 이것이 문제가 되는 이유는 사업을 하는 사람의 입장에서 경영상의 위험 외에 법률상의 위험을 추가로 더 짊어져야 한다는 데 있다. 법률상의 위험은 어느 나라에건 상존하지만 중국은 한마디로 표현하면 '법은 있으나 법치주의는 아직 없다'라고 볼 수 있기에 짐이 하나 더 올려진 셈이다. 바로 이런 점에서 홍콩 프리미엄이 존재한다. 유럽이나 미국의 입장에서 볼 때 중국보다는 영국의 통치를 받은 홍콩이 심정적으로 그리고 실제적으로도 매력적일 수 있고, 중국의 입장에서도 어찌되었건 자기 땅이니 꺼릴 이유는 별로 없으니 말이다. 이런 생각들을 하며 그 사무실의 직원과 워킹비자 수속을 위해 가는 길에 재미있는 사실을 알게 되었다.

"넌 스스로를 홍콩 사람이라고 생각하니, 아니면 중국 사람이라고 생각하니?"라는 질문에 그녀는 약간 망설이며 자신은 홍콩 사람이라고 대답한 것이다. 이것은 비단 그녀만의 특별한 생각은 아닐 것이다. 그러면 홍콩 사람들은 왜 자신들이 중국 사람이 아니라 여길까? 경제력의 차이, 서구문명에 보다 근접하였다는 자부심 혹은 우월감일까? 만일 그렇다면 그 서구문명의 본질은 무엇일까? 영국이 홍콩에게 준 것은 이층버스와 영국식 억양뿐이 아니다. 영국의 저명한 역사학자 니얼 퍼거슨은 『시빌라이제이션』이라는 그의 책에서 서양문명의 핵심 중 하나로 근대 법체계를 꼽았다. 인간과 시민의 권리를 중심으로 하여 형성된 근대의 정치와 법체계, 그리고 그 속에 들어 있는 자유주의와 민주주의의 철학의 영향은 홍콩 사람들의 정신 깊은 곳까지 영향을 미치고 있다. 비록 그 속에 사는 사람은 너무 당연하여 알아채지 못할지라도 말이다.

하지만 빛이 있으면 어둠도 반드시 있는 것일까? 홍콩에서의 짧은

체류는 그리 유쾌한 것만은 아니었다. 상점 문을 열어둔 채 쉴 틈 없이 틀어대는 에어컨은 홍콩섬을 더욱 뜨겁게 달구고 있었고, 빌딩 숲 사이로는 맘 편히 쉴 공간 찾기도 힘들었다. 이건 마치 고도화된 자본주의의 상징 같았다. 멈출 수 없이 어디론가 계속해서 달려야만 하는 욕망의 전자라고 할까? 홍콩에 동행한 광재 형의 사업을 위해 방문한 국제컨벤션센터는 다양한 국적의 사람들로 북적북적 했다. 관람자가 아닌 사업자의 입장에 서서 바이어에게 제품을 설명하고, 사업 파트너를 물색하는 과정을 보고 나니 '홍콩에서의 비즈니스'라는 화려함은 그저 겉모습에 불과했다. 공기가 탁하니 머리도 띵하고, 다리는 아픈데 어디 쉴 데도 없고…….

"광재 형, 물건 팔러 다니는 거 정말 힘든데요?"

"그렇지, 난 이렇게 10년 이상을 벤처에 몸담았지만 거길 떠나고 나니 남는 게 아무것도 없더라. 그래서 이제는 전혀 다르게 사업을 하고 싶어."

"어떻게요?"

"돈만 오가는 거래가 아닌 신뢰와 우정을 주고받는 그런 비즈니스 말이야."

"신뢰와 우정을 주고받고 한다니 좋긴 한데 구체적으로는 어떻게 그런 비즈니스를 할 수 있죠?"

"예를 들면, 내 물건의 원가를 공개하는 거지. 내가 이거 만드는 데 이만큼 돈이 들었고 이 정도의 적정이윤을 붙여서 판다고 솔직하게 얘기하는 거지. 물론 현재 비즈니스할 때 아무도 이렇게 안 해. 그러면서 속으로는 상대방이 얼마만큼 남겨 먹을지를 의심하고 믿지 않지. 이제 나는 그런 비즈니스의 관계를 깨고 싶어. 그러려면 나부터 공개해야겠지. 이런 게 정말 불가능할까?"

불가능하진 않겠지만 언뜻 보기에도 결코 쉽지는 않아 보인다. 형은 여기에 덧붙여서 이렇게 가격을 결정하는 과정에서 상대방이 오히려 자신의 사업 취지와 장래성을 보고 정해진 가격 이상으로 투자하는 구조도 생각하고 있다고 했다. 즉, 생산자, 유통자, 사용자가 함께 공동체적으로 가격결정과정에 참여하는 길을 열어둠으로 오히려 상대방이 적극적으로 신뢰를 표현할 수 있는 여지를 두는 것이다.

비즈니스에서 신뢰와 우정이라……. 이런 좋은 말을 누가 마다하랴마는 '돈이 곧 정의'라고 얘기하는 홍콩의 중심부에서는 별로 어울리지 않을 것 같다. 특히 화려한 홍콩의 야경과 거대한 빌딩, 그리고 번쩍이는 네온사인들과 후텁지근한 날씨마저도 그런 가능성은 없다고 온몸으로 고함치는 것만 같다.

현대 세속 도시 중 대표적인 곳 홍콩. 서구 자본주의 시스템은 물질적인 번영을 가져다주었지만 동시에 소비만 할 뿐 내적 만족감이 없는 삶, 허탈감을 선물하였고, 사업적인 만남 외에 진정한 친구를 만들기가 하늘의 별따기만큼 어려운 곳으로 도시를 바꾸어 버린 것이다.

그러면 나는 어떨까? 삶의 현장에서 돈과 신뢰·정직 중의 하나를 택해야 한다면 망설임 없이 후자를 택할까? 이것은 무언가를 포기하도록 요구하는 질문이다. 피해갈 수 없이 집요하게 나를 물고 늘어질 질문이다.

'아, 그냥 깊게 고민 안 하고 쉽고 편하게 살고 싶다.'

끈적끈적하게 나를 휘감아오는 유혹!

길고 지루한 사법시험 준비기간은 내가 상상한 것 이상의 무게로 내 마음을 황폐하게 만들었다. 아, 20대 중반의 패기란 그렇게 가벼운 것이었던가? 과거의 꿈을 적극적으로 부정하지는 않았지만 어느 순간인가 그 목표를 내 손에 실제로 쥐기에는 너무 멀고 힘들게 느끼는 나 자신을 마주하게 되었다. '적당히 맞춰가며 두루뭉술하게 살아도 크게 뭐라고 할 사람은 없는데 굳이 힘들게 살아야 하는가?' 하는 달콤한 질문들이 어느새 내 마음의 밑바닥까지 녹아들어가고 있었던 것이다.

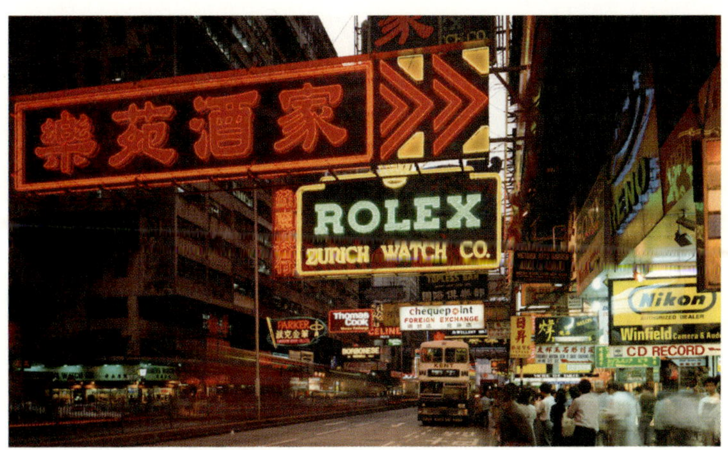

‘이대로 살면 10년 뒤에는 어떻게 변해 있을까? 지금 내가 보는 인생 선배들처럼 피곤에 찌들어 무기력해진 모습 혹은 탐욕이 덕지덕지 붙은 놀부 같은 모습이나 노년의 고집으로 꽉 들어찬 얼굴로 변해가지 않을까? 만약 지금의 안일함이 미래의 그 모습을 결정하게 된다고 할 때, 그래도 나는 편하게 사는 삶을 선택할 것인가?’

이 두려운 질문 앞에 서서 30년의 삶을 다시 정리해야 할 순간이 왔다. 왁자지껄 화려했던 긴 밤이 지나고 두껍게 먼지 낀 창문 너머로 새벽이 밝아온다. 거리의 청소부들이 쓱싹쓱싹 비질하는 소리가 들려온다. 새벽공기의 청량함과 더불어 그 소리는 마음을 새롭게 하라는 재촉같이 들려온다. 그 힘으로 몸을 일으키고, 내 삶의 쓰레기들도 깨끗하게 쓸어버리기로 작정한다.

밤의 화려함과 새벽에 남겨진 쓰레기는 동전의 양면 같다. 새벽 공기의 상쾌함도 이제 곧 낮의 더위에 묻힐 터이다. 그러면 역시나 밤이 오고 똑같은 일상이 반복되겠지? 세속도시 속의 무기력한 삶이다. 인생의 젊음을 향락하는 밤은 쓰레기만 남기고 결국 그 쓰레기를 청소하는 것이 전부인 노년을 보내게 될 것이다. 새벽의 상큼하고 신선한 결정을 바로 행동으로 옮기지 않으면 나는 서서히 이 도시의 더러운 늪에 파묻혀버릴 것이다.

그러므로 이 새벽, 나는 떠나기로 했다. 저 멀리 런던으로 떠나는 것이 보이지 않지만 조금이라도 영원한 의미를 부여할 수 있다면 거기에 내 의지를 더해 무기력하게 도시의 세속에 묻혀 가던 어둠으로부터 과감히 떠나기로 마음을 먹었다.

뭔가 확실하게 바뀐 것은 없지만, 커다란 캐리어를 끌고 나선 이른 아침, 빌딩 사이로 불어오는 새벽바람이 더욱 신선하다. 영국아 기다려라, 내가 간다!

잉글리시 티와 피시앤드칩스
—욕망과 고단한 삶의 흔적

2011년 4월 30일, 런던 서남부의 뉴 몰든New Malden에서 동북부의 이스트 햄East Ham까지 가는 여정. 조세핀이라는 우간다 여인의 집으로 가는 길이다. 그녀는 한국에서 여행을 준비하면서 친한 동생 녀석의 소개로 알게 된 런던 현지인이다. 그녀의 집에서 윤선 형과 함께 며칠 머물기로 약속을 잡아둔 상태. 일단 형과 나는 밥을 먹은 후에 출발하기로 했다. 그저 밥을 한 끼 사먹는 것뿐인데도 초등학생 때 소풍 가는 것처럼 기대에 부푼다. 그것은 이곳 사람들이 주로 무엇을 먹는지에 대한 호기심과 이국적인 낯선 환경에서 '처음'을 경험하는 단순한 설렘에서 온 것! 모든 것이 다 새롭고 낯설다. 가게 간판부터 지나가는 사람들, 도로 위의 이층버스와 까만 택시, 가로수와 하늘에 떠 있는 구름까지도 말이다. 이 모든 것이 나의 런던행을 환영해주는 것 같이 들뜬 기분이다.

　무엇을 먹을까 하는 행복한 고민을 하는 동시에 어색하고도 뻘쭘한 자세로 이곳저곳을 두리번거리던 형과 나는 딱 보기에 좀 만만해 보이는, 즉 별로 비싸 보이지 않는 그런 식당에 들어가 창가 옆에 자리를 잡고 앉았다. 종업원이 다가와 환하게 웃으며 메뉴판을 주고 간다.

　나도 마주보고 환하게 웃으려 노력하면서 메뉴판을 펴들었는데……. 이런, 메뉴판을 보는 것부터 공부가 필요할 줄이야…….

　'뭘 먹을까? 일단은 그 유명한 피시앤드칩스를 먹어보자.'

　주문하고 보니 옆에는 백발의 영국인 할머니가 식사를 하고 계신다. 앞으로 내가 만나게 될 영국 사람이다 싶어서 할머니를 힐끔힐끔 쳐다봤다. '한번 말을 걸어볼까? 근데 무슨 말을 하지?' 막상 말문이 잘 안 열린다. '뭐야 이건, 이성에게 사랑 고백하는 것도 아닌데, 왜 갑자기 소심해지는 걸까, 내가 이래서 여자 친구가 없는 건가?' 별 이상한 생각까지 든다. 그런데 할머니 표정이 재미있다. 이런 나를 알아챈 것일까? 낯선 이방인이 자신을 의식하는 것이 쑥스러운 듯, 그러면서도 호의를 머금은 듯 살며시 미소를 지으신다.

　식사를 하고 난 할머니가 차를 마시면서 오후의 따사로움을 즐기는 모습을 보니 삶에 대한 영국인들의 여유로운 태도가 느껴진다. 나도 개인적으로 차 마시는 것을 좋아하는 터라 영국에 있는 동안 식후에 차를

　　　　　　　　　　　　사법연수생, 영국문화에 빠지다

마시는 매력에 푹 빠져 지내었지만 사실 차를 사랑하는 영국인들의 과거 역사의 속사정을 들여다보면 그리 낭만적으로 생각할 것만은 아닌 것 같다.

17~18세기 무렵 영국은 네덜란드를 누르고 중국으로부터의 차 무역을 독점하여 산업혁명의 성장동력을 확보했다. 차는 처음에 소수 부유층들이 주로 즐겼지만 점차 대중화되었다. 이렇게 국내에서 차에 대한 소비가 급증하자 차의 주산지인 중국에 대한 무역적자가 심화되었다. 동쪽의 중국에 대해서 딱히 수출할 물품이 마땅치 않았던 영국은 은으로 대금을 지불하여 발생하는 무역적자를 만회하고자 다시 서쪽을 향하여 식민지였던 아메리카에 막대한 세금을 부과하고 식민지 차 무역권을 독점하려 했다. 그러나 이에 반발한 미국인들이 당시 보스턴 항에 정박해 있던 배 안의 홍차를 바다에 버리는 일명 '보스턴 차 사건tea party'

을 일으켜 결과적으로 미국이 독립(1776)하게 되는 계기가 되었다. 그 이후 더욱 빠져나가는 은의 손실을 감당할 수 없었던 영국은 중국에 아편을 팔게 되고 그래서 일어난 전쟁이 아편전쟁이었으니, 서쪽에서 뺨 맞고 동쪽에 화풀이하는 격이라고 할 수 있을까?

이렇게 차를 둘러싼 영국, 유럽을 중심으로 한 서쪽의 아메리카와 동쪽의 아시아 사이의 국제분쟁의 역사를 생각하니 동양인으로서 화가 난다. 비록 우리나라가 직접 관계된 사건은 아니지만, 근대 서양에 의해 새겨진 동양의 상흔은 개별적인 것과 동시에 전체적이며, 표면적이기도 하지만 의식 저 아래의 심층적인 것이기도 하다. 이뿐이 아니다. 가만히 들여다보면 개개인 의식의 더 깊은 차원에서 탐욕과 그릇된 지배욕이 분출하고, 그것들이 뒤범벅되어 형성된 국가와 문화를 바라봐야 하는 후세대의 고통스러움 또한 존재한다.

음식 이야기가 나왔으니 말인데 내가 지금 먹고 있는 이 피시앤드칩스는 원래 길거리 음식이었다고 한다. 지금은 접시에 담아 점잖게 나이프와 포크로 먹지만 산업혁명 이후 노동으로 힘든 하루를 보내는 사람들은 황색 신문지 같은 종이에 둘둘 말아서 먹으며 허기를 달랬다. 비슷한 시기에 영국에 유행했던 이 차와 피시앤드칩스는, 하나는 식후의 포만감을 달래는 고급문화로서 점차 대중화되어 전쟁의 원인이 되는 반면, 다른 하나는 배고픈 이의 속을 달래며 세계대전 이후까지 빈민층의 굶주림과 폭동을 막는 역할을 했다고 한다.

이런 생각을 하면서 둘러보니, 다른 테이블에는 낮 시간인데도 주로 가족 단위의 손님들이 많이 와서 식사를 즐기고 있었다. 메뉴는 다양한 사이즈의 생선튀김, 치킨튀김, 감자튀김 일색이었다. 솔직히 말해서 영국 음식답게(?) 맛이 특별하진 않았다. 그냥 '흰 살 생선과 감자튀김'이다. 튀김류를 별로 좋아하지 않는 나로서는 이것과 더불어 풀 잉글리시 블랙퍼스트(계란프라이, 베이컨, 소시지, 빵과 차가 나오는 아침 겸 점심식사)는 한 번 맛을 본 것으로 족했다. 어쨌든 기름기 충만한 한 접시를 먹고 나니 배는 든든하다. 산업혁명과 세계전쟁을 겪은 가난한 노동자들의 든든한 식후 포만감을 잠시나마 공감할 수 있었다.

일차적으로 음식으로 남아 있는 역사적 결과물을 먹으며 체험하고, 이차적으로는 그것을 형성하는 사회구조와 체제를 생각해보고, 마지막으로 그 속에 내재된 정신 내지는 철학을 살펴볼 수가 있다는 것은 오롯이 여행자의 놀랄 만한 특권일 것이다. 나는 이번 유럽여행 동안 이 특권을 맘껏 누리고자 한다.

피시앤드칩스를 처음으로 파는 식당이 생긴 동부지역은 런던 항이 가까워 노동자들이 주로 거주했던 지역이다. 그 동쪽의 끝 부분이 바로 내가 가고 있는, 조세핀이 사는 이스트 햄이다.

우간다의 외침, "우리는 왜 아직도 못살아?"

'조세핀은 어떤 모습일까?'

현지인을 만난다는 가벼운 흥분도 있었지만 다른 한편으로는 부담스러웠다. 그것은 토종 한국인이라면 누구나 가질 법한 미숙한 영어실력에서 오는 것이었다. 그저 먹고 보고 사진 찍는 여행이 아니라 사람을 만나고 실제 문화를 체험해보자고 다짐하고 다짐했던 터이지만 그렇다고 없던 영어실력이 돌출지반처럼 불쑥 솟아오르는 것은 아니지 않은가?

'아, 좀 암울해지는데. 그래도 부딪혀 봐야지 별 수 있겠어?'

이런저런 생각으로 목적지에 도착하고 보니 거리의 분위기가 뉴 몰든 쪽과는 다르다.

"형, 여기는 런던 같지 않은데요? 영국 사람은 별로 없어 보이고 아시아, 아프리카계 사람들이 많아요!"

마치 우리나라에 외국인 근로자들이 많이 있는 경기도 안산에 와 있는 느낌이 들기도 했다. 그렇게 주위를 살펴보는데 저 앞에서 까만 피부를 한 서글서글한 인상의 여인이 우리를 향해 걸어온다. 한눈에도 조세핀 같아 보인다.

"당신이 혹시 Are you ……?"

"예, 맞아요 Yes, yes !"

수수한 옷차림에 곱슬머리를 하고 환한 미소를 짓는 그녀에게서 형과 나를 향한 환대를 느낄 수 있다. 처음 보는 사이인데도 별로 어색하지 않았다. 조세핀은 듣기에 불편하지 않을 정도로 아프리카 특유의 느리고 편안한 영어를 구사했는데, 여행이 끝난 지금 생각해보면 그녀의 어투에는 처음 만나는 사람의 긴장을 풀어주고 편안하게 하는 건강한 힘이 있었던 것 같다.

그녀의 집은 역에서 도보로 10분 남짓의 거리에 있는 전형적인 영국의 아파트 플랫, flat 였다. 집 앞의 아주 조그만 정원을 지나 문을 열면 어두운 복도가 보이고, 응접실과 침실에 이어 끝에 위치한 식당은 집 뒤의 정원으로 연결되었다. 식당은 정원 쪽 창문으로 들어오는 빛으로 환하다. 응접실 한쪽 벽면에는 책이 가득하고 텔레비전 옆에는 오디오와 클래식 음반들이 꽂혀 있다. 집은 전체적으로 잘 정리되어 있으면서도 편안한 느낌을 주었는데 아무래도 주인의 성격을 닮았나 보다.

그녀는 우간다와 런던을 오가는 무역상이다. 만만치 않은 환경인데 홀로 삶을 개척하며 여유 있게 살아가는 그녀가 나는 궁금했다.

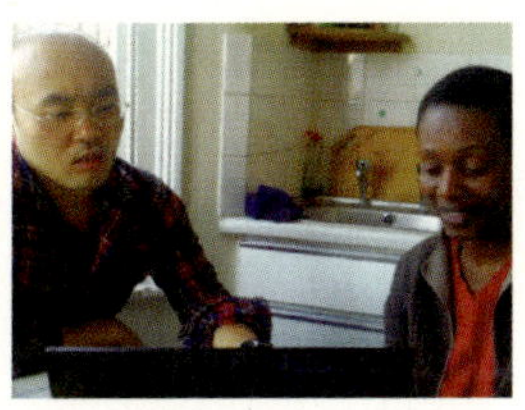

"우간다는 과거 영연방에 포함된 국가였는데, 저는 거기서 가톨릭 선교사들이 세운 학교를 다녔어요. 그 뒤에 프랑스에도 좀 있다가 오래 전에 런던에 정착했지요."

"네, 그런데 주로 어떤 제품들로 무역을 하나요?"

   사법연수생, 영국문화에 빠지다

"주로 중고 노트북을 여기서 싸게 구매해서 우간다에 가서 팔아요. 삼성제품도 인기가 있지요."

솔직히 말하자면 아프리카 사람하고는 처음 해보는 대화이다. 어디 뭐 한국에서야 그럴 기회가 있었겠는가. 그저 사진이나 영상으로만 보아온 검은 대륙 아프리카가 지금 가깝게 느껴지는 것은 거기서 온 사람이 바로 내 코앞에 있기 때문일 것이다. 우간다는 아프리카 중앙에 있는 공화국으로 빅토리아 호수를 비롯한 자연경관이 아름다워 아프리카의 진주라고 불린단다. 조세핀은 노트북에 저장된 조국의 사진을 한 장씩 보여주며 설명해주었다. 광활히 펼쳐진 초원과 지금은 폐쇄된 탄광, 그리고 야외에서 예배를 드리고 식사를 하는 그녀의 고향 사람들까지……. 그녀의 말투에서는 고향에 대한 애틋함과 함께 저 멀리서 온 동양인에게 은근히 고향을 자랑하고픈 마음이 묻어난다.

"경태, 한국은 어때요? 날씨도 이곳과는 많이 다르지요?"

형과 나는 조세핀에게 우리나라 여름의 후텁지근함에 대해서 엄살을 떨기도 하고, 서울의 규모와 한강의 아름다움, 그리고 과거 전쟁의 상처를 딛고 어떻게 발전해왔는지를 손짓 발짓을 섞어가며 이야기했다. 그러면서 자연스레 이야기하게 된 것이 한국의 기독교문화였다. 그녀는 미션스쿨을 나오고 지금도 그 영향으로 가톨릭교회에 출석하고 있었다. 우간다는 놀랍게도 신·구교를 통합하여 신자가 80%에 육박한다니 한국과 비교해보고 싶은 모양새였다.

"조세핀, 초기에 우리나라에 기독교가 전해질 때에는 핍박이 많았어요. 그렇지만 그 속에서도 꿋꿋하게 퍼져나갔고 그 무렵 기독교인 하면 뭔가 정직하고 올바른 사람이란 이미지가 있었다고 해요. 한때 평양의 80% 정도가 교회신자였을 때도 있었고요. 그렇지만 지금은 사회에서 욕을 많이 먹고 있는 편이에요. 우간다는 어때요?"

"우간다 사람들은 아주 신실해요. 우리는 열심히 믿지요. 그런데 경태, 한국은 빠른 시간 내에 경제발전을 이루었는데 왜 아직도 우간다는 가난할까요? 우리도 열심히 하나님을 믿는데 말이죠.”

그렇게 말하는 조세핀의 얼굴에는 조국에 대한 걱정과 무언가에 대한 억울한 감정이 느껴졌다. 아마 그것은 종교적인 질문과 더불어 서양 제국주의의 역사에 대한 해결되지 않은 앙금 때문인 듯하였다. 나는 조세핀의 얼굴에 잠시 스쳐지나간 그늘에서 제국주의가 남긴 상처와 더불어 ‘기독교를 믿으면 잘살아야 한다’는 식의 조세핀 스스로 가진 전제가 들어맞지 않는 것에 대한 불만 같은 것을 느낄 수 있었다. 일단 조세핀의 종교적인 질문과 제국주의 역사의 결과는 분리해서 생각할 필요가 있지 않을까? 그리고 기독교를 믿으면 경제가 발전한다고 누가 말한 적이 있는가?

하지만 조세핀에게 있어서, 즉 아프리카의 기독교인들에게 있어서 이 문제는 기독교문명국가의 통제되지 않은 욕망으로 인해 자기 나라가 겪은 뒤엉켜버린 현실에 대한 복합적 고통일 것이다.

아프리카가 가난한 중요한 원인 중의 하나는 과거 유럽이 저질렀던 노예무역이나 식민주의 때문이다. 중고등학교 사회시간에 숱하게 배웠던, 길게 이어진 서양의 제국주의 역사와 아프리카가 수탈당한 과거는 지금까지는 나에게 멀고 먼 이야기였고 하나의 역사적 사실에 불과했다. 그러나 이 쓰라린 과거는 지금 내 앞에 앉아 있는 아프리카 여인을 통해 현재적 질문이 되어 내게 다가온다. 이 신음 섞인 호소는 아직도 쉴 곳을 찾지 못한 채 이렇게 먼 런던의 허공을 맴돌고 있었다. 과거 식민지의 노예로 살던 조상들의 고통을 고스란히 물려받아 지금도 조세핀에게 그 비참한 역사가 반복되고 있는데 과연 누가 있어 이 소리를 들을 것인가?

시간은 흘러가며 ‘과거’란 이름으로 축적되어 역사적으로 현재를 형성한다. 우리는 개인의 삶에서 역사적 존재일 뿐 아니라 사회와 민족,

   사법연수생, 영국문화에 빠지다

국가적 차원의 삶에서도 그러하다. 혹자는 과거는 과거일 뿐이라는 말을 하기도 한다. 그러나 과거 역사는 그것을 선택했던 사람들 속에 하나하나 유전자처럼 새겨져 다음 세대로 이어지고, 그것은 언제 어떤 모양으로건 미래에 강력한 영향을 끼치기 마련이다. 그러므로 과거에 매이지 않을 수 있는 것은 오로지 현재의 책임을 다할 때만이 가능한 일이다. 그것이 인간이 공동체적이고 역사적 존재라는 말의 진정한 의미가 아닐까? 그렇다면 영국 그리고 유럽은 그 과거에 대한 책임과 현재 해야 할 반응에 대해 어떤 대답을 하고 있을까? 그리고 내가 서야 할 자리는 어디일까?

옆에서는 윤선 형이 가볍게 코를 골고 있다. 먼 길을 달려온 여행의 피곤함에 뒤척이고, 익숙지 않은 영국식 침대의 푹신함에 허우적거리며 쉽게 풀리지 않는 숙제를 껴안고 나도 어느새 잠이 들었다.

교회에서 맘마미아 티켓 강매가
웬 말이냐~ 웬 말이냐~

새롭게 눈 뜬 아침. 창으로 들어오는 빛이 환한데 시간은 새벽 6시가 조금 넘었다. 산책을 하러 집을 나서니 아직은 차갑지만 상쾌한 공기가 정신을 깨운다. 가끔 오가는 사람들의 시선 속에서 낯설음이 의식된다. 런던에서도 동쪽으로 외곽지역인 이곳은 인도나 동남아계 동양인은 자주 볼 수 있는 데 비해 상대적으로 한국인이 적어서 그럴 것이다. 새삼 그들 표현으로 극동far east에 있는 우리나라가 얼마나 멀리 있는지가 실감된다. 나부터도 떠나온 지 일주일도 안 되었건만 한국이 참 가물가물하니 멀게 느껴지는 것을 보면 말이다.

지리적 변화는 입장의 변화를 시도해볼 수 있도록 돕는다. 이런 것이 바로 여행이 주는 묘미가 아니겠는가! 다시 말하면 영국 사람의 입장에서 아시아를 생각해볼 수 있고, 나아가 작은 나라 한국의 법률가로서 앞으로 어떻게 이 넓은 세계에서 살아야 할지를 고민할 수 있는 것이 바로 그것이다. 이런 의미에서 영국의 대표적인 종교인 성공회의 예식을 경험해보고 싶었다. 정신문명 중 인간의 가장 깊은 곳을 다루는 것이 종교인데 여기 영국은 어떤 모습일지가 궁금했던 것이다.

그래서 찾아간 곳이 옥스퍼드 서커스Oxford Circus 근처의 유명한 성 제임스 교회St. James Church였다. 아시아가 종교적으로 유교와 불교, 그리고 도교에 기초한 문화라면, 서양문화 특히 유럽을 이해하는 데 있어서 기독교는 빼놓을 수 없는 한 요소이다. 특히나 영국역사를 이해함에 있어서 영국의 국교 혹은 성공회Church of England의 역사를 이해하는 것은 필수적이다. 영국교회가 로마가톨릭으로부터 독립하여 성공회로 발전하게 된 것을 당시 국왕이었던 헨리8세의 개인적인 결혼문제로 결부시켜서 이해하는 경우가 많은데 그렇게만 국한해 볼 것은 아닌 것 같다. 일단 정치적인 요소로서 당시 왕비였던 카타리나는 아들이 없었으므로 후계자 문제로 정치적인 갈등을 빚을 수 있었다고 볼 수 있다. 하지만 종교적으로는 16세기 유럽의 종교개혁의 영향을 받은 캔터베리 대주교인 토머스 크랜머라는 인물을 주목할 필요가 있다. 그는 잉글랜드 중부의 노팅엄 출신으로 케임브리지 대학교 시절부터 종교개혁자 마르틴 루터의 영향을 받았는데 그것이 당시 정치적인 상황과 맞물려서 영국적인 종교개혁의 모습으로 드러난 것이 성공회의 출발점이라고 보아야 할 것이다. 여기서 '영국적'이라는 것은 '전통을 존중하면서 변화를 추구해나가는 것'을 뜻한다. 그래서 성공회는 외양은 가톨릭적 요소를 띠고 있지만, 내적으로는 개신교적 실체를 지니고 있다. 특히 로마가톨릭교회가 종교의 정치지배를 의도하였다면 헨리8세는 스스로 영국국교회의 수장이 됨으로써 정치의 종교지배를 계획한 것이다. 로마가톨릭

  사법연수생, 영국문화에 빠지다

이라는 외부세력의 영국 침투를 허용하지 않고, 영국의 전통적인 국왕의 권위를 확보하고자 한 것이다.

교회 건물은 기나긴 세월을 말해주듯 고풍스러웠고, 예배당 안의 벽에는 커다란 파이프오르간이 있고 스테인드글라스는 빛을 받아 반짝거렸다. 기다랗게 놓인 나무의자에 30여 명은 됨직한 사람들이 모여 앉아 있고 교회의 사제는 엄숙한 목소리로 예식을 진행하고 있었다.

"형, 무슨 말인지 잘 못 알아듣겠어요."

"너도 그러냐, 나도 그래."

우리는 서로 멋쩍게 웃었다. 그래도 예배 순서지와 사제의 얼굴을 번갈아 쳐다보며 집중하기 위해 노력했다. 어느덧 예식은 끝이 나고 전체 교인이 앞으로 나와 둥글게 서서 서로 인사도 나누며 성찬식을 한다. 적은 숫자이지만 훈훈함이 감돈다. 여기에 잠시나마 여행자의 서먹한 마음을 녹여본다.

모든 예배순서가 끝난 후 광고를 하는 시간인데 두 가지 특이한 내용이 들려온다. 낡은 교회 건물을 보수하기 위해서 '맘마미아'라는 영화의 티켓을 판매한다는 것과 동성애자를 위한 모임을 한다는 것이었다. 난 궁금했다.

'동성애자를 위한 모임은 어떤 성격일까? 동성애에 대해서 지지하는 차원에서 모임을 하는 걸까, 아니면 반대하는 입장일까?'

차를 좋아하는 영국인이라 그런지 예배 후에 항상 다과시간이 있다. 홍차에 저지방 우유를 살짝 타 휘젓고 맛있게 보이는 쿠키 하나를 집어든 후에 나는 이 교회의 사제와 인사를 나눌 수 있었다. 친절해보이긴 하는데 또 어떻게 보면 절제된 무뚝뚝한 얼굴, 이 두 가지가 묘하게 조화를 이루는 것이 영국 사람이 아닐까 싶다.

그에게 내 궁금증을 털어 놓았지만, 돌아오는 답은 시원치 않았다.

"난 이 교회의 정식 사제가 아니고 또 긴 이야기라 지금 대화하는 것

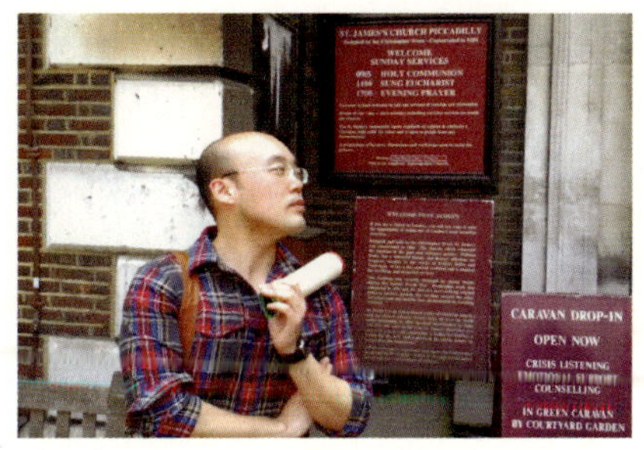

은 적절하지 않을 것 같군요"라며 그는 친절한 얼굴로 무뚝뚝하게 말했다. 나는 그의 표정과 말의 뉘앙스에서 개인적으로 두 가지를 읽을 수 있었다. 하나는 동성애가 직접적으로 건드리기에 껄끄러운 주제라는 것과 다른 하나는 뭐 귀찮음 정도가 아닐까 싶다. 동성애란 주제는 여기 런던에서 발견한 또 하나의 서양문화의 새로운 면이다. 이제는 이러쿵저러쿵 얘기하기가 식상해져버린, 그렇지만 화끈하게 결론 내린 것도 아니고 건드리기엔 껄끄러운…… 혹시 이런 애매함도 영국적인 것이라 해석할 수 있을까?

집으로 돌아와 이 두 가지에 대해 조세핀과 대화를 나누었다. 그녀는 애매하지 않게 자신과 영국교회의 태도에 대해서 설명해주었다.

"사실 성공회 전체적으로는 동성애에 대해서 찬성하는 주교들도 있는 반면 또 개별 교회에서는 반대하는 곳도 있어서 통일되어 있지는 않아요. 저는 개인적으로 반대하지만요."

"조세핀, 그런데 동성애는 성경에서는 명확히 반대하고 있지 않나요?"

"그렇긴 한데 성경을 믿지 않는 사제들도 있거든요."

"?"

그러면서 그녀는 현재 교회의 신자 수도 줄었을 뿐 아니라 융성했던

기독교 문화의 역사는 점차 추억이 되어가고 있다며 아쉬워했다.

"그런데 조세핀, 교회에서 건물을 보수할 자금을 마련하기 위해서 맘마미아 티켓을 파는 것도 기독교 문화가 쇠락해진 하나의 증거가 되지 않을까요?"

"어째서죠?"

"교회가 내적으로 힘에 차 있다면, 신앙적으로 공감할 수 없는 영화를 단지 유명하고 인기가 있기 때문에 이용하는 것이 아니라, 기독교적이면서도 보편적으로 사람들에게 공감을 줄 수 있는 가치를 담은 문화 콘텐츠를 만들어서 제시할 수 있지 않을까 해서요."

사실 이 부분에서 조세핀은 뭔가 수긍할 수 없는 듯했다. 내 개인적인 추측으로는 그녀에게 있어 저 멀리서 온 동양인에게 영국뿐만 아니라 유럽 전체의 기독교의 쇠락을 인정하는 것은 아마 자존심이 상하는

일이지 않았을까 생각한다.

영국이 어떤 나라인가! 존 녹스, 조지 화이트필드와 존 웨슬리 등 기라성 같은 기독교의 인물들을 배출해내었을 뿐 아니라, 유명한 찬송곡인 '놀라워라 그 은혜Amazing grace'를 작사한 존 뉴턴과 그에게 영향을 받아 평생을 노예무역 폐지와 정치개혁에 헌신한 윌리엄 윌버포스라는 탁월한 정치가를 길러낸 나라이다. 영국 개신교 복음주의자 중 한 사람인 윌버포스는 생전에 클라팜이라는 지역에 거주하며 뜻을 같이하는 사람들과 정치공동체를 형성하여 노예무역 폐지를 위해 고군분투하였는데 지금도 런던의 서남부에 그 지명 그대로 남아 있어 당시의 역사를 돌아보게 한다. 하지만 지금에 이르러서는 유쾌하든 불쾌하든 유럽사회를 지탱해온 하나의 축인 기독교문화가 쇠퇴하고 있다는 것을 인정할 수밖에 없다. 아프리카에서 흑인을 잡아다가 파는 것으로 수천만 파

사법연수생, 영국문화에 빠지다

운드의 이익을 올리던 당시의 사회구조에 정면으로 도전한 윌버포스의 정신, 그리하여 전쟁이나 혁명이 아닌 의회의 입법을 통해 평화롭게 사회문제를 해결해내었던 그 저력, 그리고 그 중심에 영국교회가 있었다는 것을 생각해본다면 말이다.

이런 면에서 볼 때 교회유지 보수를 위해 세속의 영화티켓을 팔아야 하는 문제는 사실 아주 표면적으로 불거진 작은 문제일 따름이다. 또한 동시에 이것은 단지 교회에 국한된 문제만은 아니다. 기독교 문명은 영국을 비롯한 유럽의 문명을 형성시킨 하나의 커다란 축이고, 그러므로 교회의 모습을 통하여 지금 영국사회 전체의 현실을 좀 더 깊이 이해할 수 있기 때문이다.

독일의 사회학자인 막스 베버는 그의 저서인『프로테스탄티즘의 윤리와 자본주의 정신』에서 건전한 기독교 정신에서 출발한 '땀 흘려 열심히 일을 해서 돈을 벌고 검소하게 사는 삶의 정신'이 초기 자본주의의 건전성을 이루어왔다고 주장하였다. 그러나 지금은 좀 더 쉽고 편하게 돈을 벌고 즐기자는 주의가 그 자리를 대체하고 있는 것 같다. 단적으로 전 세계의 경제위기를 불러 온 금융의 문제를 보면 알 수 있지 않은가. 금융이 서야 할 제자리는 어디까지나 새로운 가치를 창조하는 자들을 돕는, '도와주는 자의 위치'이다. 이런 금융업이 제자리를 벗어나 횡포를 부리고 투기적인 성향을 갖게 된 데에는 보다 근본적으로 종교적 정신의 쇠퇴가 있는 것이 아닐까?

이렇게 길게 이어진 그녀와의 대화 끝자락에는 쇠락해가는 영국과 기독교에 대한 서글픈 감상이 여운처럼 번졌다. 그렇지만 내일은 또 내일의 해가 뜬다. 난 그저 하루에 걸을 수 있는 만큼 묵묵히 걸을 뿐이다. 그게 여행자로 사는 법이 아니겠는가!

02

런던
탐구생활

영국에서 좋은 세입자 되기

멀고 먼 타국 땅 아는 사람 하나 없는 이곳 런던에서 두 달 반 동안 살 곳을 찾아야 하는 현실적인 문제가 불쑥 다가왔다. 며칠이라면 유스호스텔에서, 장기간이라면 좀 시간을 두고 중개소를 통해서 알아보련만…… 어느 지역을 어떻게 찾아봐야 하는지, 이런 단기 렌트계약은 어떻게 체결해야 하는 건지 처음부터 난관이다. 한국에서라면 별 고민이 없었을 문제들도 낯선 나라라는 이유 때문에 버벅거리게 된다. 바로 얼마 전까지만 해도 법원에서 조정위원으로 근무하면서 각종 계약상 분쟁을 다루며 조언하고 판단하고 결정하는 위치에 있었건만 어느새 내가 알 수 없고, 통제할 수 없는 환경으로 바뀌어버렸다. 답답하고 마치 바보가 된 것 같아서 못마땅하다.

한국에서 나는 법을 다루는 변호사이지만, 여기에선 한국법을 잘 아는 것이 전혀 소용 없다는 게 문제다. 인류의 공통된 주택임대차보호법 같은 게 있으면 좋으련만 어쩔 수 없이 겸허한 자세로 전문가의 조언을 듣기로 했다.

   사법연수생, 영국문화에 빠지다

"도와줘요, 조세핀!"

흔쾌히 나서는 그녀. 아! 감사하다. 역시 현지인을 잘 만나야 한다. 아침을 간단히 차려먹고 우리 셋은 둘러앉아 인터넷 사이트를 검색하기 시작했다. 대략 예산을 주당 100파운드(원화로 대략 20만 원) 이내로 잡으니 이곳저곳이 물망에 올랐다. 처음 들어보는 생소한 지명들, 복스홀, 엘리펀트, 퍼트니……. 조세핀은 그 지역들에 대한 설명을 해주고는 집주인에게 전화를 걸어 흥정을 하기 시작한다. 주당 100파운드면 한 달에 대략 70만 원이 넘는 금액인데 어째 그리 신통치는 않은 모양새다.

'그냥 여기 있을까? 사실 여기도 괜찮은데. 조세핀이랑 말도 잘 통하니 편하고, 가격도 더 싸고.'

창가에서 내다보이는 정원에는 빨래가 나풀거리고, 식탁 옆으로 들이치는 햇살은 따사롭다. 이렇게 하늘이 파랗고 맑은데, 대체 누가 런던 날씨를 우울하다고 했던가!(참고로 겨울에는 그렇다고 한다. 다행히 내가 간 때는 가장 좋은 여름!) 그런데 마음에 걸리는 것은 여기가 런던에서 범죄율이 가장 높은 지역이라는 거다. 조세핀은 자기는 상관없지만 아마 나 같은 초짜 유색 외국인은 위험할 수도 있다고 그런다.

'런던에 와서 강도를? 칼에 맞아 죽을지도 몰라'라는 생각을 하니 슬쩍 두려워진다. 하지만 사나이가 말이야 그 정도를 두려워하다니 있을 수가 없는 일이라 생각하면서도, 나는 다른 평계를 찾기 시작했다.

'음, 그리고 보니 사무실하고 거리가 멀군. 좀 더 본래의 영국다운 곳에서 살고 싶은데 말이야.'

영국적인 것the Britishness을 경험해보고 싶었다. 뭔가 고풍스럽고 기품 있는, 그리고 영국인이 실제로 사는 생활도 맛보고 싶었고 그래서 나는 결론을 내렸다. '그래 역시 여기는 아니야. 다른 곳을 알아봐야 해.'

이때 조세핀이 자기 사촌 패트릭이 근처 아파트에 사는데 거기 방을 쓰면 어떨지 조심스레 물어온다. '근처? 거기도 여기랑 상황이 비슷하지 않을까?'라는 생각을 하는데 그런 마음을 눈치 채기라도 한 듯이 거기는 살기 좋은 지역이란 설명을 덧붙인다.

그녀와 함께 이스트 인디아East India 전철역 근처에 있는 패트릭의 아파트에 방문했다. 전철역에서 근무한다는 패트릭은 친절하게 우리를 맞아주었고, 큰 방을 보여주며 내가 좋다면 거길 쓸 수 있다고 했다. 베란다에 서니 '와! 정말 런던 같은 분위기가 아닌가!' 유유히 흐르는 템스강과 하늘로 쏘아 붙이는 듯 뻗어 있는 그리니치 천문대의 초록색 레이저 불빛이 보인다. 바로 시간의 기준점, 지구의 기준점을 알리는 빛 말이다! 난 근사한 런던 생활을 꿈꾸며 이곳에서 지내기로 결정해버렸다.

그런데 이 꿈은 일주일이 채 지나지 않아 와장창 깨졌다. 집주인인 패트릭과 대판 싸우고 집을 나와 버린 것이다.

런던까지 와서 외국인 집주인과 싸운 사연은 이렇다. 나는 KOTRA 사무실에 출근해야 했고, 윤선 형은 농업을 배울 대학교를 찾아 4일 정도 영국 북부를 방문하고는 다시 런던으로 돌아와 3일을 지낸 후에 네덜란드로 떠날 계획이었다. 별 고민 없이 런던에서의 3일은 내 방에서 같이 지내면 되겠다 싶어서, 난 패트릭에게 그렇게 말해두었다.

4일 만에 본 형의 얼굴은 좀 더 그을었고, 전체적으로 여행자의 포스가 물씬 풍겨났다. 며칠 되지 않은 시간이건만 형을 보니 울컥 반갑다. 형이랑 나랑 그렇게 친한 사이는 아니었는데 아무래도 우리가 지금 지내는 곳이 낯선 타향이어서 그랬던 것 같다. 우리는 집 앞의 마켓에서 사온 고기를 구워 푸짐한 저녁식사를 하며 그동안 쌓인 여행담을 침 튀기게 얘기했다. 좁디좁은 버스 좌석에서 8시간을 보내며 간 뉴캐슬Newcastle, 영국 북부의 도시의 아름다움, 그곳 학교에서 만난 사람들, 그리고 형이 사먹었다는 큼지막한 스테이크 등(영국이 광우병의 근원지라는 사실은 기억도 잘 안 났다. 일단 다들 먹으니까), 이 짧은 경험담을 들으

사법연수생, 영국문화에 빠지다

며 나도 조만간 이런 여행을 하게 되리라는 두근거림을 주체할 수 없었다(아! 글을 쓰는 지금도 훌쩍 떠나고 싶다). 그런데 형이 곧장 침대에 드러누우려는 것이 아닌가? 이런, 난 씻기 싫어하는 형을 욕실로 들여보냈다. 형이 온 것은 반갑고 피곤한 건 이해하지만 먼지가 잔뜩 묻은 새로 침대에서 같이 자는 것은 사양이었으니까.

그렇게 하루를 보낸 일요일 아침. 약간 쌀쌀한, 하지만 가을의 청명함과 봄의 새로운 기운을 풍기는 정말 환상적인 날이다. 형과 신나서 교회를 찾아 향하는 중인데 패트릭에게서 덜컥 문자가 온다. 내용을 보니 그 방 사용자가 한 사람이 늘었으니 수도세 등등 하여 하루에 20파운드(원화 약 4만 원)를 더 내라는 것이었다.

'이게 뭐야, 내 방을 같이 쓰는 건데 무슨 추가요금? 게다가 무슨 수도세가 하루에 4만 원이나 해? 나를 뭐 봉으로 아는 거야?'

황당했다. 아무리 이해하려 노력해도 어이가 없었다. 그렇지 않은가? 무슨 추가요금이 하루에 4만 원이냔 말이다. 그래도 화장실 사용 등등 해서 조금 더 내는 게 맞겠다 싶어서 '세금이 더 나오는 것은 이해가 가지만, 하루에 20파운드는 아닌 것 같다. 그러니 깎자'라고 답문자를 보냈다. 그런데 그의 대답은 의외로 완강했다. 절대 그럴 수 없다는 것이었다. 약간 자존심이 상했다. 그리고 그것보다는 더 큰, 뭔가 부당한 대우를 받는 것 같아 기분 나빴다. 그래서 나름 절충해보려 하였지만 급기야 그는 받아들이지 않을 거면 당장 방을 빼라는 최후통첩의 문자를 보내왔다.

'아니 이 자식이 정말! 그런데 당장 방을 빼면 어디로 가지? 게다가 미리 낸 월세와 보증금은 어떡하고?'

화가 나는 동시에 이런 걱정이 꼬리에 꼬리를 문다.

'아! 서러운 외국인의 신세. 악덕 집주인은 런던에도 있었구나!'

이런 임대차문제에 있어서 많은 경우 세입자가 불리한 상황에 놓인

다. 관련된 영국법률을 모르는 나로서는 더더욱 그렇다. 서울에서 10년 동안 자취생활하면서 종종 겪었던 일을 런던에서도 겪게 될 줄은 몰랐다. 패트릭과 다시 얘기해볼 생각을 하며 복잡하고 착잡한 심경으로 집에 들어왔다. 그런데 그는 그날도, 그다음 날도 집에 들어오지 않았다. 나중에 얘기를 들으니 나랑 싸운 게 불편해서 친구 집에 가서 잤단다. 그럴 거면 처음부터 부드럽게 나올 것이지.

패트릭에게 사정을 전해들은 조세핀이 중재자로 나섰다. 깜깜한 밤, 시원한 바람이 불어오는 템스 강변을 걸으며 나는 마치 큰누나에게 하는 것처럼 조세핀에게 답답한 심정을 토로했다. 이런 내 마음을 들어줄 사람이 있다는 사실만으로도 위로가 된다. 왜 의뢰인들이 변호사에게 와서 구구절절 사정을 늘어놓는지 이해가 가는 시간이었다. 그녀는 내 이야기를 듣고 패트릭의 입장을 설명해 주었다. 첫째, 윤선 형은 패트릭의 친구가 아니라 나의 친구이며 나에게 방을 빌려준 것이지 그에게까지 방을 쓰도록 허락한 것이 아니라는 것. 둘째, 집값이 비싼 런던에서 이런 경우 그 정도의 금액을 추가 부담하는 것은 부당하지 않다는

   사법연수생, 영국문화에 빠지다

것. 그리고 마지막으로 그는 전체 렌트비로 한 달에 1,000파운드(원화로 약 200만 원)를 내는데 큰 방을 쓰는 내가 내는 돈이 400파운드 정도이기에 저렴하다는 것 등등. 그녀가 철저한 유럽식 합리성을 바탕으로 설명하는 사정을 들으며 나는 다시금 이 문제를 곰곰이 생각해 보기로 했다.

'그가 아파트 전체의 렌트비로 많은 비용을 지불한다는 것은 그렇다고 치자. 그렇지만 그와 별개의 문제로 나는 그 방 전체를 정당히 돈을 지불하고 빌린 것이고 그렇다면 혼자 쓰건 둘이 쓰건 내 자유가 아닌가?

이 문제를 그와 나의 개인적인 차이로 보고 넘어갈 것인지, 아니면 영국인과 한국인의 사고방식의 차이로 볼 수 있는지, 아니면 이에서 더 확대하여 동양과 서양의 사고방식의 차이로 이해할 수 있는지는 좀 더 고민해 봐야 했다. 일단 런던에 살고 있는 조세핀이 패트릭의 주장이 억지가 아니라고 했으니 이것은 개인적인 차원의 문제만은 아니라고 봐야 했다. 그렇다면 동양과 서양의 차이라고 봐야 하는 것일까? 아마 내가 독립된 집 한 채를 빌렸다면 상황이 조금 달랐을 수도 있을 것이다. 그러나 패트릭과 집을 나눠 쓰는 상황이었으므로 그의 입장에서는 계약을 맺지 않은 사람이 허락 없이 자기 집에 들어온다고 생각했을 것이다. 하지만 내 입장에서 당연하고, 또 중요했던 것은 윤선 형이 그와 계약을 맺지 않은 사실이 아니라 친구로서 내 방을 같이 나눠 쓸 권리가 있다는 것이었다.

서양에서 발달한 개인주의적 사고방식은 독립된 한 개체로서의 나를 인식하는 것을 중요하게 생각한다. 이것은 사물을 볼 때도 전체적인 연관을 살피기보다는 우선적으로 좁고 깊게 분석하는 방식으로 이어진다. 그렇지만 동양적인 사고는 이에 비해서 전체 속에서 차지하는 위치에서 나를 파악한다. 그래서 가정에서는 아버지와 남편으로서의 정체성이 중요하게 되고 사회에서도 내 개인의 생각보다는 전체의 분위기나 뜻이 더 중요하게 된다.

보통 우리는 쉽게 동양적 사고는 정에 얽매이고 서양은 합리적으로 잘 따진다고 생각한다. 이 사고에는 알게 모르게 서양이 더 우월하다는 전제가 깔려 있을 때가 많다. 그렇지만 서양과 동양의 사고방식의 차이는 우월의 문제가 아니라 선후의 문제이다. 부분을 깊게 보기 전에 전체를 둘러보고 파악하는 가운데 부분을 찾아들어가는 것이 더 먼저이지 않을까?

지금의 상황을 차분히 다시 생각해보면, 방 전체를 빌렸으므로 누구와도 같이 사용할 수 있다는 내 주장과 계약을 한 사람만 써야 한다는 그의 주장 중 어느 하나가 절대적으로 옳진 않은 것 같다. 다만 난 패트릭이 무슨 이유에서인지 몰라도 성급했다고 지금도 생각한다. 왜냐하면 난 얼마든지 대화할 준비가 되어 있었고, 추가요금을 지불할 용의도 있었다. 전체적인 내 사정과 생각을 마음을 열고 듣는 자세가 그에게는 없었고, 자신의 생각을 이야기한다고 했지만 일방적인 주장뿐이었다.

개인과 개인뿐만 아니라 국가 간, 그리고 문명 간의 충돌의 구체적인 지점에는 법의 문제가 있고 더 깊이에는 가치관의 충돌이 존재한다. 과거 왕의 독단을 막기 위해 법치주의가 필요했다면 이젠 더 넓은 차원의 법치주의가 필요한 시대가 오고 있다. 서양의 패권이 동양으로 이동하고 있는, 그래서 어느 곳도 일방적인 우월성을 지니지 못하는 지각변동의 시대가 지금이다. 이런 때에 충돌이 발생한다면, 그리고 서로 간에 일방적인 주장만 한다면 결국 힘센 자가 지배하는 폭력의 시대가 되고 말 것이다. 그런 길이 아니라 그 가치관의 충돌을 긍정적으로 승화시켜 보다 깊은 차원의 법을 열어갈 수 있다면 우리는 진정으로 진보할 수 있지 않을까? 그 다른 차원의 법은 나에게는 아직 미지의 영역이다. 이것이 내가 살아가야 할 세계, 그리고 찾아가야 할 법法일 것이다.

후에 패트릭은 조세핀의 중재 때문인지 아니면 자신이 좀 심했다고

   사법연수생, 영국문화에 빠지다

생각해서인지 '나가라'고 한 말을 철회하고 원래의 조건대로 계속 머물러도 좋다고 했다. 하지만 나는 그 집에서 이미 마음이 떠난 상태였다. 당장 집을 새로 알아보는 것은 쉽지 않았지만, 어딘가에 내가 머물 곳이 있으리라 확신했다. 아니나 다를까 런던 서북부에 있는 '골더스 그린Golders Green'이란 곳에서 새로운 입주자를 애타게 기다린다는 소식을 듣게 되었다. 패트릭의 아파트보다는 훨씬 낡았지만, 난 다시 짐을 꾸렸다. 그리고 나를 반겨준 이 새로운 보금자리에서 여러 이웃들과 함께 원래 기대했던 영국생활을 경험할 수 있었다. 런던에서 세 들어 사는 법을 묻는다면? 글쎄, 아마 그 비결은 언제든 짐을 싸서 떠날 수 있는 여행자의 마음가짐을 갖는 것 정도가 아닐까?

런던 골더스 그린 마을 전입신고

"오늘은 사무실을 일찍 나와서 시내를 조금 걷다가, 크게 인심 써서 무려 2파운드짜리 소프트아이스크림을 먹으며 트래펄가 광장(Trafalgar Square)으로 향했어. 광장 한쪽에 있는 성 마틴 교회(St. Martin in the Field Church)에 가서 저녁에 있는 음악회 티켓을 무려 14파운드에 구입한 후에 옆에 있는 국립미술관(National Gallery)에 갔지. 고흐, 쇠라, 르누아르 등 익숙한 화가들의 다양한 그림들이 전부 공짜! 호홋. 정말 느린 마음으로 천천히 그림을 보고 의자에 앉아서 졸기도 하다가 저녁을 먹으러 나와서 근처 식당에서 뭘 시켰는데 이건 실패야. 입에 안 맞아! 에고 돈 아까워라. 저녁 7시 30분에 시작하는 음악회는 바로크음악 중 헨델, 바흐 그리고 모차르트와 비발디를 적절히 섞은 레퍼토리를 실내악 규모로 연주하는 거였는데, 첫 곡이 헨델의 '시바 여왕의 도착'이었지. 정말 환상적이었어. 오전까지 내가 영국에 왜 와 있을까 투덜대며 외로워하던 마음을 말끔히 가시게 하는 그런 음악이었지. 14파운드라 해야 이만오천 원 정도인데 무대 옆자리에 앉아 지휘자가 지휘하는 모습을 보는데 그 표현이 어찌나 자유롭고 풍부해보이던지……. 더구나 내가 아는 헨델 곡 중에서 상상력을 제일 자극하는 그 첫 곡은, 촛불 아래 비치는 바이올린 연주자의 선명한 얼굴과 함께 쳄발로는 가볍게, 그리고 콘트라베이스는 중후하게 내 마음을 울려댔지."

성 마틴 교회의 클래식 콘서트에 참가하고 난 뒤 페이스북에 올렸던 글을 꺼내 다시 보니 그때의 감동이 나에게 살아오는 것 같다.

골더스 그린에 숙소를 잡고 나서 처음 맞는 주일.

'어떤 교회를 가야 하나?' 한참을 고민하다가 무작정 집을 나서서 버스를 잡아탔다. 내심 시내의 유명하고 큰 교회가 아닌 지역에 자리 잡은 교회를 찾아갈 심산이었다. 시내의 교회에서 맛볼 수 없는 런던의 지역적인 정서와 주민들의 삶을 잠시 동안이나마 함께 해 보고 싶었기 때문이다. 그렇게 서너 정거장쯤 갔을까? 창밖으로 언뜻 교회 표지판이 훌쩍 지나간다. 벌떡 일어나 다음 정거장에서 내려서 찾아간 곳이 성 누가 교회St. Luke Church였다.

교회 문을 열고 들어가는 데는 자그만 용기가 필요했다. 첫 대면이 주는 낯섦, 영어에 대한 불안 같은 것들 때문에 잠깐 주저하게 되었던 것인데, 그런 불안도 잠시일 뿐 그곳 사람들은 낯선 이방인을 따뜻하게 맞아주었다. 커다란 석조건물 안으로 보이는 파이프오르간과 오래된 나무의자는 여느 교회와 다름없어 보인다. 약간 어색한 마음으로 앉아 있는 나에게 먼저 다가와 준 맷Matt과 메리Mary는 참 잘 어울리는 부부였다. 이 부부 외에도 맨체스터와 바르셀로나의 챔피언스리그 결승 전날 자신의 집에서 연 파티에 초대해 준 팀Tim과 영국인답지 않게 활발했던 톰Tom을 비롯한 교회식구들과 처음 만날 수 있었다. 그렇게 나는 골더스 그린의 지역공동체에 툭하고 첫발을 내딛게 되었다.

예배의 처음 순서는 조잘거리는 아이들을 앞에 앉혀두고 과장된 몸짓으로 성경을 설명하는 익살스러운 선생님의 메시지로 시작한다. 난 혹시나 그 선생님이 나에게 뭔가를 시키지 않을까 하는 두려움을 느끼면서도(그분은 가끔씩 청중에게 뭔가를 요구하곤 했다) 쉽고 재미있는 설명에 귀를 기울이곤 했다. 그다음에 이어지는 목사님의 메시지는 성경 자체에 집중하면서도 짧고 간결했으며 사람들과의 어울림에는 격의가 없었다.

"안녕하세요!"

"안녕하세요. 제 이름은 경태고요, 한국에서 잠시 파견 나왔어요."

"네, 반가워요. 그럼 이 근처에서 지내나요?"

"핀칠리 로드에 있는 플랏Flat에 있어요."

"환영합니다. 모임은 열려 있으니 여기 있는 동안 자유롭게 참석하세요."

과도한 관심은 없었지만, 교회는 나를 일원으로 받아주었고 식사에 초대해 주었다. 나는 한 청년 그룹에 속했고 우리는 성경에 대해 자유로이 토론했다. 특히 기억에 남는 영국청년은 맷이었는데 약간 웨인 루니를 닮은, 그렇지만 수줍어하며 직설적으로 말하지 않는 버릇이 있는 친구였다. 고맙게도 그는 내가 과감하게 한국식 저녁을 대접하기로 한 날 주방의 보조가 되어주었다.

두 시간 정도 지지고 볶고 했을까?

"와, 맛있겠는데!"

고맙게도 역시나 표현에 있어 영국인답지 않은 톰이 호들갑을 떨며 환호성을 질러주었다. 가끔씩 친구들은 그런 그를 보고 "너무 심하다too much Tom, too much Tom"며 말리곤 했지만, 사실 그러면서도 그들은 내심으로는 그런 그의 활달한 모습을 좋아하는 것 같았다.

쉽게 친구가 되고 어울리는 미국 사람들이나 남부유럽 사람들과는 달리 영국 사람들은 절제된 표현을 선호하며, 관계 또한 오랫동안 천천히 발전시킨다고 한다. 좋게 말하면 그렇고 나쁘게 말하면 의심이 많다고 해야 할까? 그러기에 유럽연합의 주요 국가이면서도 유로화Euro를 쓰지 않으며, 항시 대륙을 향해 의심스러운 눈초리를 거두지 않는다. 아마 이런 성향이 경험론을 발달시킨 토양이 되었을 것이다. 확증할 수 없는 거대한 논리, 절대적인 명제를 세우기보다는 하나하나 경험해가면서 받아가는 것을 선호하는 것이다. 그렇기에 영국에서 파시즘이나 사회주의혁명 같은 극단주의가 발붙일 수 없었는지 모른다. 대륙과는 떨어진 섬나라로서 가진 지역적 특성(나쁘게 표현하면 섬놈 기질, 해적 기질이라 부를 수 있다)과 과격한 변화보다 전통을 존중하며 오랜 시간을 두고 차근차근 바꿔나가는 역사적 성향과 같은 맥락에서 이해할 수 있을 법하다.

그렇지만 사람이 어디 그렇기만 하랴! 가끔씩은 일탈도 하고 싶고, 과장되게 자신을 표현하고 싶을 때가 있을 것인데 평소 그런 것이 익숙하지 않으니 축구의 힘을 빌려서 그렇게 열광해보는 것이 아닌가 싶다. 그때 힘을 발휘하는 악명 높은 그 훌리건 말이다.

"자, 제가 지금부터 한국요리에 대해서 설명해 드리겠어요. 거기 학생, 먼저 집어먹지 말고 주목해주세요. 이것은 하얀 김치이고, 옆의 것은 된장이라는 소스에 버무린 깻잎김치이고 마지막으로 빨간 것은 가장 전형적인 김치인 배추김치랍니다."

사실 이렇게 김치를 준비하면서 그들이 잘 먹을 수 있을까 내심 염려스러웠는데, 백김치는 물론 만두에 된장을 찍어먹으며 특이한 맛이라고 좋아했다. 그래도 마늘은 잘 먹지 못할 것이라는 나의 선입견을 "나 마늘 좋아해"라는 말로 뒤집으며, 빨간 김치를 집어먹는 모습을 보여줌으로써 나는 우리 김치의 국제적 위상을 몸소 확인할 수 있었다.

메인메뉴였던 불고기와 상추쌈을 거쳐 팀이 가져온 푸딩으로 마무리하며 화기애애한 저녁식사를 끝낼 수 있었다. 요리 솜씨는 별로였지만 아마도 일본이나 중국, 태국과 인도 등 세계 여러 나라의 음식이 워

  사법연수생, 영국문화에 빠지다

낙 보편화된 런던인 데다가, 이것저것 애쓰며 한국음식을 대접하려는 내 열성을 잘 봐주었기에 성공리에 끝났다고 생각한다.

하지만 모두들 떠나가고 이런 왁자지껄한 시간들이 지나면 결국 나 혼자 남게 된다. 가끔은 그런 시간을 못 견뎌 유튜브로 한국 쇼프로를 아무 생각 없이 보기도 했지만, 사실 내가 외로움을 견디고 지탱해나갈 수 있었던 것은 그런 시간들보다 아침이나 주말에 조용히 나 자신을 스스로 돌아보는 시간을 통해서였다. 사랑스러운 영국의 공원에서 주말 오전에 차와 빵을 시켜놓고 가만히 책을 보거나 아이들을 안고 공원에 찾아온 지역주민들의 모습을 바라보는 것, 그리고 창문으로 쏟아지는 눈부신 햇살을 느끼며 한 주일의 삶을 돌아보는 조용한 시간을 통해서 나는 다시 새롭게 일어설 힘을 얻곤 하였다.

'런던이 지겨워진 사람은 인생이 지겨워진 사람이다'라고 한다지만 나는 이렇게 말하고 싶다. '홀로 외로움과 마주서지 않는 사람은 세상 어느 곳이라 할지라도 지겨워질 수밖에 없다고……'

영국여인에게는 특별한 매력이 있다?

"우와, 예쁘다!

그런데 사실 그녀를 처음 보고 느낀 감정은 이렇게 간단히, 식상하게 표현될 성질의 것은 물론 아니었다. 약간 과장한다면 회색빛으로 죽어가는 식물이 갑자기 생기를 받아서 확 피어나듯 솟아난 것이었다고 묘사할 수는 있겠다. 약간 수줍은 듯한 밝은 미소, 발그레한 뺨 속에 보이는 따뜻함과 그 속에 녹아들어 있는 당당함까지! 이런, 그녀의 목소리가 마치 아침의 새가 지저귀는 것처럼 들린다. 갑자기 영국에 너무 잘 왔다는 행복감이 폐부 깊이 차오른다.

　그녀는 킹스칼리지King's College에서 우연찮게 만나서 대화를 하게 된 영국여인이다. 사생활 보호상 이름은 밝힐 수 없지만 이름마저도 참 마음에 들었었다. 뭔가 로맨틱한 진행과정을 기대하는 독자 분들께는 죄송하지만, 아쉽게도 결말은 싱겁다. 같이 차 한잔을 하자는 나의 용감무쌍한 제안(정말 눈이 돌아가야 나올 수 있을 법한 용기다)에 그녀는 친구와 선약이 있다며 난처한 표정을 지었다. 그러나 약속을 연기할 수 있을지 알아보겠다며 친구에게 전화를 걸 때, 내 마음엔 한 줄기 희망의 빛이 비추는 듯했으나 안 되겠다며 그녀가 전화를 끊고 얘기할 때 결국 좌절하고 말았다. 이름과 이메일을 나누고 "bye bye!" 할 수밖에……. 이렇게 영국에서의 나의 유일무이한 분홍빛 에피소드의 가능성은 꽃도 피워보지 못한 채 끝나고 말았다.

　고백하자면 사실 한국을 떠나기 전에 '영국여인은 한국의 여인들과는 어떤 면에서 다를까'라는 궁금증과 더불어 혹시 나의 짝이 영국에 있지 않을까 하는 막연한 기대도 살짝 하고 있었다. 비록 그 막연한 기대는 연기처럼 날아갔지만, 여행기간 내내 남성과 여성에 대한 자세에 있어서 동양과 서양의 그 문화적 차이점만은 확실히 체감할 수 있었다.

　　　　　　　　　　　　　사법연수생, 영국문화에 빠지다

우선 신기했던 것은 길거리에서 순찰 도는 한 쌍의 경찰 중 한 명은 거의 여성이라는 점이었다. 어떤 정책적인 고려가 있는지 모르겠지만 힘들고 험한 일에 있어서 남녀의 구분을 두지 않는 태도를 엿볼 수 있었다. 패션의 거리 런던이지만 루이뷔통을 메고 다니는 영국여성은 거의 보지 못했고, 그나마 메고 다니는 사람 중에서도 절반 이상은 아시아계였다. 명품에 매이지 않고 자신만의 독특한 스타일을 연출할 줄 아는 멋스러움이 있었다. 그리고 살이 찐 모습을 가감 없이 드러내며 외양에 대해서 신경 쓰지 않는 자유로움과 (그래서 한국여성이 영국에 가면 대부분 살이 찐다고 한다. 주위에서 뭐라는 사람이 없으니 마음 놓고 먹어서 그렇다는데 그리고 보면 외양적으로 규정된 여성성의 잣대에서 벗어난 해방이 그 속엔 있는지도 모르겠다) 낯선 여행자가 불쑥 던지는 질문에 대해서도 따뜻하게 답할 줄 아는 여성적 배려심까지…….

한번은 점심을 해결하기 위해서 사무실 근처 펍^{pub}에 갔다. 음식을 주문하느라 카운터에 갔는데 키가 조그마한 여종업원이 허리에 손을 올린 채 고개를 살짝 치켜들고—우리의 관점에서는 거만하게 보일 수 있는 태도로— 그 독특한 영국식 억양으로 주문을 받는 것이 아닌가!

"감자를 어떻게 튀겨드릴까요?"

순간 "맛있게 해주세요!"라고 농담을 하려다가 그냥 칩^{chips}으로 달라고 말한 뒤 자리에 앉았다. 정말 앙증맞을 정도로 사랑스러운 당당함과 자신감이었다. 이게 도대체 어디서 나오는 것일까?

한국에도 물론 당당하게 자신의 삶을 개척하고 사는 여성들이 많이 있다. 그런데 많은 수의 한국남성들은 은연중에 여성들이 독립적이 아니라 자신에게 기대어 수동적으로 사는 모습을 바라는 것 같다. 조신하고 순종적인 여성상 말이다. 남자는 그런 순응적인 여성을 원하고 여성 또한 그런 목표로 자신의 모습을 꾸준히 연출하여 남녀가 마치 칡넝쿨

얽히듯이 사는 것이 혹시 우리 사회, 남녀관계의 자화상이 아니었을까?

사람은 다른 사람과 도움을 주고받으며 관계를 이루어간다. 그렇지만 이것은 남성과 여성이 성에 대한 구별 이전에 각각 하나의 독특하고 유일무이한 존재로서 자신을 의식하고 설 때에 정상적으로 이루어질 수 있다. 남녀관계도, 가족도, 사회도 어떻게 하면 서로가 집착하지 않으면서 진정한 관계를 이루어갈 수 있을까? 우리는 누구나 아버지와 어머니 사이에서 태어난다. 가족의 울타리에서 부부간의 관계, 그리고 부모와의 관계 맺음이 무엇인지 먼저 경험하면서 다른 사람과 관계 맺는 법 또한 배워나간다. 무수한 예를 통해서 알 수 있듯이 부모와 자녀와의 관계는 정상적일 수도 있지만, 반대로 완전히 왜곡될 수도 있다. 어려서 어머니의 사랑을 충분히 받지 못한 남자의 경우 여자에게 지나치게 집착한다든지 하는 것 말이다. 그렇다면 이제 가족의 울타리를 벗어나 홀로 서서 독립적인 관계를 맺어야 할 때, 무엇이 필요할까? 가장 중요한 것은 사람들 사이의 관계를 넘어서는 근본적인 관계 맺음이 있다는 점을 깨닫는 것이 아닐까? 관계 이전의 유일무이한 '나'에 대한 근본적인 자각과 영적인 아버지, 아빠와의 만남이 바로 그것이다. 그 궁극적인 아버지와의 관계가 제대로 된다면 다른 사람들과의 관계도 정상적으로 맺어 나갈 수 있는 것이 아닐까?

런던의 보행자우선주의—무질서 속에 규칙

내가 집을 구한 골더스 그린에서 KOTRA 사무실이 있는 차링크로스Charing Cross 역까지는 지하철로 대략 한 시간 정도 걸렸다. 지하철은 '튜브tube'라 부르는데 원을 반으로 쪼갠 모양이고, 우리 것보다는 좁고 작다. 그리고 주말이면 몇몇 노선들은 정비를 한답시고 운행을 하지 않아서 밖으로 나

   사법연수생, 영국문화에 빠지다

와 버스를 타야 했다. 교통비는 어찌나 비싸던지 런던에 있는 동안 일주일에 7만 원 이상을 대중교통비로 지출한 것 같다. 하지만 도시의 규모가 서울보다 작아서인지 지하철은 덜 붐볐으며 좁고, 깔끔하지는 않았지만 크게 불편하지는 않았다. 아니 오히려 서울의 지하철을 타는 것보다 맘이 더 편했다. 사실 내가 런던에 체류한 기간이 두 달 정도라 더 오래 살게 되면 어떨지는 모르겠지만 일단 내가 런던 지하철에 손을 들어주게 되는 이유는 이렇다.

우선은 다양한 인종의 사람들을 구경할 수 있다는 점이다. 인도 사람, 아프리카계 사람, 동남아와 한·중·일을 비롯하여 남미, 동유럽…… 아마 이렇게 다양한 인종을 동시에 볼 수 있는 지하철은 유럽 중에서도 런던 말고는 없으리라. 가만히 앉아서 여기저기서 들려오는 다른 나라 말을 듣고 있는 것도 나름 흥미가 있다.

그렇지만 가만히 생각해보면 내가 런던의 지하철을 그리워하는 것은 다양한 인종구성이 주는 흥미로움도, 좁은 공간을 커다랗게 쨍쨍 울려대는 지하도의 악사들 때문도 아니다. 그것은 아주 사소한 것인데, 지하철이 멈춰 서면 내리는 사람이 다 내리기까지 타는 사람이 인내심 있게 기다리고, 서로 배려하면서 타는 무언의 규칙 혹은 상식common sense 때문이다. 한국에서처럼 내릴 사람은 생각하지도 않고 후다닥 비집고 들어오는 사람들이 없다는 것이 이렇게 행복한 일인 줄은 몰랐다.

그렇다고 이 사람들이 상대하기 만만하다는 의미는 아니다. 슈퍼마켓에서는 동전 하나하나까지 세가며 점원과 따지는 점잖게 생긴 할아버지들을 심심찮게 볼 수 있다. 그런데 이 때문에 계산 시간이 지연되어도 어떤 사람도 불평하지 않는다. '정확하게 따지는 것'과 '느긋하게 기다리는 것'이 묘하게 공존한다. 이런 규칙은 건물을 들어오고 나갈 때 뒷사람을 배려해서 문을 잡아두고 있는 것까지 이어진다. 이런 소소한 마음의 배려가 외적 시설의 투자비로 몇 십억 원씩을 쓰는 것보다 런던을 더 매력적으로 만든다니 놀랍지 않은가!

이렇게 지하철을 타고 밖으로 나와서 사무실까지 가는 데는 걸어서 15분 정도가 걸린다. 지하철입구에서 무가지를 나눠주는 모습이나 바쁘게 출근하는 샐러리맨들의 모습, 그리고 테스코^{Tesco} 같은 편의점에서 간단히 아침 먹을거리를 사는 풍경은 런던이라고 특별하진 않다.

런던을 특별하게 만드는 것은 좁은 도로와 그 위를 달리는 빨간 이층버스(우리 같으면 도로를 넓힐 법도 한데 이 사람들은 버스를 이층으로 만들었다. 덕분에 높은 전망에서 가끔은 버스운전자의 곡예수준의 주행을 즐길 수 있다), 그리고 단연 자전거다. 신호를 대기하고 있는 빨간 이층버스 앞으로 형광색 보호복과 헬멧으로 무장한 자전거들이 줄줄이 서 있는 모습을 보노라면 경이롭기까지 하다.

런던에서 자전거는 보도블록 위를 달릴 수 없다. 한번은 런던에서 자전거를 렌트해서 비오는 날 차들과 함께 차도를 달리게 되었다. 차들은 빠르지 않았고 조심스러웠다. 경적소리도 들리지 않았으며, 물에 흠뻑 젖은 생쥐꼴로 자전거를 타는 나를 이상하게 보는 사람들도 없었다. 직접 체험해 본 결과 자전거가 런던의 주요한 교통수단의 하나로 자리 잡게 된 여러 원인들에 대해 전적으로 수긍할 수 있었다. 거기에는 악! 소리 나게 비싼 교통요금과 환경에 대한 관심, 굳이 자기 차에 집착하지 않고 소박한 삶을 살아가는 문화 등이 있지만 무엇보다도 자전거와 도로를 공유한다는 의식을 키워나간 문화의 저력이 숨어 있었다.

그런데 이런 성숙한 시민의식만으로 이해할 수 없는 역설적으로 재미있는 현상이 하나 있다. 그것은 보행자들이 교통신호등을 잘 안 지킨다는 것이다. 횡단보도를 건널 때 파란불은 당연히 건너고, 빨간불일 때라도 차가 안 오면 얼른 건너는 것이다. 처음엔 어찌나 당황스럽던지 한국에서 모범적인 시민으로, 예비 법조인으로서 법 없이도 살(?) 나의 눈에는 더욱 그러했다. 물론 한 달 정도 지나 재빠르게 적응해서 당연하다는 듯이 건

Lillywhites
PUBLIC UNDERGROUND SUBWAY
↓ Bakerloo line
↓ Piccadilly line
↓ Travel information
1 Million

너게 되었지만 말이다(이 습관 때문에 독일에서 차에 치일 뻔했다. 유럽이라고 다 같은 게 아니다. 교통신호체계도 오른쪽 왼쪽이 다르기도 하고).

대체 이 현상을 어떻게 이해할 수 있을까? 전통적이고, 고집스러우며, 부끄러움을 잘 타면서 무뚝뚝한, 이 모범적이고 선량한 시민들이 아프리카의 하이에나처럼 변하여 이 빨간불, 파란불 규칙은 왜 안 지키는 것일까? 우리 옆에 있는 섬나라에서는 원자력 발전소가 터진 상황에서도 줄을 섰다는데 말이다. 혹시 이 원인은 규범을 바라보는 이들의 시각에서 찾을 수 있지 않을까?

서구법 전통을 크게 나누면 영미법 혹은 관습법common law의 전통과 로마에서 유래한 대륙법의 전통으로 나눌 수 있다. 양자는 여러 가지로 다르지만 핵심적인 차이는 이렇다. 대륙법의 경우 어떤 보편적인 원리가 있다고 가정하고, 체계를 세워나간다. 그렇기 때문에 법은 제정하는 것이라 생각하고 삼단논법을 이용해 현실에 적용한다. 그러기 위해 고도로 훈련된 전문 법률가가 필요하다는 것이 대륙법이 가진 기본생각이다. 이에 반해서 경험주의에 기초한 관습법의 전통은 어떤 보편적인 원리를 가정하지 않는다. 그것은 인간이 파악할 수 없는 문제이며 현실적으로 중요한 것은 경험된 것이라고 본다. 즉, 법은 제정하는 것이 아니라 경험의 축적에 의해 자라나는 것이며 사람을 제일 잘 판단할 수 있는 것은 경험을 공유하는 같은 공동체의 이웃이라고 본다.

이런 경험주의에 바탕을 둔 법 전통에 의해서라면 신호등의 색깔에 따라 움직여야 한다는 법리보다 현실적인 필요, 즉 '빨간불이라도 차가 없으면 잘 판단해 건너면 된다'라는 경험에 합의한 공동체 구성원들이 형성해가는 상식, 규칙이 더 중요하게 여겨진다. 마치 '내가 신호등보다 못할 게 무어냐. 나는 찻길 위에서 아주 정상적이고 합리적인 판단을 할 줄 안단 말이야. 그러니까 언제 바뀔지 모르는 신호등을 멍청하게 기다리고 서 있을 필요가 없어!' 라고 말하고 있는 것 같았다. 아마 여기에는 긍정적으로 발달한 개인주의적인 요소도 포함되어 있을 것이다. 그렇게 본다면 런던 시민들이 만들어낸 신호등 규칙을 좀 더 쉽게 이해할 수 있다. 즉, 실정법보다는 관습법이 앞서는 상황인 것이다. 물론 이 규칙은 아이와 함께 가고 있을 때는 해당되지 않는다. 그리고 행인에게만 적용되며 차들은 절대 신호등을 어기지 않는다. 심지어 차들이 정당하게 갈 수 있는 파란불에서조차 혹시 사람이 건너지 않을까 조심조심하는 모습을 볼 수 있기도 하다. 그래서 교통규칙 속의 무질서, 나아가 무질서 속에 규칙이 있다는 것이다.

이것이 중국과도 그리고 일본과도 다른 점이다. 빨간불 파란불 규칙은 동일하게 존재하지만 베이징에서는 파란불에 건널 때도 안심할 수 없다. 차들이 마구 치고 들어오기 때문이다. 물론 사람들도 빨간불에 길을 건넌다. 서로가 상대의 영역을 마구 넘나든다. 적어도 내가 보기에 이건 그냥 무질서다. 법은 저 어딘가에 붕 떠 있고, 실제생활에서 통용되는 그들만의 논리가 있을 뿐이다. 그래서 외국인에게 중국은 어렵다. 반면에 일본은 말 그대로 칼이다. 아무도 보는 사람도 없고 건너는 사람도 없을지라도 한밤중의 신호등까지 지킨다. 준법정신이 투철한 모범적인 시민이라 감탄할 수도 있지만, 어떻게 보면 꼼짝 못하고 규칙에 옭아매어 있는 것처럼 느껴진다. 정부가 한 말이라면 콩으로 메주를 쑨다 해도 안 믿는 우리나라와 달리 일본은 정부의 방침에 군말 없이 복종한다. 메이지유신 이전 자신의 말을 듣지 않는 양민을 가차 없이 칼로 베어버리는 사무라이의 문화, 혹은 신도나 천황숭배의 영향 때문이 아닐까? 정당한 개인주의도 없고 용서도 없는 칼의 문화 속에서 일본인들은 '속내'와는 다른 반듯한 행동을 강요받고 있는지도 모르겠다. 그러니 그 속에서 스트레스가 오죽 하겠는가.

영국의 저명한 법철학자인 하트[H. L. A. Hart]는 법이란 공동체 구성원의 어떤 합의를 통과한 규범이라 했는데 어쩌면 이것이 영국인이 법에 대해 가지고 있는 인식을 정확하게 표현한 것이라는 생각이 든다. 그리고 이것이 대륙과 구별되는 영국의 특성 중 하나이다. 영국이 홍콩을 지배할 당시 초대 총독이었던 찰스 엘리엇Charles Eliot의 법령 제1호는 이렇게 시작한다. "홍콩과 중국의 주민들은 고문torture에 관한 것을 제외하고 중국의 법과 관습에 의하여 다스려져야 한다." 그러나 독일법을 받아들인 일본의 경우는 식민지인 한국을 경영함에 있어서 영국의 경우와는 달랐다. 우리의 법적 제도나 전통이 어떤지는 전혀 고려대상이 아니었고, 단지 그들의 법을 우리에게 강요할 따름이었으며 사실 이마저도 형평성 있게 적용하지 않았다. 법에 대한 이런 근본 인식의 차이가 같은 상황에서도 식민지배의 방식을 달리하는 차이점을 낳았다고도 평가할 수 있지 않을까?

물론 독일과 일본은 또 다르다(같다고 하면 독일 사람들이 무지 화낼 것이다. 그것은 이 책의 다른 부분에서 살피기로 하자). 일본을 이해하려면 섬나라, 칼의 문화, 동양적 전통 등의 키워드를 이해해야 한다.

다시 런던의 교통현실로 돌아와 보면, 이층버스와 자전거는 여전히 좁은 도로에서 아슬아슬하게 비켜 지나가고 있으며 지하철은 낡고 요금은 비싸다. 그렇지만 런던이 매력적이라고 결론지을 수 있는 것은 그속의 소소한 배려들과 강제하지 않아도 스스로 규칙들을 만들어가는 시민정신의 힘을 엿볼 수 있기 때문이리라.

영국의 횡단보도

   사법연수생, 영국문화에 빠지다

03

Hey!
살림살이는 좀 나아지셨나요?

난 불법 입국자가 아니라고!

네덜란드에서 여행을 마치고 페리를 타고 런던으로 들어올 때의 일이다. 배 안에서 영국이 가까워져 오는 것을 보고 있노라니 집에 돌아오는 것 같은 기분이 든다. 곳곳에서 들리는 영국식 억양도 정겹게 느껴진다. 스스로도 이런 내가 참 재미있다. 아니 런던에 산 지 얼마나 되었다고! 그런데 영국을 향한 이런 훈훈한 감상에 찬물을 확 끼얹는 사건이 발생했으니…….

히스로 공항에서 입국심사를 통과할 때는 별일이 없었다. 그래서 내 깜냥으로는 지금 입국심사도 별 거 아니겠거니 싶어 줄을 서서 기다리다 직원 앞에 섰다. '이제 조금만 있으면 내 방 침대에 누워 빈둥거릴 수 있겠구나'라는 소박한 희망에 부풀어 천진난만한 아이처럼, 그렇지만 커다란 배낭에 덥수룩한 수염, 피곤에 절은 얼굴로 인사를 건넸다.

"Hi!(자자, 프로답게 어서 끝내자고!)"

"영국에는 웬일이죠?"(이렇게 한국말로 물어봐준다면 얼마나 좋을까!)

"난 한국에서 대한무역진흥공사(KOTRA) 런던 사무실에 파견을 나왔는데, 잠시 다른 나라에 여행 갔다가 다시 돌아가는 길이야."

그러자 그 직원은 의심스러운 눈초리로 위아래로 날 쳐다보며 다시 묻는다.

"그럼 영국에서 일을 하는 거 아냐?(너 취업비자를 받아야 하는 거 아냐?)"

"아니 그게 아니고(히스로 공항에서는 별 문제 없었는데 왜 또 이래?) KOTRA는 한국의 무역진흥을 위한 기관인데 난 여기서 일을 하기보다는 연수를 받는 입장이고, 한국의 대법원에 속한 사법연수원이라는 기관에서 월급을 받는 거지."

난 이 정도면 잘 설명을 했다 싶었는데 직원의 표정은 더 심각해져있다.

"사무실 주소는 뭐야? 런던 어디서 사는데? 집 계약서는 있어?"

"사무실 주소는 어디 보자. 차링크로스의 브레튼하우스 근처이고, 런던에서는 골더스 그린에 사는데, 집 계약서(이 양반이 장난하나? 당신은 여행 다닐 때 계약서 들고 다녀?)는 미안하지만 없는데……."

그러자 그는 누군가를 호출하며 나더러 옆으로 비켜 서 있으라고 한다.

잠시 후 난 두세 명에 둘러싸여 수색을 당했다.

그들은 마치 내가 런던 다우닝 10번지(총리관저)를 자살폭탄테러 하러 왔거나 아니면 이 섬나라를 가라앉혀 버릴 위력이 있는 신종무기가 숨긴 것처럼 내 커다란 배낭을 홀라당 뒤집어 까고는 다이어리를 비롯해, 처박아둬서 꼬리한 냄새가 나는 속옷과 책까지 샅샅이 넘겨가며 살펴본다. 이쯤 돼서 나는 자존심이 무척 상했다. 영국을 집처럼 생각하던 감상은 이미 안드로메다로 날아간 상태, 이미 내 머릿속 신사적인 영국인의 이미지는 해적 같은 영국놈으로 바뀌어가고 있는 중이다. 상기된 표정으로 묻는다.

"대체 왜 이러는 거냐고?"

그러자 점잖은 신사인 체 행세하던 직원이 약간은 미안하다는 듯한 말투로 그리고 조금은 재미있다는 얼굴로 말해준다. 내가 불법으로 취업하러 온 것인지 조사하고 있다는 것이다.

'이것 봐, 나 런던에서 접시 닦기 안 해도 한국에서 충분히 먹고살 만하다고!'

아마 그 당시 내 표정은 이렇게 항변하고 있었을 것이다. 그리고 한참을 나에게 이것저것 캐묻던 파란 눈동자의 새침데기 같은 여직원은 검사를 다했으니 가도 좋다고 한다(평소 때라면 친절하게 답해주었을 개인적인 질문들을 말이다. 여행자는 외로우니까……). 나중에 내가 영국과 관련된 일을 맡게 되면 이 일 꼭 기억하겠다고 그녀에게 쏘아준 뒤 밖을 나섰다. 6월의 밤바람은 아직 차갑고, 드문드문 서 있는 영국인들이 괜스레 미워졌다. 아, 변덕스러운 이 감정이여!

기차역 근처의 카페에서 커피 한잔을 마시며 난 천천히 감정을 추스르러 노력했다. 일단 누가 내 가방을 뒤집고 다이어리를 조사한 것에 기분이 무척 상했고, 마치 나를 불법입국자처럼 보는 것이 화가 났다. 더구나 집처럼 생각하던 영국에 대한 일말의 배신감까지 더해져 더욱 그러했는지 모르겠다. 응대하는 과정에서는 내가 잘못한 것이 없었고, 그 이상으로 나에게 혹시 내려질 불이익한 처분(입국 거절? 헐!)이 그 사람들에게 달려 있는 것이 아니라 보다 높은 뜻에 있다 생각하고 당당하려 노력했다. 하지만 마음 한구석으로는 불안이 스멀스멀 피어올랐음은 부인할 수 없다. 대체 왜 내게 이런 상황이 주어진 걸까? 그냥 재수가 없어서라고 치부해버릴 수도 있지만 그러기엔 너무 화끈한 경험이었다. 그리고 이런 일상을 개인적인 차원에서 되짚어볼 뿐 아니라 영국의 다른 일면을 바라볼 기회로 삼아야 하는 것이 내게 주어진 권리이자 숭고한 의무인 듯했다.

사실 이 사건에 대해서 나 나름대로의 결론을 내릴 수 있었던 것은 시간이 흘러 그들의 경제상황과 다문화주의 정책에 대한 이해를 하고 난 다음이었다. 화려한 제국의 명성을 휘날릴 때는 식민지의 국민들이 자국에서 일하는 것을 얼마든지 넉넉한 마음으로 받아들일 수 있었지만, 명성이 쇠락하고 경제위기를 겪고 나서는, 쉽게 말해서 나 먹고살기도 바빠진 것이다. 유튜브에 올라 한때 화제가 되었던 영상 중에는 지하철에서 영국 여인이 외국인 노동자들에 대한 불만을 큰소리로 터뜨리는 장면이 있었다. 대부분의 사람들은 그 여인에 대해 부정적인 판단을 내렸지만 어쩌면 이것이 보통의 영국 사람들이 가진 속내일지도 모른다는 생각을 한다. 이런 경제적인 상황과 함께 다문화주의사회로서 복잡한 문화적·종교적 갈등을 해소해나가야 하는 것이 영국사회가 맞닥뜨린 현실이다.

그렇지만 변호사이기 전에 나도 사람이다 보니 착잡한 개인감정이 없지는 않다. 그러나 차별대우에 대한 개인적 분노가 조금 잦아들면서 나를 돌아보게 된다. 물론 부당한 것에 대해서 주장하고 싸우고 해야 하는 것은 맞다. 그런데 어쩔 수 없이 오해받는 상황에 처하게 되었을 때 내가 그것을 견뎌나갈 수 있을까? 그런 사람들한테 화내지 않고 묵묵히 보다 높은 뜻을 바라며 갈 수 있을까? 이렇게 작은 일에도 흥분하고 못 참아 하는데?

한국에서라면 아마 이런 일은 없었을 것이다. 사법연수생 혹은 변호사라는 신분만으로 신원이 보장될 뿐 아니라 어느 정도 먹어주고 들어가는 게 현실이니까. 그렇지만 그 표딱지가 나를 구성하는 정체성은 아니라는 것, 말 그대로 딱지에 불과하다는 것과 사법연수원이라는 울타리 안에서 서로 인정해주며 아옹다옹하는 게 얼마나 초라한 일인고!

불쑥 솟아나는 감정에 휘둘리는 것은 이제 좀 그만하고, 오해를 못 참아 하는 개인적 차원의 소심한 분노를 버리는 것은 언제쯤 내게 가능한 것일까? 그리고 돈, 명예라는 눈에 보이는 물질적 가치를 추구하는 내가 눈에 보이지 않는 보다 깊은 차원의 것들을 추구하며 사는 삶을 언제쯤 살 수 있을까?

이런 마음의 호소를 대변하듯 저 멀리서 식식거리며 기차가 들어온다. 이제 런던 집에 갈 시간이다.

제국에서 연방으로―아, 옛날이여!

런던 KOTRA 사무실에 돌아온 뒤의 일이다.

완연한 봄 날씨의 따뜻한 정오 무렵 당시 나를 지도해주시던 부관장님과 식사를 하러 나가면서 길거리를 가득 메우며 행진하고 있는 무리를 보았다. 시위대는 경찰의 적절한 통제를 받으며 평화롭게 걸어가고 있었다.

"교사노조가 시위하는 모양이야, 요즘 재정적자 때문에 복지예산을 삭감하고 있는 추세거든. 교육분야뿐 아니라 의료복지도 이제 예전 같지 않아. 영국이 아직 2008년 금융위기에서 못 벗어나고 있는 거지.”

부관장님께 이런 설명을 들으면서 나는 예전에 입국 시 겪었던 어려움에 대해서 말씀드렸다. 그분은 그게 그럴 만한 것이 지금 영국의 노동시장 상황이 좋지 않기 때문에 일자리를 구하러 불법 입국하는 외국인들을 엄하게 단속하는 형편이라 설명해 주셨다. 옥스퍼드나 케임브리지 출신들도 직업을 못 구해서 아르바이트를 하는 상황이라고…….

“아이고, 영국 할아버지 어쩌다 이렇게 되셨어요?”

“이봐, 젊은 동양친구 나 무시하지 말라고. 지금 여기 저녁 8~9시가 돼도 아직 해가 떠 있지? 내가 한창 때는 밤새도록 해가 중천에 걸려 있었단 말이야.”

“에이, 설마요. 어떻게 해가 밤새도록 떠 있어요?”

“아니 이 사람이 속고만 살았어? 저기 미국부터 말이야 중국, 홍콩, 동남아, 인도, 아프리카 이렇게 쭉 돌다보면 말이지, 지구 저쪽의 영국에서도 낮인데 여기 런던에 와도 낮이란 말이야. 무슨 말인지 알겠어?”

지금도 영국의 할아버지, 할머니들 중에는 과거의 좋았던 시절을 추억하며 사시는 분들이 있을지 모르겠다. 그렇지만 누구에게나 좋았던 시절은 있는 법이다. 더 중요한 것은 바뀐 현실, 지금 현재이다. 무수한 식민지로 세계를 경영하던 화려한 브리타니아에서 경제위기로 허덕이는 지금의 영국에 이르기까지 무슨 일들이 있었던 것일까?

영국의 정식명칭은 그레이트 브리튼과 북아일랜드 연합왕국United Kingdom of Great Britain and Northern Ireland으로서 잉글랜드, 스코틀랜드, 웨일스, 그리고 아일랜드 섬의 1/6을 차지하는 북아일랜드로 구성되어 있다. 그리고 이와 별개로 오스트레일리아, 캐나다, 뉴질랜드 등 예전 영국의 식민지였던 53개의 나라로 구성된 영국연방Commonwealth of Nations이 국제기구로서 존재한다.

     사법연수생, 영국문화에 빠지다

수많은 식민지를 거느리며 세계의 패자로 군림했던 영국은 전성기 때에는 세계 영토의 약 1/4을 차지할 정도였다. 그러나 1867년 캐나다가 자치령으로 승격하고, 그 후 세계대전을 거쳐 식민지 국가들이 차례로 독립하면서 연방체제로 전환하게 되었다. 이런 제국주의 역사의 종료를 경세력 쇠퇴의 한 원인으로 삼을 수 있겠지만 그것은 전체적으로 볼 때 하나의 요인에 불과하다. 식민지 청산의 문제는 비단 영국의 문제만이 아니기 때문이다. 그런 면에서 제1차 세계대전이 일어난 1914년 이후 거의 100여 년이 흐른 지금에서 영국경제를 한눈으로 조망하는 것은 쉽지 않은 일이다.

그럼 이렇게 해보면 어떨까? 일본이 항복한 1945년 8월 15일 이후의 유럽을 상상해보는 것이다. 폴 존슨은 그의 책 『모던 타임스modern times』에서 전후의 유럽을 '폭발이 끝난 화산'이라고 묘사한 바 있다. 사방에서 재가 날리고, 군데군데 불이 붙어 있으며, 연기가 피식거리는 속에서의 절망과 무력감. 이런 상황에서 출발하게 된 유럽의 각 국가들과 영국을 비교해보는 것이다. 전후 영국이 다른 유럽국가들에 비해 상대적으로 우월한 위치에서 출발한 것은 분명하다. 그렇지만 그 이후는 어떨까? 1950년 영국의 일인당 GNP는 940달러였고, 20년 뒤인 1970년에는 2,170달러로 두 배 이상 증가한다. 하지만 같은 기간 프랑스, 독일 등의 GNP는 5배 이상 증가하여 1970년대 무렵에는 2,557달러로 영국을 앞지르게 되고, 이 격차는 1970년대 내내 더 벌어지게 된다. 왜 이런 일이 발생했을까? 이 시기에 취했던 영국의 경제정책이 어떤 면에서 실패한 것일까? 그 실패의 원인을 찾다 보면 한 사람에게 주목하게 된다. 바로 마거릿 대처이다. 1979년 그녀는 보수당의 승리로 수상의 자리에 오른다. 그녀의 사회경제정책을 총칭하여 대처리즘thatcherism이라 부르기도 하는데 그것은 그만큼 영국에 있어서 그녀의 정책이 특징적이고 중요했다는 것의 방증이 된다. 그에 대한 평가는 우선 뒤로 미루고 일단 대

처가 1970년대까지 영국의 실패를 만회하기 위해서 어떤 정책을 택했는지 알아보자. 이를 통해서 전후 영국의 경제정책을 대처를 기준으로 나누어 조망해볼 수 있을 것이다.

대처는 일단 국영기업을 민영화했다. 노조의 면책특권을 박탈하고 파업의 요건으로 투표를 의무화했으며 정치파업을 인정하지 않았다. 이전까지의 영국의 노동조합은 사적 단체라기보다는 일종의 권력기관을 연상시켰다. 왜냐하면 영국의 정치는 의원내각제의 특성상 제1당이 정부를 구성하게 되는데, 조합이 정치적 의견을 내는 정도를 떠나서 노동당을 소유하고, 강경파 의원을 직접적으로 후원하면서 법안의 발의를 주도하였기 때문이다.

1906년도에 통과된 노동쟁의법은 노조의 불법행위에 대해서 민사상 책임을 면제시켰는데 이를 기반으로 1945년 노조의 정치적 파업이 인

    사법연수생, 영국문화에 빠지다

정되었다. 노조는 대규모 시위 및 시위 지원대 등 직접행동을 도입하였고, 노조의 특권을 확대하는 법안을 의회에서 통과시켰다. 노조가입률은 50%를 넘어섰고, 노조의 교섭권한을 제한하는 모든 규정이 사실상 제거되었다. 그리고 이런 노조의 과도한 법적 특권과 정치적 권한은 영국의 성장을 눈화시키는 원인이 되었다. 생산성이 저하되고 임금 상승 압력이 늘어나며, 공공부문의 규모가 1967년에는 무려 GNP의 50%를 넘어서게 되어 급기야는 1976년 영국은 국제통화기금IMF에 손을 벌릴 수밖에 없는 비참한 신세에 처하게 되었다.

영국의 이런 실패는 이 당시 유럽에서는 예외적인 것이었는데, 이 시기에 프랑스는 드골, 독일은 아데나워의 지휘에 따라 차근차근 전후의 복구작업을 마무리 짓고, 사회적·경제적 발전을 이루어나갔기 때문이다. 이런 상황에서 영국의 노조에 과감하게 칼을 들이대는 정책을 통해서 대처는 과도한 복지로 인한 재정 악화, 근로의욕 저하 같은 영국병을 치유하고 영국을 다시 번영의 길로 이끌었다는 평가를 받는다. 그리고 1997년에 집권한 노동당 정부가 10년 동안 연 3%대의 경제성장률을 기록한 원천도 사실 대처리즘에 있다고 보는 시각도 존재한다. 그러나 동시에 사회복지의 후퇴 및 빈부격차의 가속화를 불러일으켰다는 비판도 받고 있다.

그리고 지금 다시 영국은 2008년 금융위기를 벗어나는 것에 있어 독일이나 프랑스에 비해서 느린 속도를 보이고 있다. 그것은 제조업보다 금융업에 초점을 맞춘 산업구조의 영향이라 보는데, 토니 블레어의 좋은 시절을 뒤로하고 새로 집권한 데이비드 캐머런 총리는 재정적자를 메우기 위해 공공부문의 지출을 줄이는 등 허리띠를 졸라매고 있다. 그래서 사회의 불만이 조금씩 쌓여가고 있는 모양새다. 아까 본 시위대의 행렬을 비롯하여 의료서비스의 수준도 갈수록 저하되고 있고, 이런 와중에 2012년 런던올림픽을 유치하며 재도약을 꿈꾸는데…… 글쎄다.

식사를 마치고 돌아오니 시위대는 이미 지나갔고 거리는 평상시의 모습을 되찾았다. 긴 역사를 간직한 듯 고풍스러운 건물은 언제 봐도 멋스러운데 눈부신 하늘이 이를 가만히 내려다보고 있는 것 같다.

나는 이런 영국의 경제정책에 대해서 어떤 평가를 내려야 할까? 노동당의 제3의 길은 과연 있었는가? 아니라면 이제는 다른 꿈을 꿔야 하는 걸까? 복지정책이 꿈같이 펼쳐진 그림 같은 나라를 누가 싫어할까마는 문제는 그 꿈을 유지하기 위해서는 누군가는 피땀 흘려 고부가가치를 창출하고 돈을 벌어야 한다는 것이다. 영국은 이미 과거 영광스러운 역사의 정점을 찍은 나라이다. 아마도 그처럼 다시 세계의 패권을 쥐고 흔들 일은 없을 듯 보인다. 높은 눈높이에 비해 빡빡해져 가는 현실, 이 삐거덕거림이 유럽식 복지의 어두운 단면이라면 그럼 우리는? 복지논쟁을 둘러싼 스스로의 책임과 사회의 책임, 이 아슬아슬한 줄타기를 우리가 잘해 갈 수 있을까?

여행 초보의 외로움 대처법

해외 체류라, 음 일단 언어가 문제이고, 살 집도 구해야 하고, 물론 일상 생활용품은 가면 다 구할 수 있겠지? 3개월 미만이니 취업비자는 필요 없고, 비상약은 좀 챙겨 가야겠다. 그런데 이런 준비목록에 계산되지 않은 일, 한국을 떠나기 전에 한 번도 고려해보지 않았던 문제가 발생했다. 바로 외로움이다, 헉!

아니, 이 할 것 많고 볼 것은 더 많은 도시에 와서 그것도 온 지 2주 만에 외로워 죽을 것 같다니 말이 되느냐 말이다. 하지만 아무리 이렇게 스스로에게 논리적으로 따지고 외쳐봐야 소용없다. 사실이니까. 하늘은 맑고 푸르러서 뭐든 할 만할 것 같은데 난 런던의 한 사무실의 책

   사법연수생, 영국문화에 빠지다

상에 쭈그리고 앉아서, '내가 왜 멀리 런던까지 와가지고 이 생고생이야'라며 투덜대고 있었다. 물론 집 구하랴 낯선 환경에 적응하랴 고생을 좀 하기는 했지만, 고향 떠나 서울에서 유학하며 객지생활 10년을 넘어선 지금 그게 뭐 그리 새삼스러운 일도 아닌데, 게다가 옆에 쌓아둔 관광책자 속에는 흥미진진한 일들이 꽉꽉 눌려 담겨져 있는데, 도무지 아무것도 하고 싶지가 않고 괜히 울적하다.

혹시 관광우울증인가? 처음에 새롭고 이국적인 풍경에 들뜨다가 그런 광경이 계속되면 이내 새로움이 사그라지면서 생기는 무기력증 말이다. 난 온 지 겨우 2주밖에 안 되었는데……, 그것 말고 다른 더 깊은 원인이 있는 것 같다.

혹시 익숙한 것을 떠났기 때문이 아닐까? 런던에 온 첫날, 나는 뉴 몰든에 있는 한국인 민박집에 묵게 되었다. 시내중심부하고는 좀 멀었지만, 교외의 한적함과 쾌적함을 두루 갖춘 곳, 그리고 학군이 좋아서 이민 온 한국 사람들이 모여 사는 곳이라는 말을 들었다. 이제 와서는 좀 후회가 된다. 거기서 민박을 하시는 분이 싼값에 좋은 방을 제공해주겠다는 것을 거절하지 말걸……. 그러면 좀 덜 심심하지 않았을까? 편하게 살 수 있는 제안을 정중하게 거절한 이유는 익숙한 곳을 벗어나 보고 싶었기 때문이었다. 김치찌개나 된장찌개를 끓여 먹고, 우리 드라마나 쇼 프로를 보고, 편하게 만나 수다를 떨 수 있는 환경에서 석 달 동안만이라도 떠나보고 싶었다. 철저히 영국 사람을, 그들의 말하는 방식, 음악과 미술, 그리고 역사를 체험하고 배워보고 싶었던 것이다.

그런데 그게 잘한 짓인가? 싶은 생각이 스멀스멀 기어 올라오는 걸 틀어막고, 난 이런 우울한 기분을 떨쳐버리려 자리를 박차고 무작정 밖으로 나섰다. 일단 허기를 면할 요량으로 사무실에서 5분 거리에 있는 킹스칼리지의 구내식당을 찾아 올라갔다. 긴 복도 옆으로는 오래된 책들이 책장에 빼곡하게 꽂혀 있었다. 누런색 종이에 먼지가 묻어날 것

같은 책이 있는 대학복도라……. 이런 책들은 내 모교에서는 고서를 모아두는 지하도서관에서나 볼 수 있었는데 이렇게 장식할 수도 있구나 싶었다. 복도를 이렇게 꾸며둔 마음속에는 전통에 대한 자부심과 학문을 연구하는 곳으로서 대학의 본질에 대한 생각이 있지 않았을까? 학교 건물 입구 유리 면에는 이 학교를 졸업한 동문들의 초상화가 그려져 있다. 간호학과를 세운 나이팅게일을 비롯하여 버지니아 울프와 서머셋 몸, 그리고 알랭 드 보통까지 이런 서양의 지적·문화적 유산은 겸손한 태도와 도전의식을 동시에 내게 안겨준다. 즉, 지금 내가 서 있는 위치에서 모래 알갱이 같은 것 하나라도 겸손히 엎드리고 배우며 동시에 그렇게 육중하게 높이 쌓아올린 벽을 훌쩍 뛰어넘고픈 도전의식을 가지게 되는 것이다.

식당을 향해 걸어가는 중간에는 채플실이 있다. 지금은 가톨릭 미사 중인 것 같다. 외로움으로 울적해진 마음에 자연스레 문을 열고 들어선다. 미사내용은 잘 들리지 않았고 그때 마지막 줄에 앉아 중얼거렸던 기도내용도 지금은 잘 기억나지 않는다. 하지만 그때의 그 마음상태가

   사법연수생, 영국문화에 빠지다

어떠했는지는 또렷하다. 왜 어린아이들이 부모를 애처로운 눈으로 바라보는 마음이 있지 않은가? 아버지가 슈퍼맨이라도 되는 듯이 다 해줄 수 있을 것 같은, 그래서 기대고 매달리는 아이의 마음 말이다. 미사를 집전했던 신부님은 호인 같은 얼굴에 풍채가 좋았다. 외로운 이방인의 마음을 헤아렸던 섯일까? 자신을 '조 신부Father Joe'라고 부르라며 언제든 미사에 참석하라고 친절한 미소로 말씀하신다. 나를 낳아준 혈통상의 아버지가 아닌 다른 사람을 '아버지Father'라고 부르는 것은 참 어색하다. 그런데 그 단어 속에는 묘한 '신뢰와 의탁'하는 마음이 동반한다는 것을 갑자기 깨닫게 되었다. '아버지'는 본질적으로 기원, 즉 인생의 뿌리, 그리고 궁극적으로 의지하고 순종해야 할 분을 의미한다. 이런 '아버지'를 찾는 마음은 스스로 만들어낸 것이 아닌 내 마음속 깊은 곳에서 나오는 것임을 알 수 있었다. 보이는 사람으로부터는 절대 채워질 수 없다는 자각, 육신의 아버지를 넘어선 근원적인 아버지에게로 돌아갈 것을 요구하는 마음의 명령. 그리고 그것을 겸허히 받아들이는 존재가 종교적 존재로서의 인간이 아닐까?

이제 아무도 나를 아는 이가 없고 나를 찾는 부름이 없는 곳으로 홀로 하는 여행이다. 그것은 해방감을 안겨다 주기도 하였지만 실제로 직면한 사실적인 도전은 외로움이었다. 외로움이 주는 두려움을 두려워하지 않는 것, 그리고 궁극적 아버지를 의지하고 출발하는 것, 이것이 내가 찾은 외로움을 넘어서는 길이다.

04

글로벌, 좋지!
그런데 그게 뭐죠?

런던의 일상에서 경험하는 다문화

오늘 저녁은 뭘 해먹을까 하다가 부침개 생각이 나서 사온 재료들을 꺼내놓고 뒤적거린다. 저녁 7시 정도 된 시간, 부엌 옆 창문으로 아직 해는 환하다. 내가 사는 집은 딱 보기에도 허름하고, 삐걱거리는 나무바닥과 위층에서 쿵쾅거리는 소음이 가깝게 들려오는 골더스 그린의 한 플랫이다. 영국은 물가가 비싼 편이지만 직접 사서 해먹는 것은 한국과 비슷하거나 저렴하기에 난 주로 직접 해먹는 쪽을 택했다.

'그래, 오늘은 부침개야! 우후~' 하며 나는 반죽을 하기 시작했는데, 알렉스는 오븐에 피자를 넣어두곤 TV를 보며 빈둥거린다. 참, 알렉스는 내 룸메이트이고 루마니아 출신의 런던대학교 유학생이다(그는 착하고 룸메이트로서 까다롭지 않았다. 단지 그의 생김새를 보면 왜 드라큘라가 루마니아 산인지 금방 수긍할 수 있었을 뿐이다). 우리 둘은 서로 말이 없는 편이었지만 그는 거의 매일 찾아온 자신의 고향친구에게, 그리고 나는 아야코에게는 수다스러워졌다.

좀 있으니 부스럭거리며 부엌에 아야코가 등장한다. 그녀는 옆방에 사는 쾌활한 일본여인으로 어학연수차 와 있다. '에, 오' 하는 일본 억양

특유의 감탄사가 있지 않은가, 그걸 영국식 영어에 섞어 쓰며 말하는 것을 보노라면 꽤 귀여웠다.

나는 부침개를 뒤집고 있는데 그녀는 오코노미야키를 만든단다. 한 조각씩 바꿔먹기로 합의한 뒤에 그녀는 내 부침개를 먹어보고는 맛있다고 감탄한다. 그러면서 슬쩍 부침가루를 어디서 샀는지 물어오는데, 이런! 내 비법을 눈치 챘나 보다. 한국마트에 가면 있는데 그냥 물에 풀어서 부치면 된다고 설명해주니 좋아한다. 여기에 은행에 다니는 장대한 기골의 스코틀랜드인 아저씨까지 끼면 나름 동서양이 쌈박하게 조화를 이룬다. 가끔씩 우리는 와인 한잔씩을 같이하며 무선 인터넷의 불편함에서부터 요한 세바스찬 바흐에 이르기까지 다양한 이야기를 나누곤 했다.

그런데 한 가지 재밌는 사실은 이 집의 주인은 나오미라는 유대인이란 것이다. 뭔가 그림이 좀 맞아 들어가지 않는가? 모든 사건과 사람들의 배후에 존재하는 비밀스러운 손길, 유대인……(아 상상이 이상한 데로 뻗치는데 이쯤에서 그만두는 게 낫겠다). 그녀는 베일에 가려져 여기 무대에는 한 번도 등장하지 않지만(사실 그러고 싶어도 못 한다. 나도 이름만 듣고 한 번도 만나보질 못해서) 우리에게 이런 공간을 제공한 주인공이다.

이곳 골더스 그린이란 지역 자체가 유대인 밀집지역이라서 길 가다가 심심찮게 끼만색의 정통복장을 한 무리들을 볼 수 있었다. 볼 때마다 느꼈던 거지만 무척 더울 것 같은데 계속 쓰고 다니면 불편하지 않느냐고 직접 물어볼 용기는 내지 못했다. 동부의 이스트 햄에서 시내를 거쳐 여기 골더스 그린까지, 런던 한 곳에서 거의 세계 모든 인종과 음식, 옷, 종교를 비롯한 다양한 문화들을 경험할 수 있다.

그런데 전 세계에서 여기 런던으로 사람들이 몰려드는 이유는 무엇일까? 그것은 런던이 전 세계의 금융과 법의 중심지라는 사실뿐 아니라 문화예술의 도시로서 가진 흡입력을 들 수 있을 것이다. 그러면 이런 다양한 민족, 문화, 종교는 어떻게 조화롭게 어울려 살고 있을까?

일단 현상적으로 런던 사람들인―나도 그중의 하나가 되어간다― 우리는 빨간 이층버스를 타고, 곡예를 즐기며 교회나 이슬람사원, 유대인 회당에 간다. 가끔 'out of order'가 되는 지하철을 향해 같이 불평하면서, 오후의 티타임을 즐기고, 끝내주게 멋진 공원에서 뛰거나 벌렁 드러눕는다. 시내의 킹스칼리지나 런던 정경대London School of Politics and Economics에서는 각국의 요리를 쌓아두고 와자지껄 먹고 있는 다국적 학생들이나, 공자의 얼굴이 새겨진, 무슨 경영기법 어쩌고 하는 포스터를 볼 수 있다. (대학교 수업시간에 논어를 들은 적이 있지만 내 생각에 요새 중국이 잘나가는 것하고 공자하고는 별 관계가 없어 보인다. 아마 이 대학관계자들도 실제로는 그렇게 생각 안 할 것 같다. 그저 중국에 대한 인사치레 정도가 아닐까?) '팔레스타인 분쟁의 평화로운 해결'이란 주제로 전혀 평화로울 것 같아 보이지 않은(유대인 학생과 아랍 학생들이 서로 열 받아 소리치는 장면이 연상이 되지 않는가?) 토론회

     사법연수생, 영국문화에 빠지다

가 열리거나, 내가 다니는 교회에서는 이란의 사태를 두고 옆집 일처럼 이야기한다. 하긴 교회 청년팀 모임 중에는 이란 출신의 여성도 있었으니, 먼 이야기만이 아닌 것은 분명하다. 적어도 런던에서는…….

난 런던의 이런 모습들을 보면서 '인터내셔널'이란 단어의 실체가 이런 것이 아닐까 하는 생각을 하곤 했다. 처음 김영삼 전 대통령이 해외 순방 후 귀국하면서 '세계화'란 단어를 가져온 이래, 그 단어는 식상하리만큼 익숙해졌지만, 나에겐 여전히 모호한 것이었다. 맛있는 음식에 대해 침 튀기게 설명을 들어도 실제 먹어본 사람만 하겠는가! 하지만 적어도 내가 본 런던은 '국제적인 것, 바로 여기야!' 할 만했다.

그런데 나는 고작해야 두 달 남짓한 기간을 런던에 머물렀을 뿐이다. 여기서 나고 자란 영국인들은 '런던의 국제성'에 대해서 어떻게 평가할지가 궁금했다. 현지에서 만난 한 친구는 지금까지의 영국의 정책은 다른 문화에 대해서 관용하고 포용하는 것이었다고 했다. 그러면서 영국적인 것들을 잃어가고 있다며 섬나라 사람다운 태도로 조심스레 의견을 표했다. 최근 데이비드 캐머런David Cameron 총리도 독일에서 열린 뮌헨 보안컨퍼런스Munich Security Conference에서 영국의 다문화주의는 실패라고 선언했다.

"다문화주의 국가의 정책은 다양한 문화가 서로 간섭하지 않고 주류 문화로부터도 거리를 두고 존재하는 것을 추진해 왔습니다. 그런 격리된 커뮤니티가 우리의 가치관과 정반대의 행동을 취하는 것조차 허용해 왔습니다. 그렇지만 영국에서의 이러한 다문화주의는 실패였기 때문에 다른 가치관을 무비판적으로 받아들이는 수동적인 관용사회가 아닌 민주주의와 평화, 언론과 종교의 자유라는 자유주의적 가치관을 적극적으로 추진하는 강력한 리버럴 사회를 목표로 해야 합니다."

민주주의정치 체계조차 거부하는 집단이 영국 내에 있었다니, 역시 여기에도 두 달 남짓의 달콤한 경험만으로는 이해할 수 없는 속사정이 있었다. 유구한 반만 년 단일민족의 역사(정말 그런가 하는 것은 뒤로 하고서라도)를 줄기차게 들으며 자란 나로서는 다민족·다문화사회에 산다는 것과 그 속에서 자신의 정체성에 대해서 고민한다는 것이 사실 피부에 잘 와 닿지는 않았다. 영국이란 사회의 다문화성을 이해하기 위해서는 그들의 역사부터 되짚어 나오는 것이 필요할 것이다.

영국의 다문화적 기원

원래 여기 브리튼 섬에는 대륙에서 이동해온 켈트족들이 모여 살고 있었다. 스톤헨지Stonehenge* 같은 신석기 거석문화가 그들의 작품인데, 그러던 이 섬에 로마인들이 저 멀리서부터 쳐들어와서 400여 년간이나 로마문화를 이식시켰고 이를 '로만 브리튼 시대'라 이름한다. 이때 동화를 거부하고 서쪽이나 북쪽으로 이주한 켈트족이 아일랜드나 스코틀랜드를 형성하게 되는데, 남아 있는 켈트족은 결국 게르만족의 분파인 앵글, 색슨족이 쳐들어 왔을 때 점령을 당하게 된다. 거기에 그 유명한 바이킹인 노르만족까지 가세하여 잉글랜드를 구성하게 되는데, 그것이 대략 11세기경이다. 그 후 1707년 합병령을 통해 잉글랜드, 스코틀랜드, 웨일스가 '그레이트 브리튼 연합왕국United Kingdom of Great Britain'이 되어 처음으로 그레이트 브리튼 섬 전체를 지배하게 된다.

이렇게 보면 우리가 편하게 영국이라고 부르는 이 나라는 다수의 민족이 여러 나라를 형성하다가 연합하여 출발하게 된 기원을 갖고 있다. 그 중심에 잉글랜드가 있음을 부인할 수 없겠지만, 다른 나라와 문화가

---

* 스톤헨지는 영국 솔즈베리 근교의 거석 기념물로, 기원전 1900년 정도의 것으로 추측되고 있다.

  사법연수생, 영국문화에 빠지다

잉글랜드의 그것에 동화(보통 동화라고 하면 어느 한 문화의 정체성이 사라지고 다른 문화에 편입되는 것을 의미한다)된 것은 아닐 것이다.

특히 근세 초기에 영국이 동화가 아닌 통합을 이루어낸 기초는 가톨릭국가였던 프랑스나 스페인에 대항한 개신교 전통이었다. 또한 이와 더불어 자신을 대륙과 구별되는 섬이라는, 천혜의 요새이면서도 독자적인 섬 국가라는 인식 때문인 것 같다(섬에 살아보지 않아서 실감나게 다가오지는 않지만 섬에 사는 사람들이 가지는 독특한 독자성을 일본을 통해서도 확인할 수 있다). 앞에서 말했듯이 영국에서의 개신교라 함은 가톨릭의 외양은 그대로 남아 있으면서도 종교개혁을 내적 본질로 가지고 있는 성공회, 즉 영국 국가교회Church of England와 스코틀랜드의 장로교를 일컫는다. 성공회는 다시 내부적으로는 종교개혁의 전통에 따라 성령에 의한 개인의 회심을 강조하는 복음주의 혹은 '저교회Evangelical, Low Church', 질서와 권위를 강조하는 '고교회High Church', 그리고 자유주의에 영향을 받은 '광교회Broad Church'로 나뉜다고 한다. 이렇게 나뉘어 있지만 분리되기보다 영국이라는 하나의 테두리 내에서 다양한 모습으로 공존해야 한다는 의식을 가진 것 같다. 서로 다른 생각들을 존중하고, 토론과 관용을 통해서 교회 내의 문제를 해결해나가야 한다는 전형적인 영국적 특성을 따라 성공회도 그런 전통을 교회에 적용하면서 현재에 이른 것이다.

이런 사고방식이 형성된 데는 종교개혁의 시기에 영국 내에서 가톨릭과 성공회 그리고 주로 북쪽의 장로교가 대립하며 치렀던 치열한 역사적 투쟁의 경험이 녹아 있는 것으로 생각된다. 그리고 이런 특징, 즉 전통을 지켜가면서 조금씩 바뀌나가는 영국적인 특색은 이후 피를 흘리지 않고 정치구조가 바뀌게 되는 명예혁명(1688)과 전쟁이니 극단적 혁명이 아닌 의회의 입법을 통해 노예매매 및 노예제도 자체까지 금지하게 되는 윌버포스의 역사(1803, 1833)를 이루며 흘러가게 된다.

이런 영국사회의 기초적인 정신 및 구조가 다문화 사회를 형성하는데 어떤 영향을 끼쳤을까? 영국의 다문화주의multiculturalism는 이런 여러 개의 나라가 연합된 것—그래서 연합왕국United Kingdom—에서 시작하여 제국주의시대의 수많은 식민지를 포괄하는 영연방British Common Wealth에 이른 현재까지 그 역사는 길고 범위는 넓다. 그런 만큼 그 특징을 뭐라 한마디로 규정한다는 것은 어리석은 시도라 할 정도이다.

보수적 싱크탱크의 하나인 '정책연구소Centre for Policy Studies'의 소장인 루스 레아Ruth Lea는 다문화주의를 해석하는 데는 두 가지 길이 있다고 이야기한다. 첫째는 모든 문화가 독자적으로 존재할 권리가 있고 상호 간에 어떤 연결점도 없다고 보는 것이다. 둘째는 각 문화가 자신에 대한 신념을 가지고 다른 문화들과 공존하면서도 영국적인 것이나 다른 무엇인가로 연결되어야 한다는 것이다. 그리고 이 둘째의 해석이야말로 그저 서로를 인정하는 소극적 의미에서의 관용이 아니라 적극적 하나 됨 혹은 다양성을 수용하는 통일성을 추구하는 진정한 영국적인 것이다.

영국적인 것이 무엇이냐는 사람마다 다르게 보겠지만 대개 관습법과 의회정치, 민주적 정치구조, 상호존중정신 및 전통적 가치에 대한 존중을 드는 것 같다. 물론 작은 문화적 특성으로 오후의 티타임과 독특한 영국식 억양 속에 담긴 점잖음을 빼놓을 수는 없겠지만……(그 외에도 신중하지만 유머러스한 표현으로 긴장을 풀게 하는 것, 약속시간에 땡 맞추어 가는 긴박감보다 약 5분 늦음을 통해 상대를 긴장하지 않게 만드는 점잖은 태도 같은 것들이 있다).

그러나 이렇게 이론적으로 다문화주의의 정의를 내린다 하여도 이론을 바탕으로 실제를 구성하는 것은 또 다른 차원의 문제이다. 그것은 세계 각지에서 다양한 사회문화적 배경을 가지고 들어오는 사람들을 하나로 묶어야 하는 영국 사람들이 처한 실제적인 어려움이다. 2005년

7월 7일 런던 곳곳에서 발생한 폭탄테러의 범인은 밀입국한 외국인이 아니라 영국에서 태어나고 자란 이슬람계 청년들이었다. 자신들이 교육시킨 자녀들이 바로 그 고향을 향해 칼을 들었다는 사실이 무엇보다 충격적인 사건이었다. 이제 그 사건은 조금씩 사람들의 뇌리에서 잊혀져 가고 있지만 종교와 문화, 인종 간 갈등의 해결책은 결국 그것을 하나로 녹여낼 용광로같이 뜨거운 정신의 힘이 아닐까 싶다.

그렇다면 과연 그 정신의 힘이란 어떤 것일까?

이스라엘의 경우를 생각해보자. 로마시대 이후 전 세계로 뿔뿔이 흩어진 유대인들은 프랑스의 드레퓌스 사건, 그리고 홀로코스트(이 단어의 사전적 의미는 '번제', 홀랑 태워버린다는 뜻에서 그들이 당한 고난을 상징한다)에서 볼 수 있듯이 엄청난 박해와 고난을 겪는다. 유대인들이 금융업에 손을 대게 된 것도 사실은 중세시대에 은행업을 천시했던 기독교 국가들이 그들에게 주었던 생계수단이었기 때문이다. 유대인에 대한 그 당시의 인식은 셰익스피어의 '베니스의 상인'에서 나타난 돈만 아는 비열한 '샤일록'으로 형상화된다. 이런 천대와 박해 속에서도 그들은 금융과 법률, 의학, 과학을 비롯한 학문과 예술의 영역에서 독보적인 위치를 차지한다. 그리고 마침내 전 세계에서 자신들의 옛 조상이 살던 땅으로 돌아와 국가를 건설한 것이다. 하지만 같은 민족이라 해도 이미 천여 년간 흩어져 살았던 사람들이다. 저 러시아와 아랍에서부터 서유럽, 스페인에 이르기까지 다양한 문화전통을 가지고 모인 그들이 서로 모여 국가를 건설하는데 어려움이 오죽했을까? 그렇지만 그들은 유대교를 기반으로 한 공동체에서 그 문화적 다양성을 녹여내는 데 성공한다. 그 대표적인 실체가 바로 '키부츠'이다. 흔히들 농장으로 알고 있지만 그리 단순한 것은 아니고, 척박한 땅에서 전쟁을 감수하며 국가를 일궈야 하는 그들을 하나로 묶어 주었던 삶의 단위가 키부츠인 것이다. 가난한 자와 부자가 같이 살면서 재물을 나누고, 한 손에 쟁기를 들

고 일을 하며, 다른 손에 총을 들고 전쟁을 했던 곳이다. 실제로 현대 이스라엘의 국경선은 키부츠 농장의 위치를 따라 그려졌다고 한다(나중에 이스라엘에서 감격의 재회를 한 윤선 형이 말해주었다).

이렇듯 이스라엘의 정신적 힘은 유대교와 이를 기반으로 한 공동체에서 비롯되있다. 하지만 이의 가장 큰 한계이자 문제점은 흔히 시오니즘의 문제라 지적되듯이 다른 민족에 대해 배타적인 성격을 갖는다는 것이다.

2012년 가을, 런던의 빅토리아 스테이션 근처에선 거리를 가득 메운 군중이 마호메트를 외치며 운집해 있었다. 아마 구글에서 마호메트를 모욕한 일을 문제 삼는 듯하였다. 종교 간 대립의 불씨는 여전히 살아 있어 불안감을 자아내고 있었다. 다른 종교와 문화 간의 차이점을 존중하면서도 공통점을 만들어갈 수 있는 더 깊은 힘을, 그들이 그리고 우리가 찾아갈 수 있을까?

저 먼 푸른 바다로!

한국은 최근에 FTA를 체결함을 통해서 유럽과 미국에 법률시장을 개방하게 되었다. 특히 내가 런던에 있을 때에 한─EU FTA협정이 비준되면서 공격적인 영국 로펌들의 한국 법률시장 진출이 점쳐졌다. 국제 간의 법률분쟁에 있어서 주 당사자는 기업이다. 그 대상은 한국에 진출하고 싶어 하는 외국기업이나 해외로 나가고 싶어 하는 국내기업이며, 이들에게 대상국의 각종 법률상 규제 및 리스크에 대해 서비스를 제공하는 것이 국제 법률시장이다. 런던에 있는 동안 나는 디엘에이 파이퍼(DLA Piper, 영국의 글로벌 로펌으로 세계 순위 5위권 안에 든다)라는 영국의 로펌에서 파트너로 있는 한국인 변호사 한 분과 만날 기회를 가질 수 있었다.

그분은 영국에서 법과대학을 나온 후에 영국변호사가 되었는데, 소탈하면서도 영국신사같이 멋진 분이었다. 주로 선박과 관련한 사건들을 많이 다루셨다고 했다. 해상거래와 관련하여 영국법을 기준으로 삼는 경우가 많고, 우리나라 조선업의 규모가 세계 최고인 만큼 이와 관련한 법률 수요가 꽤 있어 이에 관련했으리라 짐작되었다. FTA협정에 따른 법률시장개방에 따라서 자신의 로펌 또한 한국에 진출할 계획이 있다고 하면서 나에게는 한국법에 대한 전문성을 쌓는 것이 우선적으로 중요하다고 조언해 주셨다.

만남을 마치고 돌아오는 길에 비가 내려 불어 있는 템스 강을 따라 걸었다. 제방에 철썩철썩 부딪히는 물결을 보며 '우리 한강도 이렇게 쉽고 가깝게 다가갈 수 있게 길을 만들었으면 참 좋았을 건데' 하고 생각했다. 아름답기는 템스 강이 한강을 따라올 수 없는데 말이다. 외적인 인프라와 그 속에 담아내는 내적인 가치가 어우러져 보편적인 울림으로 인정받을 때에 '국제적'이 되는 것이 아닐까 싶다.

KOTRA 사무실은 템스 강 바로 옆에 있다. 언제나처럼 바쁘게 일을 하는 사람들을 보면서 창가에 있는 내 자리에 앉아 요즘 연구 중인 한미 FTA에 대한 책을 펴들었다. 나의 관심은 그중에서도 투자자 보호조항에 대한 것이었다. 국가 내의 분쟁이 아닌 국적이 다른 당사자들끼리의 분쟁을 해결하는 데는 어느 한 국가의 사법주권에 종속되든지 아니면 독립된 제3기관으로 하여금 중재에 의해 해결하도록 하는 방식이 있는데 한미 FTA의 경우는 후자의 방식을 채택하고 있다. 이 방식은 위험을 감수하고 타국에 들어가는 투자자들을 보호하여 투자를 활성화하는 효과를 가져오는데, 우리나라의 대미투자액이 미국의 대한투자액의 절반 가까이 이르는 만큼 우리에게도 의미 있는 조항일 것이다. 다만 분쟁이 발생했을 때 상대방과의 다툼에서 우리 법률가들이 국제적인 수준의 실력을 발휘할 수 있을지에 대해서 다들 걱정하는 것 같다. 그렇다고 언제까지나 무대의 주연으로서 끼지도 못하고 빌빌거리며 무대 밑에서만 있을 수는 없지 않는가. 즉, 국제적인 협상력, 외교력, 분쟁해결 면에서 실력을 발휘하지 못한다면 국제무대, 특히 동북아에서 우리의 설 자리가 없어질 것이라는 위기감이 밀려온다.

세계무역기구^{WTO}나 거기에 포함된 지적재산권의 규범^{TRIPS}, 그리고 FTA의 논리 속에는 선진국들이 자국의 이익을 보호하고자 하는 의도들이 속 깊이 박혀 있다. 그렇지만 선진국의 문턱에 와 있는 우리의 딜레마는 이런 규범들이 만들어지는 것에 대해서 모른 체하고 살 수는 없다는 데 있다. 수출 주도형 산업구조를 가진 나라, 조그만 벤처회사에서 물건 하나를 만들 때에도 미국 및 유럽시장을 내다보고 있는 상황에서 정치적·법적인 제도의 규범을 짜는 국제무대를 외면할 수는 없는 것이다. 오히려 그 무대에 쳐들어가서 검은 의도들을 드러내 부끄럽게 하고, 약자의 이익이 반영되도록 조정하여 제대로 된 구조적 틀을 만들어야 한다. 그 무대에는 힘의 논리가 지배한다고들 하지만 이제 그런 패배주의적 자세는 더 이상은 사양이다. 조그만 규모를 가지고도 당당히 목소리를 내는 네덜란드와 이스라엘의 예가 있지 않은가! 우리가 그 무대에서 우리의 이익만을 주장하는 것이 아니라 우리의 주도로 보편적인 울림을 그 무대에서 만들어낼 수 있다면, 자신의 욕망을 이루기 위해 무력에 호소하고자 하는 나라들에게 우리는 이미 정신적으로 승리한 것이 아닐까?

이런 생각을 하면서도 또 다른 면에서 나를 괴롭혔던 질문은 이런 열정과 성취가 궁극적으로 내게 무슨 의미가 있을까 하는 것이다. 이런 것들이 삶의 본질적인 측면이 아니라는 자각은 내 마음 깊은 곳의 공허감을 통해 실질적으로 체험되곤 했다. 내 스스로 내 삶에 의미를 부여할 수 없는 것이 인간이라면, 절대적인 누군가가 내게 부여해주어야 하는 것이 아닌가? 아우슈비츠에서 빅토르 프랑클이 발견한 '인간은 스스

로 의미를 만들어낼 수 없는 존재'라는 진리가 실존적으로 내 마음을 정
직하고도 힘차게 두들긴다.

그러면 내게 의미를 부여해주며 다가오는 그분은 누구인가? 킹스칼
리지 채플실에서 홀로 됨과 씨름하여 찾았던 그 근원적 아버지 혹은 궁
극적 아버지가 아닌가! 내가 만지작거리는 법이라는 삶의 도구 내지 날
카로운 연장을 쓰는 지혜를 자상하게 가르쳐주는 아버지, 실제적인 법
적 투쟁의 삶에서 이기든 지든, 그분과 동행하는 것 자체가 기쁨이 되
고 삶의 의미임을 알려주는 그 아버지 같은 분 말이다.

이런 절대자 앞에서, 법 자체의 기능을 수행하는 자로서의 변호사의
삶이 아닌 법을 통해 신뢰와 공동체를 이루는 창조적 조정자가 되고 싶
다. 이를 위해 내가 배우고 이루어야 할 것은 공의와 자비의 법정신이
다. 권리와 책임을 분명하게 하면서도 용서하고 용서받는 것이 가능한
그런 새로운 개념의 법문화를 만들어가는 것, 이것이 내가 진정으로 가
야 할 푸른 바다이다.

 사법연수생, 영국문화에 빠지다

05

스코틀랜드 켈트족의
길들여지지 않는 저항정신

성 콜룸바(Saint Columba)와 동성애

나는 에든버러Edinburgh로 가는 기차를 탔다. 다분히 충동적인 결정이었다. 다음 주 월요일이 런던의 소위 '은행휴일bank holiday(은행이 쉬니까 다른 사회기관들이 같이 쉬는 관습으로 이런 이름으로 부른다고 한다)' 이라는 소식을 듣고, 주말을 이용해 갑자기 떠나게 된 여행…….

처음엔 딱히 스코틀랜드에 볼 일이 있는 것은 아니었다. 뭐 어딘들 이 유럽에서 날 찾는 사람이 있으랴마는 그래도 가고 싶은 곳은 많다. 오히려 너무 많아서 고민일 정도다. 일단은 영국 근처의 스코틀랜드, 그중에서도 이번 여행지는 아이오나 섬Iona으로 결정했다. 런던에서 에든버러로 기차를 이용하여 대략 5시간을 간 뒤에 다시 오반Oban까지 들어가서, 멀 섬Mull으로 배를 타고 들어간 뒤, 또 배를 타고 들어가야 아이오나 섬에 도달한단다.

저 북쪽으로 기차 타고 배 타고 멀리 가는 여정이 일단 마음에 든다. 주중에 집과 일터를 오가는 일상이 슬슬 지겨워지기 시작한 터(런던도 지겨워진다!), 뭔가 탐험가가 된 듯 근사하다. 베이지색 동그란 모자를 쓰고 거울에 비춰보니 나름 그럴싸하다. 인디아나 존스도 부럽지 않다, 후후!

자, 이제 여행을 떠나려는데 무엇부터 준비해야 할까? 처음으로 떠오르는 질문은 '어디를 가야 하나?' 하는 것인데 이 질문에 답을 하기 위해서는 먼저 '내가 여행에서 무엇을 얻을지, 무엇을 목표로 하는지'를 정해야 한다. 갑작스레 훌쩍 떠나는 여행이 주는 설렘이 있기는 하지만 그렇게 어딘가에 도달했을 때, 뭘 할지 모르는 생경함만은 피하고 싶다. 그렇다면 스코틀랜드가 가진 수많은 매력 중에서 무엇에 집중해야 할까? 멋진 자연환경이나 역사유적? 미술과 음악? 이도 저도 아니라면 잘 먹고 잘 쉬다 오는 여행? 생각 끝에 2박 3일의 이 짧은 여행의 주제는 '죽은 역사와 살아 있는 역사'로 정해보았다. 아이오나 섬에 있는 성 콜룸바^{St. Columba}의 수도원이 '죽은 역사'이고, 현재 거기에 있다는 아이오나 기독교 공동체가 '살아 있는 역사'이다. 멋진 자연경관은 물론 덤일 것이고…….

성 콜룸바는 아일랜드의 도네갈 귀족 가문의 아들로 태어났다. 그는 사제로 서품을 받은 후 아일랜드 전역에 걸쳐 선교활동을 하였는데 563년에 12명의 제자들과 함께 스코틀랜드 연안에 있는 아이오나로 갔다. 여기서 수도원을 세운 그는 이를 아일랜드 교회에서 가장 큰 수도원으로 발전시켰다. 성 콜룸바는 스코틀랜드의 픽트족에게 복음을 전하는 데 전념하였으며, 브루드 국왕을 개종시켰고, 마침내 픽트랜드 전역을 복음화하는 데 성공하였다. 성 콜룸바와 아이오나 출신 수도자들은 유럽 전역으로 뻗어나가 서방교회의 형성에 지대한 영향을 끼쳤다고 한다.

그런 역사의 현장 위에 현재는 장로교 목사인 조지 매클라우드^{George Macleod}가 세운 아이오나 공동체가 있다. 이들 역사의 공통점을 찾아본다면 바로 '공동체'이다. 성 콜룸바와 그의 제자 12명은 각자 다른 전공을 가지고 공동체를 이루어 유럽 전역을 복음화하는 데 기여했다. 또 현재의 아이오나 공동체는 현실 정치에 뛰어들어 진리를 실천하는 목적을 가진 공동체라 한다. 이런 아이오나 공동체의 실제 사는 모습을 내가 조금이라도 체험해볼 수 있을까? 그곳 사람들은 어떤 목표의식으로 같이 모여 살며 어떤 구체적인 생활방식 아래 살고 있을까? 짧은 시간이지만 무작정 가보자!

에든버러에 도착한 것은 저녁 무렵이었다. 미리 예약해둔 한인 민박집을 찾아가면서 둘러본 시내의 거리는 런던과 비슷한 면이 있으면서도 보다 오래되었다는 느낌을 풍겼다. 오래된 거리와 반짝이는 네온사인의 어우러짐은 저녁이면 화려해지는 한국과는 달리 오히려 한산해지는 서구의 도시답게 묘하게 쓸쓸하게 느껴졌다.

혼자 여행한다는 자유로움 뒤에 숨겨진 야릇한 외로움……. 힘들게 하루를 보내고 집에 들어가서는 불 꺼진 깜깜함을 혼자 밝혀야 한다는 것. 이런 혼자라는 삶의 피할 수 없는 쓸쓸한 실제를 잊기 위해서 우리는 관계나 혹은 일에 몰두하든가 아니면 취미에 빠져든다. 예전에 인기 있던 일본드라마 중에 '결혼 못하는 남자'가 있었다. 첫 장면, 경쾌한 음악소리와 함께 스테이크가 맛있게 구워진다. 얼음에 담가둔 빨간 와인 한 잔과 잘 세팅된 식기도구들……. 그런데 혼자다. 난 혼자서도 이렇게 잘살 수 있어! 라고 주장하는 고독한 주인공의 외침이다. 화면상으로는 그럴싸해 보였지만 내 경험상으로는 글쎄다. 고독을 즐기는 것도 하루 이틀이지 혼자서는 흥이 나지 않는다는 것, 그렇다면 공동체로 사는 삶이란 어떤 것일까?

에든버러를 출발한 기차는 어느덧 오반에 도착하고, 멀 섬으로 가는 배를 알아보니 이런, 밥 먹을 시간조차 없다. 부랴부랴 표를 끊고 배를 타고 들어가 도착한 섬에서 다시 버스를 타고 조그만 선착장에 도착하고 보니 저 건너편에 있는 아이오나 섬이 손에 잡힐 듯 가깝게 보인다.

저기 보이는 것이 성 콜룸바가 세운 수도원abbey이렷다. 배가 섬에 닿고 문을 열자 30여 명쯤 되는 사람들이 우르르 내린다. 다들 일행이 있고, 어딘가 정해둔 목적지가 있는지 서둘러 흩어진다. 나도 물론 갈 목적지가 있지만, 지리를 잘 모르니 우선 물어볼 사람을 찾아야 했다. 선착장 바로 옆의 조그만 카페를 찾아 들어가니 종업원이 반갑게 웃으며 맞아준다. 아마 모르긴 해도 이곳까지 동양인이 들어오는 것은 흔치 않은 일이었을 것이다. 차를 한 잔 주문하면서 아이오나 공동체에 대해서 물어보니 마침 공동체 사람들이 여기 있다며 손가락으로 내 뒤를 가리킨다. 뒤를 돌아보니 창가에 두 여인이 앉아 있다.

그들에게 초대받아 맛있는 식사를 한 후 응접실에 장작으로 지핀 불에 몸을 녹이며 둘러앉아 도란도란 얘기하는 그런 화기애애함을 기대해보았으나, 막상 부딪힌 것은 찬물을 확 끼얹는 추운 현실이었다.

인사하고 일상적인 말들이 오가는 처음 시작은 좋았다. 그런데 적극적으로 말을 걸던 한 여인이 나에게 불쑥 동성애에 대해서 어떻게 생각하느냐고 묻는다. 아니 이 사람들이 갑자기 그건 왜 묻지 하고 둘을 새삼 바라보는데 뭔가 조금 흐느적거리는 포즈와 야릇한 눈빛, '혹시 이들이?' 하는 의심이 생긴다. '아, 이건 좀 뭔가 아닌 것 같은데……'

아마 기독교라는 종교적인 전제 없이 만났다면 나는 동성애란 주제에 대해 길게 얘기하지 않고 대화를 마무리지었을 것이다. 왜냐하면 대화를 통해 서로의 다름을 풀어나갈 기초가 없기 때문이다. 그렇지만 스코틀랜드 복음화의 진원지에서, 장로교 출신의 목사가 세운 현재 진행 중인 공동체에 속한 사람들을 만난 이 상황에서 나는 우리가 공통으로 가진 전세, 즉 성경을 기준으로 두고 본격적으로 이야기할 필요를 느꼈다.

"저는 동성애에 대해서 반대합니다. 사도 바울의 글에서 해석의 여지없이 그렇게 말하고 있기 때문이죠."

"하지만 예수님은 모든 사람을 사랑하시지 않나요?"

"예, 저도 그렇게 생각합니다."

"예수님은 창녀인 마리아도 받아들이셨죠? 그렇다면 그의 뒤를 따르는 우리도 모든 사람을 포용해야 하지 않을까요?"

"마리아가 예수님께 받아들여진 후에도 창녀의 생활을 계속했을까요?"

"…… 그래도 예수님은 모든 사람을 사랑하시잖아요?"

그들의 요지는 모든 이를 사랑하시는 예수님이시므로 동성애자도 괜찮다는 것이었다. 언뜻 보면 평화를 사랑하는 관용적인 태도인 것처럼 보인다. 하지만 동성애를 인정하는 태도 저편에는 단순하고도 분명한 그들만의 종교적인 전제가 있다. 곧 '모든 것에 대해 OK라고 하시며 받아주시는 하나님'을 종교적 경배의 대상으로 삼는 것이다.

그들은 속이 텅 빈 것 같은 공허한 눈빛으로 자신들을 반대하는 나의 가치관조차도 용납할 수 있다고 말하며 자기 집에서 머무르라고 초대까지 했다. 그렇지만 나는 정중히 거절하고 카페를 나섰다.

자, 그런데 오늘밤은 어디서 묵어야 하나? 어떻게 보면 하루 묵을 곳을 찾아야 하는 것은 여행자의 고달픈 고민이기도 하지만 동시에 자유이기도 하다. '어딘가 쉴 곳이 있겠지'라고 여유롭게 생각하며 유스호스텔과 호텔을 다 찾아다녔다. 하지만 웬걸, 없단다. 그 두 여인과 대화하는 사이 30여 명의 승객들이 이미 다 차지해버렸나 보다.

다행히 호텔 프런트의 한 친절한 직원이 여기저기 수소문을 하더니 섬 중간쯤에 있는 캠핑장은 가능하다고 미안한 표정으로 알려주었다. 그녀의 친절함이 고마워서 경복궁의 풍경이 담긴 엽서를 선물로 주고는 배낭을 둘러메고 밖을 나섰다. 캠핑장까지는 섬을 가로질러 가야 했다. '이게 정말 야생의 스코틀랜드구나!' 양들이 군데군데 비를 피해 바위틈에 숨어 있는 것을 보니 이런 감탄이 절로 난다. 물론 엽서에 나온 양처럼 깔끔한 모양새는 아니었지만 말이다. 양들처럼 나도 어서 피할 곳을 찾고 싶어졌다. 슬슬 길을 잘못 든 것이 아닌가 하는 의심이 들 즈음, 드디어 캠핑장을 찾을 수 있었다. 사실 캠핑장이라기보다는 사유지에 야영을 할 수 있게 텐트를 빌려주는 곳이다. 넓게 펼쳐진 벌판에 서 있는 텐트 하나! 나 같은 여행자가 한 명 더 있나 보다. 집주인에게 무려 20파운드라는 거금을 주고, 텐트를 빌려 설치하고 나니 어느새 밤 10시가 넘었다. 위도가 높은 이곳 여름의 해는 이제야 꼴딱 넘어갈 순간이다. 하늘, 땅, 그리고 나 혼자인데 어느새 빗소리가 텐트를 후려친다.

혼자 하는 여행. 그 외로움과 마주하고 해결하기 위해서 기독교 공동체를 찾아왔는데 여전히 나는 혼자가 되었다. 그런데 혼자는 편하다. 간섭하고 눈치 줄 사람이 없다는 면에서 그렇다. 다른 사람에게 해를 끼치지 않는 한 늦게 일어나건, 옷을 아무데나 벗어 던져놓건 상관이 없다. 자유다. 그렇지만 혼자는 외롭다. 그래서 공동체를 찾고, 공동체를 형성한다.

그렇지만 공동체는 외롭지 않으려 같이 있는 편리와 혼자의 자유를 묘하게 뒤범벅 시켜놓은 것이 아니다. 어찌 되었건 공통의 삶의 목표를 공유하기 마련인데, 특별히 기독교 공동체는 그 무엇보다 종교적 기초를 같이한다. 그런데 '무조건 받아주기만 하는 하나님' 더 나아가 '나의

욕망을 인정해주는 하나님'이라니…… 그렇게 마음대로 살 수 있는 종
교가 기독교라면 기존 종교지도자들과 사회의 타락을 고발하며 산화해
간 수많은 기독교 선배들의 역사는 대체 무엇이 되는 건가? 자신의 욕
망에 따라 '하나님'을 재구성해버리는 것, 그것이 바로 나의 욕심을 따
라 우상을 민드는 것 아닌가? 그것을 부분적 종교진리로 그럴싸하게 포
장시켜 놓은 것이 내가 아주 짧게 경험한 아이오나 공동체이다. 현실에
참여하고 그 속에서 진리를 이룬다는 실천적 공동체가 이런 것이어야
하는가? 나의 욕망을 시인하기 위해 하나님을 재구성하는 것이 아니라
나의 욕망과 그 욕망을 쥐고 있는 나를 부인하고 절대하신 분 앞에 무
릎 꿇는 것이 진짜 종교의 모습이 아닌가? 이것이 없다면 무슨 의미 있
는 대화가 가능할 것이며, 공동체를 이룬다 한들 무슨 의미가 있을 것
인가?

　이것이 내가 여기 혼자 벌판에 당당하게 나와 있는 이유이다. 시간과
여유가 있었다면 좀 더 머물며 다른 사람들과도 진지하게 대화를 나눠
볼 수 있었을 텐데……. 언젠가 기회가 있을까?

켈트족 브레이브 하트 –존 녹스

여기 에든버러에 머물 수 있는 시간이 고작 한나절뿐이라니 정말 아쉽
다. 내일이면 휴일도 끝나고 다시 사무실에 출근을 해야 하는 상황이
니, 그냥 확 사고를 치고 결근을 해버릴까 하는 일탈의 유혹이 슬며시
고개를 쳐든다. 사실 고등학생 때까지 야간자율학습 몇 번 빠진 것 빼
고는 사고 한 번 친 적 없는 모범생으로 살아왔는데, 지금 생각해보면
왠지 억울하다. 학교 좀 빠진다고 큰일 나는 거 아닌데, 왜 그리 얽매이
고 살았는지 참……. 하지만 지금도 나름 사법연수생이란 공무원의 신

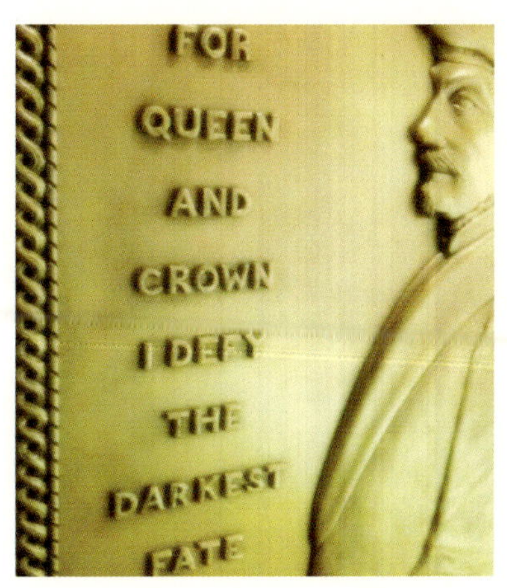

분으로 외국까지 나와서 땡땡이를 칠 수는 없는 노릇, 결국 또다시 어른 모범생의 결론에 도달하고 만다.

시티투어버스를 타고 관광책자를 뚫어져라 쳐다보았다. 갈 곳은 많은데 다 돌아보자니 거리상 불가능하고, 배낭도 무겁다. 이럴 때는 어떻게 해야 할까? 작은 욕심들을 버리자. 딱 한 곳만 정하자. 그렇게 택한 곳이 '존 녹스의 집John Knox House'이었다.

영국도 그렇지만 여기 스코틀랜드도 과거의 역사나 문화로 먹고사는 부분이 큰 것 같다. 자연환경뿐 아니라 잘 보존된 건물과 역사 유적들은 나 같은 수많은 관광객을 진공청소기처럼 빨아들인다. 그리고 보면 경제적인 측면에서도 영국이 해리포터로 10년간 벌어들인 수익이 308조 원 정도로, 같은 기간 우리나라의 반도체 수출 총액의 1.3배나 된다. 비록 제조업이 취약하긴 하지만 이렇게 한 방에 터뜨려 주는 것이 영국문화의 힘이다.

스코틀랜드 하면 역시 처음 생각나는 것은 남자들이 입는 체크무늬 치마와 백파이프 소리, 그리고 '브레이브 하트'라는 영화이다.

내용은 스코틀랜드 독립의 역사를 다룬 것인데 그 영화를 본 지 10
년 훌쩍 넘었음에도 그 영화음악과 멜 깁슨이 연기한 윌리엄 월리스
1272/6~1305, 스코틀랜드의 기사이자 독립영웅의 독립에 대한 열정과 용맹, 그를 따
랐던 사람들의 동지애는 아직도 내 맘 깊은 곳의 유목민족적 기질을
자극한다. 말을 타고 거칠게 초원을 내달리고픈 뭐 그런 거 말이다.

　대영제국에 속해 있지만 스코틀랜드는 영국과는 다른 점이 많다. 이
점은 같은 플랫에 사는 스코틀랜드 은행원 아저씨를 보면 알 수 있는
데, 그는 일단 기골이 장대하고, 말투가 직설적이고 음색이 거칠다. 그
래서인지 성격도 괄괄해 보인다. '괄괄해 보인다'라는 표현을 쓴 것은
내가 직접 부딪혀 그 성격을 확인한 적은 없지만, 굳이 그러지 않아도
알 수 있을 만한 포스를 풍기기 때문이다. 최근 스코틀랜드 일각에서는
영국과 이별하고 싶어 한다는데 그 자세한 속사정까지는 잘 모르겠지

232

만, 그들의 내부에는 강인하고 독립적인 민족적 기질이 내재되어 있는 것만은 분명하다.

지금 내가 찾으려는 존 녹스^{1514~1572, 스코틀랜드 장로교의 창시자}라는 인물 또한 이런 스코틀랜드인의 기상을 보여주는 종교개혁가이다. 입장료를 사시 인으로 들어서니 존 녹스와 메리 여왕의 대화내용이 적힌 커다란 판이 눈에 확 들어온다. 무슨 내용이기에 기념관의 첫머리로 장식했을까?

"그대는 『첫 나팔소리』라는 책에서 여성이 국가를 다스리는 것에 대해 반대하고 나의 여왕으로서의 권위를 부정하였는데 어찌된 일이오?"

"존경하옵는 폐하, 그것은 폐하가 아니라 특별히 저 잉글랜드의 이세벨(메리 튜더 여왕)을 비난하기 위해서 쓴 것이옵니다. 사도 바울이 네로 치하에서 사는 것에 만족하였듯이 저 또한 폐하의 치하에서 사는 것에 만족할 것이며, 만일 그녀가 성도들을 핍박하기를 삼갔다면 저나 저의 책을 두려워할 필요가 없었을 것입니다."

이쯤에서 영국과 스코틀랜드의 역사에 대한 부연설명이 필요할 것 같다. 지금 존 녹스가 대화하고 있는 여왕은 스코틀랜드의 여왕인 메리로서 잉글랜드 왕인 헨리8세의 누이인 마거릿 튜더의 손녀이다. 마거릿 튜더는 스코틀랜드의 제임스4세와 결혼하였는데 이는 잉글랜드와 스코틀랜드의 정략적 결혼이었다. 하지만 그렇게 낳은 아들인 제임스5세는 프랑스의 귀족인 기즈의 마리와 결혼하여 잉글랜드보다는 프랑스와의 우호를 꾀하게 된다. 따라서 그녀의 딸인 메리도 장성하기까지 프랑스에서 가톨릭적인 배경 아래서 자라나게 되었다. 여기서 존 녹스가 책을 써서 비난했던 대상은 별칭으로 '피의 메리^{Bloody Mary}'라고 부르는 메리1세인데 그녀가 그 유명한 잉글랜드의 헨리8세와 그의 첫 번째 왕비인 '아라곤의 캐서린'의 딸이다. 앤 불린과 결혼하기 위해 신실한 가톨릭 신자였던 어머니 캐서린을 쫓아낸 아버지 헨리8세와 그 '아버지'가 만든 영국국교회에 대해 그녀가 뿌리 깊은 반감을 가졌음은 쉽게 짐작할 수 있다. 따라서 그녀의 재위기간에는 개신교도에 대한 탄압이 지속되었고, 이에 대해 저항하고자 존 녹스가 붓을 든 것이었다.

존 녹스의 집에서 이층으로 올라가면 창문으로 에든버러의 거리가 내려다보인다. 그가 기도실로 썼던 조그만 방과 창가에 놓인 책상은 펜을 들이 써내려갔던 날카로운 필치의 글과 한 치 앞도 안 보이는 깜깜함을 돌파하기 위해 매달렸을 '기도의 자리'의 흔적들이다. 이런 소박함과 단순한 경건의 자리에서 세상을 울리는 메시지가 터져 나왔던 것이다.

당시 유럽국가들의 상황은 정치적 · 종교적으로 복잡하게 돌아가고 있었다. 가톨릭국가였던 프랑스와 스페인, 그리고 종교개혁의 불길이 일어나고 있었던 독일과 스위스. 이들 사이에서 혈연적 · 정치외교적으로 얽힌 잉글랜드와 스코틀랜드가 마침내 종교개혁의 편에 서게 된 것이다.

메리 여왕과 존 녹스의 대화를 좀 더 들어보자.

"그대는 백성이 무력으로 군주에게 저항해도 된다고 생각하오?"

"폐하, 군주가 지켜야 할 한계를 넘으면 백성은 당연히 무력으로라도 저항할 수 있습니다. 왕이나 제후에게 바쳐야 할 경의나 순종은 하나님이 부모에게 순종하라 한 것보다 크지 않습니다. 부모라도 발작을 일으켜 자식들을 죽이려 할 때에 자녀들이 일어나 아버지를 붙잡고, 칼을 뺏어 손을 묶고 발작이 멈출 때까지 감옥에 가둔다면 여왕폐하는 그 자녀들이 잘못을 저질렀다고 생각하십니까? 하나님의 자녀인 백성을 죽이려 드는 군주에게도 마찬가지입니다. 그런 군주의 맹목적인 열심은 발작에 불과합니다. 그러므로 그들에게서 칼을 빼앗고 정신이 돌아올 때까지 감옥에 가두는 것은 군주에 대한 불순종이 아니라, 하나님에 대한 올바른 순종일 것입니다."

이에 대해서 메리 여왕은 로마교회야말로 참된 하나님의 교회라고 생각하므로 자신은 로마교회를 수호할 것이라고 답변한다.

"폐하, 폐하의 뜻은 이치에 맞지 않습니다. 로마교회는 창녀에 불과합니다. 폐하 제가 로마교회를 창녀라고 부른다고 놀라지 마십시오. 로마교회는 교리에 있어서나 관습에 있어서 온갖 종류의 간음으로 더럽혀져 있습니다."

"내게 말씀을 전한 이들이 여기 있다면, 그들은 그대에게 답변해줄 것이오."

"폐하, 그들이 유럽에서 가장 학식 있는 교황주의자였으면 좋겠습니다. 그리고 폐하께서 가장 믿을 만한 사람이 폐하의 주장을 돕기 위해 곁에 함께 있고 폐하도 결론이 날 때까지 끝까지 참고 들으셨으면 좋겠습니다. 그러면 폐하도 가톨릭의 헛소리를 듣고 그들의 주장이 하나님의 말씀에 비추어 얼마나 근거가 희박한지 알 수 있으리라고 저는 믿어 의심치 않습니다."

이렇게 메리 여왕과 존 녹스의 첫 번째 만남은 끝나고 있다. 나중에 다시 이어진 대화에서 메리 여왕은 분을 참지 못해 한참을 울었다고 한다.

자신의 명줄을 쥐고 흔들 수 있는 여왕 앞에서 조목조목 할 말을 다하고 있는 사람, 더 나아가 로마교회에 대해 '창녀'라고 욕을 하며, 그 교리를 따르는 여왕 또한 간접적으로 비난해 버리는 너무나도 용감한 사람. 강인하고 직설적인 스코틀랜드인의 기질이 유감없이 발휘되는 장면이다. 그뿐 아니라 그 강력한 에너지는 정치와 종교의 관계에 대한, 그리고 신앙의 본질과 능력에 대한 명확한 확신으로부터 나온 것이었다. 절대주의 왕정이 자신들은 하늘로부터 부여받은 권한으로 나라를 다스리는 주권을 갖는다고 주장하던 시대, 그리고 로마교회는 이에 동조해 타락에 타락을 거듭해가고 있었던 상황에서 존 녹스는 전혀 새로운 종교적 기초 위에서 타락한 정치에 일침을 가하고 있었다. 군주도

백성과 동일하게 하나님의 법 앞에 서야 하는, 상대적인 권위를 가졌다는 새로운 정치이론을 제시한 것이다.

영원히 기억될 단 한 번의 대화를 한다면?

피곤한 몸을 싣고 다시 5시간을 달려 런던으로 돌아오면서도, 그리고 여행이 끝난 지 1년이 다 되어가는 지금의 시점에서도 스코틀랜드는 전혀 상반된 모습을 가진 두 가지 얼굴로 명확하게 기억된다.

첫째는 자기에게 유리하도록 해석한 종교를 방패 삼아 자신의 욕망을 정당화시키는 동성애 여인들이다. 자신 있는 것처럼 말은 하지만, 이상하게 텅 빈 눈동자를 가진 얼굴. 그리고 둘째는 쩌렁쩌렁한 목소리로 거짓을 드러내고 진리를 선포하는 존 녹스의 확신 있는 얼굴이다. 특히 지금으로부터 500여 년 전에 나눈 존 녹스와 메리 여왕의 대화가 아직까지 기억되고 전해진다는 점에서 나는 인간역사의 유한성을 초월해버린 힘의 살아 있는 예를 보았다.

이후 역사의 진행과정에서 메리 여왕은 여러 번의 결혼실패 끝에— 그래서 더욱 자신이 창녀라고 지적받기도 했단다— 결국 엘리자베스1세에 의해 잉글랜드에 유배되어 비운의 삶을 마무리하였다. 반면 존 녹스는 "그리스도 안에서 살면, 육신의 죽음을 두려워할 필요가 없다오. 주님, 교회에 충실한 목회자들을 보내주셔서 교리의 순결이 유지되게 하옵소서"라고 기도하며 생을 마쳤다.

존 녹스와 메리 여왕에 대한 평가는 상반될 수 있다. 종교와 정치가 서로 간에 상호작용하는 국면의 긍정적인 면과 부정적인 면에 대해서는 역사를 뒤져보며 짚어볼 수 있고, 마땅히 그래야 한다. 그리고 그런 역사의 단면을 들여다보게 되면 진실과 거짓, 성공과 실패가 뒤섞인 모습을 발견하게 될 것이다. 인간이기에 조금이라도 부족한 면이 있기 마련이고 누구나 실패할 수 있다. 누가 한 사람의 생애 전체를 함부로 판단할 수 있으리오?

어쩌면 나는 확신 갖기를 두려워하고 있는지도 모르겠다. 지금 하는 이 판단과 내가 가진 가치관이 궁극적이고 절대적이라는 것을 어떻게 알 수 있지 하고 생각하면서 말이다. 하지만 실제를 가만히 보던 사람은 어느 쪽으로든 판단을 내리고 그에 따라서 행동을 한다. 모든 것은 상대적인 것이라고 외치는 자들도 실은 절대적으로 붙들고 있는 것 하나씩은 있기 마련이다. 그러므로 중립의 자리는 없다. 중립적이라는 것이 때로는 신중함과 사려 깊음의 표상처럼 보이기도 하지만, 그 속엔 교묘한 책임회피가 자리 잡고 있을 수 있는 것이다.

변호사로서 앞으로 무수히 많은 판단을 내려가며 행동해야 하는 삶의 시작에 이제 나는 서 있다. 사람들은 직업으로서 변호사를 동경은 할지라도 별로 좋아하지는 않는 것 같다. 아마 과도하게 수임료를 비싸게 받는, 자본주의 시스템에 매몰되어버린 사람들 때문일 것이다. 이것은 곧 사람들이 법률가에게 장사꾼과는 다른 무언인가를 바란다는 의미도 될 수 있다. 인간사회에서 갈등과 분쟁이 없을 수 없다면, 난 그 자리에 선 중재자가 되고 싶다. 중재자의 정체성은 공의를 세우고 자비를 베푸는 자이다. 개인과 기업과의 관계뿐만 아니라 특히 남한과 북한 그리고 한·중·일의 얽히고설킨 역사분쟁을 풀어나가고 싶다. 설사 모든 것을 다 잃게 되더라도 모든 감추어지고 속여진 것들을 예리하게 드러내 공의를 세우고, 그 피가 줄줄 흘러내리는 상처의 자리를 껴안고 우는 자가 되고 싶다. 이것에 도움을 얻고 또한 배우기 위해서 나는 영국을, 유럽을, 그리고 이스라엘 땅을 밟았다. 똑같지는 않지만 우리와 같은 승리와 아픔과 영광을 가진 이 나라들을 방문하면서, 나 자신이 이상은 크고 높으나 현재로서는 얼마나 작고 보잘것없는 존재

　　　　　　　　　　　　　사법연수생, 영국문화에 빠지다

인지를 깨닫게 된다. 그래서 진리에 대한 단순한 사랑과 확신으로 여왕 앞에서조차 조금도 작아지지 않고 선명한 삶을 살았던 존 녹스의 삶이 더욱더 빛나 보인다. 역사의 선배인 그를 만나 작고 초라한 내 존재에 대한 염려와 두려움을 벗고 미지의 영역에 첫발을 내딛는 길에 새로운 확신과 결단의 꽃을 뿌리며 다짐해본다. 누구도 두려워하지 않았던 존 녹스도 죽었고, 존재감 없이 세상과 타협하며 이름 없이 살던 평범한 사람들도 모두 죽었다. 그러나 역사의 기록은 존 녹스에게 한없는 찬사를 보낸다.

스스로에게 다짐해본다. 진리에 대한 단순하고 열정적인 사랑과 확신을 불을 뿜듯 살기를!

그래서 법조계의 검푸른 밤하늘 위에 힘 있는 공동체의 이상을 별처럼 뿌리는 삶을 살기를!

농부 홍씨의 서유견문록(西遊見聞錄)

여행을 시작하면서

나는 여행이라고는 기껏해야 가족들과 함께 국립 자연휴양림이나 콘도 좀 다녀본 것밖에는 없는, 지나치리만큼 평범한 가장이었다. 언젠가 굉장한 모험심(?)을 발휘하여 찾아간 강원도의 한 오토캠핑장에서 네 가족이 함께 텐트를 치고 하룻밤 정도 자고 온 적이 있기는 하다. 그렇다 보니 우리 집 아이들에게도 '여행=콘도=네 명'이라는 등식이 세워져 있었던 것 같다. 텐트에서 하룻밤 잘 때에도 내심 아이들 표정에서 모험과 낭만에 들뜬 모습이 읽히기를 기대했는데 표정이 영 아니었다.

"여기서…… 자는 거예요?"

사실은 나도 텐트 체질이라기보다는 콘도 체질이었다. 일단 가야 할 곳을 미리 정하고 그 주변에 둘러봐야 할 곳도 미리미리 정해서 시간낭비나 '불확실성' 없이 여행을 해야 하는 사람. 숙소에 도착해서는 프런트에 서서 자신 있게 "예약했는데요"라며 예약번호를 불러줘야 안심이 되었던 준비맨. 동남아시아로 3주간 다녀왔던 해외출장이 가장 긴 여행이었던 사람. 가족과 함께하지 않는 여행은 해본 적이 없는 사람. 그런데 이 모든 걸 뒤집는 여행을 떠났다. 혼자서, 예약번호 하나도 없이, 그것도 무려 네 달 동안이나!

마흔 넘어 다들 안정을 추구하는 나이에 혁명적인 결단을 한 것이다. 그렇게 시작된 나의 4개월은 영국, 네덜란드, 독일, 프랑스, 스위스, 이스라엘과 이집트를 종횡무진하며 새로운 세계와 부딪히는 시간이었다. 하지만 돌아오고 나니 꽃이 만개한 봄에 밝은 얼굴로 환송해주었던 나의 동료들은 여름 내내 예년보다 훨씬 많이 내렸던 비와 무더위에 지쳐 있었고, 계절만 바뀌었을 뿐 사람들은 별 일 없이 그저 계속 회사에 다니고 있었고, 동네가게 아저씨는 계산대 앞쪽 선반 위에 높이 얹어 놓은 TV 속 드라마를 보며 여전히 '낄낄거리며' 웃고 있었다. 계절만 봄에서 늦여름으로 변하였을 뿐 모든 것은 그대로였다.

사실 나는 여행을 떠나기 전, 내 생애 이번 여행보다 더 역동적인, 아니 천지가 진동할 변화를 이미 경험한 터였다. 대학 졸업 후 대기업에서 12년 동안 따뜻함을 찾아드는 부뚜막의 암고양이처럼 얌전히 직장생활을 했다. 그간 동료들과의 관계도 좋았고 활기찬 회사분위기나 개방적인 기업문화도 마음에 들었다. 하지만 언제부터인가 내 인생의 후반전을 생각하게 되었다. 평균수명을 80세로 본다면 40세부터는 후반전의 시작이다. 인생도 축구경기와 마찬가지로 전반전 뛰고 바로 후반전에 들어가지는 않는다. 하프타임이 있다. '지금이 바로 나의 하프타임이다' 뭐 대략 이런 고민을 시작했던 것 같다. 후반전이 시작되면 얼마 지나지 않아 45세에는 노안이, 50세에는 오십견이 찾아온다고도 들었다. 그런데 내가 후반전 내내 이 회사에서 있을 수 있을까? 아니, 있어야 할까? 내가 여기에 뼈를 묻을 수 있을까? 아니, 꼭 뼈를 묻어야 할까? …… 이런 식으로 나의 질문형태는 회사가 먼저 나의 장래(진급과 퇴사)를 결정하고 나는 당하는 식의 수동적인 것에서 시작되었지만 점차 나의 결단과 책임을 묻는 능동적인 것으로 변해갔다.

이 질문에 대해 내가 내린 대답은 'Oh, No!'였다. 나도 원하지 않는다. 아마 회사도 원하지 않을 것이었다. 먼저 퇴직하는 선배들을 볼 때 그들은 늙지도 젊지도 않은 어중간한 나이에 다들 회사를 떠났다. 그리고는 빵집, 치킨집으로 아이들의 간식과 야식을 책임지겠다고 나서기도 하고, 그것도 아니면 회사에서 맡던 업무와 관련된 자그마한 자기 사업들을 차렸다. 좁은 사무실에는 지금까지의 사회생활의 결과물로서 개업을 축하하는 난蘭 화분 몇 개가 세워져 있곤 했었다. 아! 이건 아닌데…….

왜냐하면 회사생활을 하던 목적도 '돈 벌기', 퇴사를 하고 창업을 하는 목적도 '계속해서 더 많이 돈 벌기'. '돈 벌기'라는 것을 빼면 회사에

     농부 홍씨의 서유견문록(西遊見聞錄)

남아 있는 것이나 퇴사를 하는 것이 하등 다를 것이 없어 보였다. 그동
안 돈 버는 기계처럼 살아왔다면 이제 인생의 종점을 향하는 내리막길
위에서는 '돈 벌기' 말고 무언가 다른 일을 꿈꿔볼 수 있지 않을까? 물론
돈이 필요 없다는 말이 아니다. 단지 '돈벌이'가 인생의 목적이어야 되
겠느냐는 생각이었다. 나도 가만히 있다가는 평생 동안 회사 안이든 밖
이든 그저 돈 버는 길, 이 길로만 계속 가게 될 것 같았다. 또 한편으로
는 회사에서 신입사원 면접관을 하면서 우수한 스펙의 후배들이 물밀
듯이 들어오는 것을 경험했다. 신입사원 지원자 중에 토익 점수 900점
이하는 아예 면접에서 만나보기 힘들었고, 어학연수는 기본, 각종 동아
리 활동과 공모전 등에서 눈부신(?) 활약을 하던 지원자들이었다. 물론
나를 포함한 면접관들은 이것이 진실인지 아닌지를 감별해내야 하기
도 했다. 어찌 되었건 이들은 공부면 공부, 어학이면 어학, 대외활동이

면 대외활동 모두 나의 대학생활을 훌쩍 뛰어넘는 실력을 보여주었다.
또 미국이나 영국에서 MBA를 마치고 신입 또는 경력사원으로 새로 들
어오는 후배들은 어찌나 많은지……. 내가 맡았던 역량면접이라는 면
접방식은 항상 2명의 면접관이 같이하곤 했었는데, 면접을 마치고 나면
나와 또 다른 면접관은 서로 마주보며–안도의 한숨과 함께– 말하곤
했다.

"우리가 지금 입사했다면 아마 못 들어왔을지도 몰라."

이 말은 마치 '경쟁이 지금보다는 덜한 시기에 입사한 우린 행운아
야'라고 말하며 좋아하는 것처럼 들릴지도 모르지만, 우리 또한 냉정한
경쟁사회에 던져진 똑같은 이종격투기 선수라는 긴장감을 일시적으로
해소해주는 슬픈 유머이기도 했다.

'지금은 이 회사가 참 좋지만, 미래를 위해서라면 아니다!'라고 내 인

     농부 홍씨의 서유견문록(西遊見聞錄)

생의 후반전을 위해서 결론을 내리게 되었다. 나 아니어도 이 회사에 들어오려는 젊고 유능한 사람들이 줄 서 있다. 그래서 생각했다. 나를 더 필요로 하는 곳! 보편적 가치—한 회사에 충성하는 것보다 나라와 인류에 유익한, 조금 더 나아가 내 삶이 끝난다 할지라도 내 행동의 결과로 오랫동안, 아니 가능하면 영원히 남는 가치—가 있는 곳! 하지만 사람들이 들어가려고 절대로 줄 서지 않는 곳, 쉽게 말해서 중요하지만 비인기종목으로 가자!

2005년 4월의 어느 토요일 아침.

아침에 눈을 뜨면서 두 글자가 머리를 쳤다. '농업'이었다. 그러고 보니 나는 농대생이었다. 1988년 나는 S대 농대에 입학을 했다. 농업에 사명이 있어서가 아니라 무슨 일이 있어도 S대를 들어가야 한다는 부친의 강권 때문이었다. 사실 나는 국문학과나 영문학과에 가고 싶었지만 그렇게 확고하지도 않았고, 전공과 상관없이 부친이 추천하는 대학에 가는 것도 나쁘지 않겠다 싶어서 그렇게 결정했다. 이런 생각으로 입학을 했으니 무슨 공부를 제대로 했겠는가. 따라서 바닥을 긁는 학점, 소홀한 학교생활로 이어졌다. 나의 대학입학 과정에서 주요 의사 결정권자로서 나의 부친이 등장하기는 하지만, 이 모든 결정의 책임은 내게 있었다. 고3이라는 나이는 충분히 책임지고 결정할 수 있는 나이이기 때문이다.

대학생활은 대충 했지만, 역시 S자로 시작하는 그룹에 입사할 수 있었고 뼈 빠지게 노력하지 않아도 내 인생은 그런대로 무난하게(?) 흘러가고 있었다. 학교에서 가정에서 직장에서 그리고 교회에서 '대충', '무난하게'—지금까지 내 삶에 대한 자평이다— 살아오던 삶에 대해 2005년을 끝으로 종지부를 찍었다!

한 집회에서 지금까지 나와 내 가족만 생각하며 살아온 것이 얼마나 편협한 생각이며, 횡橫으로는 세계를 품고, 종縱으로는 과거와 현재와 미래의 역사를 함께 바라보아야 함을 마음으로 절감하게 되었다. 이것은 집회 한 달 전, 번개에 감전된 듯 내 몸에 들어온 '농업'이라는 새로운 비전과 폭발적인 화학작용을 일으키게 되었다. 그러면서 퇴사를 위한 준비와 진학을 위한 준비가 착착 진행되었다. 이후 다시 모교 대학원에 입학하여 대부분 12년 이상 나이 차이가 나는 후배들과 때로는 협력하며 때로는 경쟁하며 석사과정을 마쳤다. 이 기간에 나는 특별히 나 자신이 어떤 존재이며, 내가 믿는 하나님은 어떤 분이신가에 대해 근본적인 질문을 하며 답을 찾는 과정을 보내기도 하였다. 내 인생 처음으로 하나님 앞에 오랜 시간 무릎을 꿇고 엎드리며 나아감을 통해 남은 인생에서 가져야 할 근본적인 태도를 배우게 되었다.

이렇게 내 인생 후반전은 새롭고—물론 옛것을 다시 꺼낸 것이지만— 영원한 가치를 향한 꿈과 도전으로 시작되었다. 농업에 대해 새 마음으로, 그리고 실제적으로 다시 공부하다 보니 '내가 왜 이제야 이걸 선택했을까!' 하는 후회가 쓰나미처럼 몰려왔다. 세계적으로 식량의 생산과 공급과 소비에 있어서 이토록 문제가 많고 해야 할 일이 많았던가!

『음식혁명』이라는 책은 미국식 농업생산체계의 문제점을 보게 해주었고, 『침묵의 봄』은 인간의 단순한 행동이—제초제나 살충제의 무분별한 사용— 복잡한 생태계를 얼마나 파괴하는지를 보여주었다. 이렇게 책으로 공부하는 것뿐만 아니라 한국의 농촌현실을 다녀보면서 발견한 가장 중요한 사실은, 시골이라는 곳이 내가 짐작했던 것보다 더 개인화·파편화되어 있다는 것이다. 옛날에 책에서 보던 '두레'나 '품앗이'와 같은 고유의 농업공동체의 전통은 거의 사라지고 지금은 마을 사람들끼리 모래알처럼 지낸다. 이런 차에 나의 마음에 깊숙이 각인되는 사건을 만났다. 어느 날 우연히, 어머니께서 시골에 계신 친척어른과 통화하시는 것을 들었다.

"이번 주말에 농약을 뿌리니까 그전에 와서 오이 좀 따가거라."

농부 홍씨의 서유견문록(西遊見聞錄)

쾅! 내 머리가 무엇에 한 대 얻어맞은 것 같았다. '내 식구가 먹을 오이와 남이 먹을 오이가 다르다!' 이 통화를 들으면서 농업 자체도 중요하지만 신뢰를 바탕으로 생산자와 사용자가 하나의 가족으로 서로를 의식하는 공동체를 형성하는 것이 더 중요하다는 사실을 절감했다. 농촌사람과 도시사람, 생산자와 사용자와 유통자가 함께 가족처럼 믿고 서로를 세우는 공동체! 이것이 핵심이었다.

농업과 더불어 공동체에 관한 공부를 함께하면서 이 두 가지에 대한 이론과 실제를 모두 경험할 수 있는 나라에서 좀 더 공부를 해야겠다고 결심했다. 그러면서 몇몇 나라들을 마음속에 품게 되었다. 우리나라보다 땅이 좁고 그마저도 해수면보다 낮은 곳이 많음에도 불구하고 농산물 수출액 규모 세계 2위인 농업 강국 네덜란드, 그리고 역사적으로 사회와 국가에 진정한 기여를 했다는 증거를 가진 공동체, 키부츠의 고향 이스라엘이었다. 그런데 욕심이 스멀스멀 생기기 시작했다.

'이렇게 시간 내고 돈 들여서 멀리까지 가는데 두 나라만 보고 온다?'

비행기 값이 아까웠다. 유럽은 조그만 나라들이 오밀조밀하게 모여 사는데 기왕 네덜란드까지 가는거 '유럽' 자체를 제대로 보고 오자 싶었다. '까짓 거 하지 뭐!' 그리고 이스라엘이야말로 농업과 공동체 두 마리 토끼를 한꺼번에 잡을 수 있는 곳이 아닌가, 두말하면 잔소리!

그래서 나의 여행계획은 영국에서부터 시작하여 네덜란드, 독일, 프랑스 그리고 스위스를 거쳐 이스라엘로 이어지는 장장 4개월의 여정으로 늘어났다. 여행의 주제는 당연히 '농업'과 '공동체', 그리고 '사람'이었다. 주제를 구체화하기 위해서 나는 다음과 같이 이번 여행의 목표를 세웠다.

코스: 영국 북부-런던-네덜란드-독일-프랑스-스위스-

이스라엘

일정: 2011.4.28. ~ 8.20.

목표

첫째, 농업기술과 농촌 공동체 형성에 대해 배울 수 있는

학교와 선생님을 만난다.

둘째, 최대한 세밀하게 기록한다.

셋째, 최소한의 자원으로 생활한다.

넷째, 하루 세 명 이상의 사람과 대화한다.

농부 홍씨의 서유견문록(西遊見聞錄)

01

한국인,
유럽 땅에 서다

콧대가 높다 하되……

인천공항을 떠난 비행기는 중국과 중앙아시아를 관통하여 유럽대륙으로 시원하게 뻗어간다. 도착지인 런던에 가기 전 환승을 위해 잠시 들른 파리. 인천에서 같이 출발하여 옆자리에 앉게 된 사에코라는 일본아가씨는 일본어로 된 파리 여행책자를 펴들고 이륙부터 착륙 때까지—착륙 직전 화장으로 자신을 변신하던 시간을 빼놓고는— 책에 줄 긋고 메모하면서 '파리 예습'에 여념이 없었다. 만약 이 아가씨가 일본에서 이렇게 줄기차게 공부했다면 아마 동경대학교에 입학하고도 남았으리라! 하지만 대화를 해보니 여행을 할 수 있을까 싶을 정도로 영어로 의사소통하는 것은 거의 불가능해보였다. 그러면서도 자신이 여행 갈 나라를 책으로 탐독하는 다소 기이한 여행태도를 가지고 있었다. 여행지에서 현지인에게 뭔가를 물어보는 것조차 민폐를 끼친다고 생각해서 절대 다른 사람에게 폐를 끼치지 않으려고 그렇게 홀로 열심히 공부하는 걸까? 이런 모습은 과연 일본인답다고나 할까? 그녀의 태도는 현지인과 적극적으로 부딪히려고 여행을 떠나는 나의 자세와 완전히 대비되었다. 나는 이제 실수하지 않으려고 벌벌 떨던 이전의 준비맨^{準備man} 버릇을 던져버렸다. 철저한 준비를 바탕으로 어떤 장소에 간다는 것 자체로 만족하지 않고 그곳 사람들과 대화를 하기 위해서 도전정신으로 무장하고 뛰어들기로 작정한 것이다. 하여튼 에펠탑 볼 생각에 한껏 들뜬 사에코와 페이스북 주소를 서로 나누다 보니 어느새 비행기는 파리에 무사히 바퀴를 내리고 있었다.

내가 처음 와 본 서양^{西洋}!

회사생활을 할 때 해외사업을 담당하여 항상 출장 가던 곳은, 심리적으로 부담 없고 조금은 만만하게 여겨지는 중국과 동남아시아였다. 그곳 공항에 내리면 나보다 키가 조금 작거나 같고, 나와 피부색도 비슷한 사람들이 다니고, 공항을 빠져나오면 약간은 지저분한 거리와 패션에 대해 절대 무관심한 듯한 사람들이 눈에 띄었다. 그런데 이번엔 다르다! 내 뒤에 대기업이라는 든든한 회사의 배경도 없이 나 혼자서 서야 했고 그 첫 출발지인 이곳은 유럽의 중심인 파리였다. 여기가 말로만 듣던 파리 샤를 드골 공항이다.

나는 이곳에서 런던으로 가는 비행기를 갈아타기 위해 공항에서 2시간 정도 머무른 게 고작이지만 이때 이미 나는 파리지엥^{Parisien}들과 나 사이의 인종적 차이를 몸으로 느끼기 시작했다. 한민족(예맥족?)과 골^{Gaul} 족의 차이를! 칸영화제를 연상시키는 빨간 카펫이 깔려 있는 파리의 샤를 드골 공항에서 본 사람들은 대부분 나보다 키가 큰 것 같았고 (느낌), 코는 확실히 높았다(이건 사실). 외모만 보면 남자, 여자 모두 패션모델같이 세련되어 보였다. 게다가 거의 모든 사람들이 두꺼운 책들을―내가 볼 땐 모두 원서(?)인― 하나씩 들고 독서삼매경에 빠져 있었다. 책을 읽고 있던 중년의 한 아주머니는 안경을 한참 아래에 걸쳤는데도 콧등의 절반 밖에 내려오지 않았다! 외모도 멋진 데다가 독서에 열중하는 모습에서 교양과 세련이 몸에서 줄줄 흘러내리고 있었다.

'아! 이 인종적, 문화적 열등감……'

이렇게 주눅 들어 있는 순간, 가까이 지내며 가르침을 주시는 멘토의 말씀이 생각났다.

'다 껍데기다. 유럽 사람들도 우리와 똑같이 고민하고, 고통받고, 또 신음하며 산다. 너는 가서 그걸 봐야 한다.'

순간 의지적으로 파리 사람들의 외모와 분위기에 주눅 들었던 마음을 떨쳐내 버렸다. 마음이 한결 가벼워지면서 갑자기 소위 말하는 사해동포심cosmopolitanism: 인종, 피부, 문화 등을 초월한 만민평등의식 같은 것이 마구 생겨난다.

환승시간이 두 시간밖에 되지 않았기 때문에 인천공항에서 내 짐에 붙여준 '단기연결short connection'이라고 쓰인 빨간 환승딱지 덕에, 짐은 내가 찾아서 옮길 필요 없이 런던행 비행기로 옮겨졌다. 처음 경험한 서비스 덕택에 여행의 큰 수고를 덜고 편히 쉴 수 있었다. 그렇게 세상은, 나도 모르는 사이에 조금씩 편해져 가고 있었다.

그렇게 파리를 거쳐 저녁 8시가 다 되어서야 런던 히스로Heathrow 공항에 도착했다. 한때, 아니 제법 오랫동안 세계를 지배했던 나라, 사자獅子 영국. 그 사자의 심장인 런던은 어떤 모습일까? 런던에서 숨 쉬는 공기는 어떤 냄새일까? 런던 사람들은 어떻게 생겼을까? 처음부터 끝까지 모든 것이 궁금했다. 그래서 잠시 히스로 공항 청사 밖으로 나와서 런던을 빼꼼히 들여다보았다. 밤이기도 하고 공항 밖으로 멀리 나간 것도 아니라 그저 공항버스, 택시, 주차장 뭐 이런 것만 보일 뿐이었다. 영화 해리포터에서 나오는, 영국 자동차의 전통적인 모습을 한 까만 택시들이 줄지어 서 있었다.

4월 28일 밤 9시 23분
아직 4월이라 그런지 불어오는 바람 속에서 추위가 느껴졌다. 혹한이

기승을 부리는 정도는 아니었지만 아무래도 서울보다는 위도가 15도 정도 높은 곳이라는 객관적 사실과 당장 갈 곳 없는 이방인이 겪는 주관적 낯설음이 합쳐져서 그런지 더 춥게 느껴졌다. 떠나올 때 바빠서 경황이 없기도 했지만, 그래도 '첫날은 숙소라도 예약하고 올 걸 그랬나?' 하는 후회(後悔)가 마구마구 밀려왔다. 먼저 다녀온 여행선배들이 가방의 개수를 최소화하라고 해서 4개월 동안 버텨야 할 짐을 달랑 배낭 하나로 꾸려왔으니 등짐이 오죽 무거우랴…….

　설상가상으로 공항과 시내를 연결해주는 버스도 벌써 끊어진 상태였다. 그 뒤에도 2주 정도 런던에 있어 보니 지하철도 일부 라인이 예고도 없이 정지되어서-특히 주말에- 불편함이 많았다. 정말 '낫 굿Not good!'-영국식 발음으로-이었다. 아마도 런던이 대중교통에서 있어서는 그리 상황이 좋은 편은 아닌 것 같았다. 하여튼 이런저런 차편을 알아보다가 결국은 억울한 마음을 꾹 삼키고 제일 비싼 기차인 히스로 급행Heathrow Express을 타고 런던 시내로 갈 수밖에 없었다. 이런 상황에선 지금 나에겐 어떤 정보라도 도움이 될 것 같아서 공항 안에 있는 사람들을 둘러보는데 마치 인종 전시장과도 같았다. 이 중 가장 나에게 도움을 줄 수 있을 것으로 보이는, 쉽게 말해서 내가 보기에 가장 영국인답게(?) 생겼다고 판단한 청년에게 이것저것 물어보려 다가갔다. 하지만 웬걸! 이 청년은 현재 인도에서 살고 있고 런던을 거쳐 스코틀랜드로 가야 하는 상황이었다. 그런데 비행기 표가 예약이 된 줄 알고 왔는데 안 되어 있는 난처한 상황이라면서, 오히려 나에게 전화기 좀 사용할 수 있겠냐고 도움을 요청했다. 하지만 그때 내 전화기는 나만큼이나 정신을 못 차리고 있었다. 로밍도 안 되어 있는데다가 오늘이 며칠인지 여기가 어딘지도 모르고 헤매고 있는 중이었기 때문에 빌려줄 수도 없는 상황이었다.

　'나도 대책이 없지만 당신도 만만치 않구려…….'

서로 이곳에 대해서는 통 모르는, 당황한 난민 둘이 만난 형국이었다. 물론 내가 도와줄 상황이었으면 도와줬을 것이다, 아마도. 이 서양 청년에게 도움을 받으러 갔다가 못 도와줘서 미안하다고 오히려 동양 아저씨인 내가 사과(?)한 후, 기차를 타고 런던시내 패딩턴Paddington 역으로 서둘러 갔다.

왜 패딩턴에 갔냐고? 거기에 누구 아는 사람이 있냐고? No! 공항에서 멀지 않았고 이름도 근사하게 영국적으로 들리는 것이 마음에 들어서 그냥 온 것이다. 이렇게 낭만적으로 돌진 앞으로! 여행은 이렇게 하는 거다. 하지만 몇 정거장 안 왔는데도 요금은 8파운드 50센트, 우와, 거의 만 오천 원 돈이다. 낭만 앞에서도 현실은 역시 현실이다.

눌러야 열립니다

히스로 공항에서 패딩턴 역으로 가는 히스로 익스프레스가 플랫폼에 미끄러지듯이 들어온다. 기차가 정차했을 때 나는 영국의 기차에서 우리나라와 다른 것을 처음 보았다. 그리고 그 '다른 것'은—앞으로 내가 경험하게 될— 유럽의 다른 나라들이나 이스라엘에서도 많이 볼 수 있었다. 그게 무엇일까? 기차가 도착했을 때 나는 한국에서 늘 그랬듯이 '이리 오너라' 하는 마음으로 가만히 서서 점잖게 문이 열리기를 기다리고 있었다. 그런데 문이 안 열린다.

'문이 왜 안 열리지? 열려라 참깨! 아, 참 여기선 영어로 해야 하나?' 잠시 이런 쓸데없는 생각을 하고 있는데, 갑자기 내 뒤에서 흰 손이 스윽 나오더니 문에 있는 버튼을 누르는 것이었다. 바로 이것이다! 우리나라와 '다른 것'은 지하철이나 버스를 탈 때 승객이 '자발적'으로 문에 있는 버튼을 눌러야 열린다는 것이었다. 객차 내부에서 내릴 때에도 마

찬가지였다. 버튼을 안 누르면 내리지 못하고 그냥 지나갈 수밖에 없다.

내 뒤에 서 있던 그 흰 손의 주인공인 영국 사람이 보기에 이 어리버리한 동양인이 문 열기를 기다렸다가는 기차를 못 타겠다 싶었나 보다. 우리나라에서 들었던 추억의 유머가 갑자기 생각난다. 갑자기 버스 안에서 아버지와 아들이 엉엉 울기 시작했다. 이유인즉슨, '부자를 울려야 문이 열립니다'라고 쓰여 있었다나? 버저buzzer를 부자父子로 읽었다는 우스갯소리다. 한국에선 가만히 있으면-아니면 울면서 수동적으로 앉아 있으면- 문은 자동적으로 열리는데, 유럽에선 내 손으로 적극적으로 버튼을 눌러야 문이 열린다? 아주 작고 사소한 일이었지만 이것을 보고 많은 것을 생각했다.

핵심은 문화의 차이라는 생각이 들었다. 승객이 수동적으로 기다려도 문이 자동적으로 열리는 현재의 동양-적어도 한국-과 승객이 능동적으로 눌러야 문이 열리는 서양의 차이, 즉 각 사회의 문화가 반영된 시스템의 차이였다. 사물이 인간의 필요에 맞추어 자동적으로 행동해주는 동양적인 문화가 좋을 수도 있지만 어떤 면에서 인간을 점점 더

농부 홍씨의 서유견문록(西遊見聞錄)

수동적으로 심지어 게으르게 만들 수도 있다. 그러나 정반대로 인간이 자기 삶의 결과에 대해 궁극적 책임을 지는 서양적 문화가 약자에게는 냉혹하게 보여도 놀라운 장점이 될 수도 있다. 즉, 승객이 자기 행동에 대한 책임을 지고 이번 역에서 내리는 다른 사람이 없을지라도 나는 내 리야겠나는 석극적 의사표현을 하는 것 말이다. 또 기차 차장의 입장에 서도 내리는 사람이 없는데도 쓸데없이 문을 여는 것보다 승객의 필요 가 있을 때에 문을 여는 시스템을 구축하는 것이 훨씬 더 나은 길일 것 이다. 조금 더 일반화시켜서 말해본다면, 행위자의 능동성·적극성· 책임성이 중요한 문화시스템과 정반대로 행위자의 소극성·수동성 쪽 으로 나가는 문화의 차이일 것이다.

생각이 여기까지 미치자 예전에 한국에서 봤던 일 하나가 생각났다. 동해안의 한 해수욕장으로 피서 갔을 때, 모래사장에서 놀다 나와 모래 투성이가 된 초등학교 3~5학년 정도 되어 보이는 아이를 아빠, 삼촌, 이 모로 보이는 세 명의 어른이 전부 달려들어서 수돗가에서 씻기고 있었 다. 이 아이는 스스로 씻지 못할 정도의 어떤 장애도 없어보였다. 그런 데도 한 아이를 가만히 세워놓고는 세 명의 어른이 바삐 돌아가며 씻겨 주고 있었다. 어디 이뿐이랴! 서양 같으면 부모에게서 독립하려고 의 도적으로 집에서 아주 먼 곳의 대학을 진학할 나이인 20세가 다 되어가 는 아이들의 입시, 진로설명회에 엄마들의 치맛바람이 휘날리고 결국 은 엄마가 적극적으로 아이의 진로를 결정해주는 한국에서 우리는 살 고 있다. 심지어 40대가 되어서까지 부모에게서 독립하지 않으려는 인 간 캥거루족이 생겨날 정도라지 않는가! 그것과 반대로 유럽의 젊은이 들은 20~22세 정도가 되면 몇 개월에서 몇 년씩 스스로 비용을 마련해 가며 해외여행을 다니는 것을 보았다. 만났던 청년들의 95%는 모두 나 이가 20~22세 사이였으니까. 이스라엘에서 만난 네덜란드의 14살 소년 요나단에게서도 나는 독립심과 더불어 한 인격체로서 서 있는 모습을 보았다. 무슨 차이일까?

또 다른 관점에서의 능동성을 요구하는 일이 런던에서 한 번 더 있었다. 유럽의 지하철은 탈 때나 내릴 때 표를 검사하지 않는 경우가 많다. 그렇다고 해서 무임승차를 했다가 발각이 되면 무거운 벌금이 내려진다. 사법연수생으로 런던에 잠시 인턴연수를 온 동생 경태가 런던 동부의 이스트 인디아East India 역 부근에 숙소를 잡은 관계로 나도 이 역을 몇 번 이용했던 적이 있다. 그런데 이 역의 구조는 무임승차를 방조하는 정도가 아니라 아예 조장(?)하는 것처럼 보였다. 어떤 역무원도, 어떤 매표소도 없이 2층 정도의 계단만 올라가면 바로 기차를 탈 수 있다. 또 나올 때도 검표기가 잘 안 보이는 곳에 깊숙이 들어가 있어서 바로 집으로 가는 게 더 빠르고 수월하다. 처음 이 역에 갔을 때 열차에서 내리면서 저 구석에 있는 검표기를 못 찾아 헤매다 '뭔 일 있겠어?' 싶어 교통카드를 찍지 않고 그냥 나와 버렸다. 그런데 다음 날 다른 역의 지하철 개찰구에 들어섰는데 갑자기 빨간 불이 들어오는 것이 아닌가! 역무원에게 불려가서 어제 요금까지 고스란히 다시 지불해야 했다. 손, 발, 몸짓 섞어가며 변명을 했기에 다행히 벌금을 내지는 않았다. 동서양의 이러한 실제적 삶의 차이들은 무엇을 보여주는 것일까? 눈으로 볼 때는 가로막는 것이 없어서 쉽게 타고 쉽게 내릴 수 있는 영국의 지하철. 육중한 바bar가 가는 길을 막고서 한 사람씩 표 검사되는 한국의 지하철. 개개인이 자신의 자율의 기초 위에서 권리와 편리를 충분히 누리지만, 다른 한편으로 철저히 자신의 행동에 따른 책임을 지는 문화, 동양인으로서 이 유럽 땅에 와서 느끼는 이런 문화적 차이들을 삶의 모든 영역 속에서 나에게 적용하여 더 나은 것을 꾸준히 찾아가기로 했다.

프랑스 리옹에서도 나의 적극적인 자세를 요구하는 작은 일이 있었다. 프랑스 남부에서 가장 큰 도시 리옹에 단 하나밖에 없는 호스텔인 인터내셔널 호스텔링International Hostelling을 예약할 수 있었던 것은 정말 신기한 일이었다. 독일에서 일정을 마무리하면서 여유 있게 앉아서 인 터넷에 접속할 수 있는 곳이 슈투트가르트가 마지막이었기 때문에 호 스텔에서 프랑스 일정을 짜며 숙소를 예약하기 위하여 시간을 보내고 있었다. 동선動線을 고려하면서도 좀 더 프랑스를 깊이 이해하기 위해서 이곳서곳을 따져보고 있었다. 파리는 동선에서 너무 떨어져 있었고, 디 종Dijon이나 스트라스부르Strasbourg도 있었지만 좀 더 대표적인 도시 리옹 Lyon이 좋겠다 싶었다.

그런데 알고 있는 예약사이트를 다 들어가 봐도 호스텔을 찾을 수가 없었다. 나중에 알게 된 사실이지만 리옹에는 호스텔이 하나밖에 없었 던 것이다. 그러므로 리옹에서 호스텔을 찾아 예약하는 것은 조금 과장 하자면 마치 바닷가 모래밭에서 바늘 하나 찾는 것처럼 어려운 일이었 다. 그렇게 두 시간 정도를 끙끙 대고 있었을까? 방에 한 청년이 들어왔 다. 동양계의 외모를 지닌, 머리를 아주 박박 민 청년이었다. 서로 간단 한 자기소개를 통해 나는 이 청년이 베트남 출신이고 미국국적을 가지 고 있으며 현재는 프랑스에서 산다는 것을 알게 되었다. 그러면 내가 리옹에 있는 호스텔 예약하는 것을 도움받을 수 있지 않을까? 그런데 청년은 소개가 끝나자마자 저녁 7시에 일을 나가야 한다며-무슨 일인 지는 잘 모르겠지만- 옷을 막 벗더니 침대로 들어가 잠을 청하는 것이 었다. 조금 있다가 자리에서 일어나기에 내가 지금 리옹의 호스텔을 예 약하려 하는데 어려움을 겪고 있다고 했다.

"아, 그래요? 진작 말하지 그랬어요?"

'치, 오자마자 서둘러 자느라고 말 붙일 시간이나 줬냐.'

"내가 지금 리옹에서 살고 있거든요. 리옹에서 호스텔 찾기 어려울 거예요. 거긴 호스텔이 하나밖에 없거든요. 바로 여기예요!"

처음 소개하고 통성명할 때 좀 더 자세히 신상명세(?)를 파악했더라 면 더 빨리 문제를 해결할 수 있었을 텐데 하는 아쉬움이 있었긴 했다.

하지만 정반대로 내가 만약 조금 더, 그리고 끝까지 옆 사람에게 무관심하고 소극적이었다면, 리옹에서의 일정은 더 비싸고 덜 아름다웠을지 모른다. 어쨌든 지금이라도 너무나 다행이었다. 마치 이 청년은 나에게 호스텔 예약을 도와주려고 갑자기 나타났다가 갑자기 사라져버린 천사 같은 느낌이 들었다. 대머리 천사! 리옹에서의 숙소문제는 그렇게 해결되었다.

여행은 사냥터와도 같다. 낚시하듯 앉아 있으면 아무것도 이루어지지 않는다. 내가 태어나고 자라온 우리나라는 오랫동안 정주민족의 기질 속에서 살아왔다. 나도 전형적인 정주민 스타일이다. 여행에서 배운 것처럼, 이제는 실제 삶에서도 유목민, 그야말로 노매드nomad 스타일로의 변신을 시도할 것이다. 켈트족 · 게르만족 · 훈족 · 만주족처럼 말이다.

이 시대의 진짜 왕자와 공주는?

배고픔은 음식에 대한 불평을 없애주고—그래서 '시장이 반찬'이라는 속담은 서양에서도 통하는, 동서양의 진리인가 보다— 피곤은 잠자리에 대한 불평을 없애준다. 45파운드를 내라고 하는 것을 안 되는 영어실력 다 동원해서 5파운드 깎고 나서 방에 들어가 보니 침대—침대라기보다는 침대 용도로 짜놓은 나무구조물— 하나와 조그만 세면대 하나, 겨우 혼자 설 수 있을 정도의 발코니가 전부였다. 누추한 방이었지만 피곤 덕택에 런던에서의 첫날밤은 꽤 만족스러웠다. 여기도 새벽이 되니 청소차가 다닌다. 쓰레기통을 들어서 차에 부어넣는 소리에 잠이 깼다. 몸은 좀 피곤했지만 영국의 새벽이 어떤가 궁금하여 산책을 하고 싶어졌다. 그래서 아침 6시쯤 거리로 나가니 길거리를 다니는 사람이 거의 없는, 런던의 민낯을 보게 되었다. 24시간 문을 여는 슈퍼마켓은 신선한 과일과 야채들을 거리

농부 홍씨의 서유견문록(西遊見聞錄)

에 진열한 채 영업 중이고, 그 옆에 있는 중국 음식점은 희한하게도 한국 우리 동네에 있는 중국집 이름―연경燕京―과 똑같다. 하지만 오래된 석조 건물들, 그 건물의 고색창연한 영국식 이름들, 그리고 거대한 몸뚱아리로 좁은 도로를 재빠르고 능수능란하게 휘젓고 다니는 이층버스는 그저 새 롭고도 신기하면서도 정말 여기가 영국인 것을 실감나게 만들었다.

오늘은 홍콩을 들렀다 오느라 나보다 하루 늦게 런던에 도착하는 경 태를 만나야 한다. 아직 반나절의 시간이 남는다.

'어디로 가볼까나?'

지도를 들고 주변을 살핀다. 여기 런던에 와보니 원주민들과 이방인 들의 차이가 확연하다. 책을 들고 있는지, 지도를 들고 있는지 보면 된 다. 지도에서 주변을 찾아보니 눈에 쏙 들어오는 단어가 하나 있다. 런 던에서 가장 큰 공원이자 왕립공원인 하이드 파크Hyde Park!

'중학교 영어시간에 교과서에서 읽었었지. 그래, 여기로 가자. 런던 에서는 공원이 유명하다는데, 넓고 한적하고 멋진 런던의 공원을 한 번 거닐어 보리라.'

하지만 이 기대는 오래지 않아 산산이 깨졌다. 가는 길부터 경찰이 길에 쫙 깔려 있는 게 분위기가 심상치 않았다. 공원에 가까이 갈수록 경비는 더 삼엄해지고 사람들도 점점 많아진다.

'잉, 이게 뭐야?'

이제 길은 대략 알 것 같지만 슬슬 영어에 적응해야겠다 싶어서, 길 모퉁이마다 서 있는 경찰들에게 계속 길을 물어보며 갔다. 하이드 파크 에 도착해서 보니 '왕실 결혼식 날The Royal Wedding Day'이라는 현수막이 공원 입구에 걸려 있다.

그렇다! 이날은 영국 왕실의 윌리엄 왕세자와 케이트 미들턴이라는 평민 여성이 결혼하는 날이었던 것이다. 결혼식이 거행되는 웨스트민 스터 대성당에서뿐만 아니라 이곳 하이드파크에서도 수만 명의 사람들

     농부 홍씨의 서유견문록(西遊見聞錄)

이 대형화면으로 생중계해주는 왕실의 결혼장면에 폭 빠져 있었다. 나는 이날 그러니까 영국에 도착한 둘째 날, 몇 달에 걸쳐서나 만날 수 있는 분량(?)의 영국 사람들을 거리에서 한 번에 모두 볼 수 있었다. 공원으로 가는 길에 있는 카페와 상점들은 모두 TV 속 결혼식 장면을 틀어놓고 있었고, 손님들도 모두 의자를 그쪽으로 돌려놓고 앉아 있어서 마치 초등학교 교실 같았다. 음식점 주인아저씨도 눈은 TV에 고정되어 있으면서도, 손은 능숙하게 음식을 포장하고 있었다.

이날 거리에서 본 여성들은 마치 자신이 공주가 된 듯한 환상에 빠진 표정들이었고 눈에는 모두 하트가 그려져 있는 것 같았다. 반면 남자들은 그냥 맥주 캔 하나 들고서 이런 분위기를 즐기듯이, 아니면 아내나 여자친구가 가자고 졸라서 온 것처럼 느긋하게 바라보는 것 같았다. 주위 눈치 보지 않고 자기표현에 확실한 서양 사람임을 증명이라도 하듯이 어떤 사람은 신랑, 신부의 가면을 쓰고, 어떤 사람은 더 적극적으로 자기가 웨딩드레스를 입고―도대체 왜?― 있었다.

자기 속내를 잘 내비치지 않아야 하는 곳에서 살던 이 동양의 아저씨는 도무지 이 '난리'를 이해할 수 없었다. 인간이 달나라를 다녀온 지 벌써 40년이 훨씬 넘었고 전자·통신기기들은 점점 더 '스마트'해지고 있으며, 기존의 권위들은 빛을 바래가고 있는 최첨단의 21세기에 '왕자와 공주'의 결혼은 보통사람들에게 대체 무슨 의미가 있는 걸까? 그런데 조금 더 생각해보니 세계에는 아직도 왕들이 많다. 유럽만 해도 영국뿐 아니라 네덜란드, 벨기에, 스웨덴, 덴마크에도 왕이 있다. 그렇지만 한국엔 왕이 없고 따라서 왕자와 공주도 없다. 한국에서 태어나고 자란 나에게 왕자와 공주는 그저 동화책 속에서만 만날 수 있는 존재일 뿐이었다. 그러면서 갑자기 떠오르는 엉뚱한 생각. 공주는 신데렐라, 백설, 라푼젤처럼 모두 이름이 있는 데 반해 왜 왕자는 하나같이 이름이 없을까? '백마 탄'은 이름이 아닐 테고……

현실 정치에서는 영향력을 행사하지 않지만 상징적인 권위를 인정받는 영국 왕실. 그래서 '군림하지만 통치하지 않는 왕'이라는 특이한 전통을 만들었다. 때는 1688년, 소위 역사교과서에서 본, 명예혁명 Glorious 또는 Bloodless Revolution이 일어난 해이다. 2011년의 왕자의 결혼식과 이런 혁명을 받아들인 왕실에 대한 존경과 전통은 무려 330여 년의 역사를 가진 것이었다.

민주주의에 대한 백성의 점증하는 요구를 칼로 맞받아치지 않고 영예로운 퇴진을 결심하여 '피 한 방울 흘리지 않고'—그래서 bloodless다— 새로운 정치혁명을 이룩한 왕실에 대한 영국백성들의 존경심은 그야말로 부러워 할만한 전통이다. 이에 비해 약 100년 후에 일어난 프랑스혁명(1789)은 왕이 기요틴guillotine에서 죽을 뿐 아니라 나폴레옹 전쟁을 마무리할 때(1814)까지 온 나라, 아니 온 유럽에 피비린내를 진동시켰다. 또 우리나라의 왕실의 전통은 어떠했는가? 서세동점西勢東漸의 위기의 시대에, 내부의 어리석은 권력다툼으로 나라를 잃을 뿐 아니라 그 가계까지 박살난, 다시 기억하기도 싫은 왕실의 역사가 아닌가? 이것과 영국의 명예혁명, 그리고 그 이후의 왕실과 백성과의 상호존중의 역사는 너무나 극명하게 대비되었다. 결혼식의 화려함에 대한 피상적인 관찰은, '상식의 부드러운 승리'라는 전통을 이룩한 영국역사에 대한 진정한 부러움의 감정으로 변해갔다.

언젠가 신문에서 이날의 주인공인 윌리엄 왕세자가 헬기를 몰고 훈련하는 모습을 보았다. 우리나라의 상황은 어떤가? 동양의 공동체적 역사와 전통이 박살나 버리고 '개인주의적 살아남기'만이 특징이 되어버린 우리나라에선 '병역'하면 '기피'라는 단어가 한 세트처럼 붙어 다닌다. 군대에 가지 않으려고 애꿎은 어금니를 빼버리고, 멀쩡한 무릎연골을 제거하는 등 엽기적인 자학自虐을 서슴지 않는다. 도대체 어금니와 무릎이 무슨 잘못이란 말인가?

멋진 결혼예복을 입을 뿐 아니라 군복을 입은 윌리엄 왕세자. 진정한 왕자와 공주는 동화책 속에, 꿈 속에, 상상 속에만 있는 것이 아니었다. 진짜 왕자는 좋은 전통을 존중할 뿐 아니라 적극적으로 지키기 위해서 싸움터의 최전선에 서는 사람, 공동체를 지키며 책임지는 사람이라는 생각이 들었다. 한마디로 '진정한 리더'가 왕자이고 공주가 아닌가!

헌금탈취범 오인사건

홍콩에서 온 경태를 만나러 뉴 몰든^{New Malden} 근처로 갔다. 머나먼 이역만 리 런던 땅에서 해후한 경태와 나는 지인의 소개로 알게 된 우간다 출신 의 영국인 조세핀의 집에서 며칠간 머물렀다. 그녀는 영국과 우간다를 오 가며 전자제품 중개무역 하는 일을 하고 있는 여성이었다. 덕분에 며칠 동안은 숙소 걱정 끝! 집 주변엔 외국인 노동자들이 많이 살고 있어 인도 식당, 파키스탄식당 같은 이국적이고 저렴한 식당들이 많이 있었다. 이곳 에서 사법연수생인 경태는 인턴과정으로서 3개월간 런던에서 훈련하기 위한 준비—집 알아보기 등—를 했고, 나는 런던 이외 지역에 대한 여행과 대학 방문 등의 계획을 세웠다. 그래서 경태와 있는 동안은 그나마 여유 있는 시간이었다.

런던에 와서 두 번째 맞이하는 주일! 경태와 트래펄가 광장^{Trafalgar Square}에 있는 세인트 마틴 인 더 필즈^{St. Martin in-the-fields} 교회에 예배를 드 리러 갔다. 그곳은 음악으로 승부하는 교회라는 생각이 들 정도로 클래 식 음악 콘서트가 많은 교회였다. 성가대와 관현악 역시 실력이 대단했 지만 교회 자체가 크고 멋진 악기이기도 했다. 예배를 마치고 헌금하는 시간이 되자 옛날 방식으로 헌금바구니를 돌렸다. 그런데 여기서 문제 가 생겼다. 헌금위원이 맨 뒤에 앉은 나를 그냥 지나쳐 가는 것 아닌가!

'나를 못 봤나?' 싶어 몸을 일으켜 헌금위원에게 다가갔는데, 바로 그때 갑자기 안내위원이 경계하듯 헌금함으로부터 나를 막아섰다. 순간적인 일이었다. 이 사람도 자신이 무의식적으로 방어적 행동을 보인 사실에 흠칫 당황하는 눈치였다. 그리고는 순수하게 헌금하려던 나의 의도를 알아차렸는지 나를 막으려는 행동을 멈추고 나에게 가볍게 눈짓을 보냈는데, 아마도 '미안하다', '나도 모르게 무의식적으로 막아서게 되었다', '하던 거(헌금) 계속해라', 뭐 이런 의미였던 것으로 받아들여졌다. 아마도 순간 나를 헌금탈취범 정도로 생각했던 것 같다. 내가 그렇게 불량하게 생겼나? 내 액션이 너무 컸나? 어쨌든 나로서는 상당히 불쾌하고 기분 나쁜 일이었다. 아무래도 내가 아시아인이라는 게 그로 하여금 그런 행동을 하게 한 것 같은 생각이 들었다.

비슷한 오해는 프랑스에서도 있었다. 내가 프랑스 리옹에서 묵었던 숙소 근처에는 푸르비에르Fourviére라는 곳이 있는데, 이곳은 대성당과 더불어 수도원, 박물관 같은 종교 관련 유적과 로마 점령시대 유적들이 산재해 있는 것으로 유명하다. 유명한 박물관 중 하나가 갈리아-로마 문명 박물관Musée de la Civilisation Gallo-Romaine이다. 학구열에 가득 찬 아주 순수한 마음으로 이곳이 어떤 박물관인지 궁금해서 그 안으로 들어갔다. 당연히 무료인 줄 알고 들어갔다가 유료인 것을 보고는 약간 움찔하긴 했다. 그런데 관람객도 없는 한적한 박물관 입구에 있던 안내직원은 나를 처음 보자마자 염장을 지르는 말을 건네고 말았다. "화장실 찾으세요?" 런던에서 헌금탈취범으로 오인당한 사건 이후로, 두 번째 맞는 충격이었다. 내가 그렇게 박물관과는 관련 없이 생겼단 말인가—나중에 이 얘기를 여행의 동행이었던 경태에게 했더니, "형, 그때 형의 포스force가 만만치 않았어요. 오해할 만했어요. 하하." 하면서 그리 충격받을 일은 아니라고 전해주긴 했지만—. 내가 박물관에 오는 이유가 화장실 가기 위한 것밖에는 없어 보였는가 말이다. 아마 이 직원은 이런저런 대화로 시간 낭비하지 않고 자신이 이 여행객의 필요를 정확히 파악하고 안내를 해주었다고 생각했을지도 모른다. 하지만 내 생각은 달랐다. 이 직원에게 동양인을 무시하는 마음이 있었기 때문에 나에게 이렇게 말한 것 아닐까? 그도 그럴 것이 유럽의 많은 나라들이 동남아시아를 수백 년씩 지배하면서, 그렇게 긴 시간 동안 지배자로서의 지위를 향유할 뿐 아니라, 몇 백 년이 지나도록 독립하지 않은(또는 못한) 아시아 사람들을 얼마나 우습게 보았을까? 물론 이 직원이 그런 마음은 아니었기를 바란다. 하지만 박물관에 들어오는 사람은—아주 급하고 특별한 경우를 제외하고는— 누구나 전시물품들에 관심이 있어서 들어온다는 사실을 명심해주기를.

이런 작은 사건들을 겪으면서 갑자기 한 장의 사진이 기억 속에서 되살아났다. 영국에 와서 처음 맞이하는 일요일이었다. 영국국교회 소속의 세인트 제임스 교회 옆에 있는 고풍스러운 한 서점의 창문 안에 전시된 한 권의 사진집이 내 눈길을 사로잡았다. 스티브 맥커리^{Steve McCurry}라는 유명 사진작가가 낸 『남, 남동^{South, South-East}』이라는 사진 앨범집이었다. 겉표지에는 인도 사람으로 보이는, 아기를 안은 엄마가 비오는 날 냉정하게 닫혀 있는 차창의 밖에서 차 안을 보며 구걸을 하는 광경이었다. 이 사진을 보며 이것이 영국 사람들이 오랫동안 통치했고 다양하게 관계를 맺어왔던 인도를 포함한 아시아 전체를 보는 시선이 아닐까 생각했다.

하여간 이날 일어났던 헌금탈취범 오인사건은 영국인의 아시아에 대한 무의식적인 편견과 비하의 전통—앞서 언급한 명예혁명과는 아주 다른, 부정적인 제국주의적 전통— 때문에 생긴 일이라고 나는 과감하게—혹은 성급하게— 결론을 내려버렸다. 아시아의 대국인 인도를 무려 300년이나 지배해왔으니 그러는 동안에 영국인 마음속에 각인된, 황인종에 대해 무시하는 태도는 또 다른 300년이 지나야 없어질까?

다시 세인트 마틴 인 더 필즈 교회로 돌아와서, 교회 안에서는 굉장히 공식적이고 사무적으로 경태와 나를 환영해주다가도, 대화를 마치거나 교회를 나오면 아주 공식적이고 사무적으로 돌변해서는 못 본 척하는 듯한 영국 사람들의 태도도 이 사건과 더불어서 아주 못마땅하게 여겨졌으나, 지금 생각해보니 나의 좁은 마음도 있었던 것 같다. 하지만 그들의 무관심은 '우리'에 대한 무시뿐 아니라, 자신의 목표와 삶에 집중하는데서 발생하는 '여분(餘分)의 정신적 에너지의 결여' 때문이기도 하다. 이것은 전형적으로 서양적 개인주의의 실패로 볼 수 있을 것이다. 그렇다면 동양인인 우리가 자신과 자신의 일에 집중하는 서양(의 문화)적 자세는 배우되, 그와 동시에 남에 대한 호의와 배려를 베풀 수 있는 동양적 배려심을 유지할 수 있다면, 영국인들을 훨씬 능가할 수 있지 않을까?

02

유럽에는
교회가 없다

윌버포스는 간데없고 노숙자만 나를 반기네

영국역사, 아니 세계역사에 있어서 길이 빛날 위대한 인물이 있었다. 그의 이름은 윌리엄 윌버포스William Wilberforce, 1759~1833. 그는 영국의 정치가였다. 그가 죽은 1833년은 영국의회에서 노예제도 폐지가 결정된 바로 그해이다. 그는 일생을 노예제도 폐지를 이루는 데 바쳤고 자기 인생의 위대한 목표를 달성하던 바로 그해에 죽었다. 윌버포스 당시 영국은 국내총생산GDP의 3분의 1이 노예제도를 통해서 창출될 정도였다. 이처럼 노예제도는 영국경제의 생명줄과도 같은 것이었다. 이런 노예제도를 폐지함으로써 나라수입의 3분의 1을 포기하는 이 일이 어디 간단하고 쉬웠겠는가! 계란으로 바위를 내려치는 것 같았을 것이고, 저 멀리 사막에서 웬 개 한 마리가 짖고 있는 것으로 여겨졌으리라. 하지만 그는 일생을 바쳐서 불가능해 보이는 이 일을 해내고야 말았다. 이런 일을 할 수 있었던 배후에 그의 신앙 말고도 한 무리의 '사람들'과 한 명의 '사람'이 있었기에 가능한 일이었다. 한 무리의 '사람들'이란, 그와 함께 생명을 걸기로 작정한 정치공동체였던 클래펌 공동체clapham sect이다.

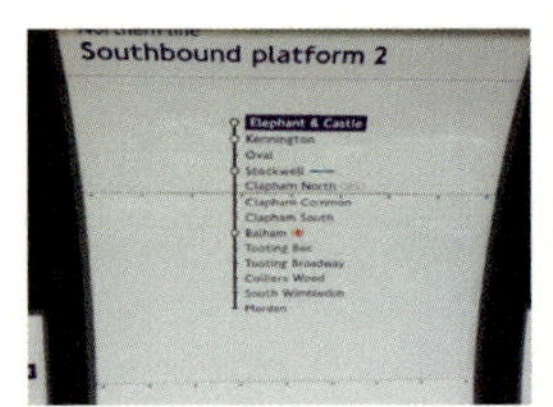

그들이 모여서 토론하고 격려하고 전략을 짜고 실행계획을 수립했던 본거지, 그 클래펌으로 내가 지금 간다!

한 명의 '사람'이란 바로 윌버포스의 스승이었다. 악명 높은 노예상 이었던 존 뉴턴[1725~1807]이 윌버포스가 이 일을 포기하지 않고 끝까지 할 수 있도록 정신적 스승 역할을 했다. 즉, 존 뉴턴부터 윌버포스로 이어지는 정신적 사명의 역사적 계승이 있었다. 좀 더 거슬러 올라가 보면, 존 뉴턴은 18세기 영국의 종교개혁을 이룬 존 웨슬리[1703~1791]의 정신적 영향 아래 있었다고 한다. 윌버포스 스승의 스승인 웨슬리는 죽기 전에 윌버포스에게 격려의 편지를 보냈다지 않는가! 존 웨슬리, 존 뉴턴, 윌리엄 윌버포스로 이어지는 아름다운 계보! 존 뉴턴은 나중에 그 유명한 〈어메이징 그레이스〉라는 찬송가를 지었다.

나 같은 죄인 살리신 주 은혜 놀라워
잃었던 생명 찾았고 광명을 얻었네.
Amazing grace, how sweet the sound, that saved a wretch like me
I once was lost, but now am found, was blind, but now I see.

나는 오늘 그를 찾아가리라! 배낭을 짊어지고 런던 지하철을 타고 클래펌 공동체가 활동했던 클래펌으로 갔다. 찾기 쉽도록 역(驛)이 하나면 좋았으련만 세 개(Clapham north, Clapham common, Clapham south)나 되었다. 이런! 클래펌 커먼(Clapham common) 역에 내리는 가장 안전한 선택을 했다.

이곳은 다른 수많은 나라들과는 달리 피를 흘리지 않고도 새로운 의회전통을 수립하는 '진정한 혁명'을 위하여 윌버포스가 공동체를 이루었던 곳이다. 영국의 뿌리 깊은 의회주의의 전통 속에서 피 흘리지 않고 이룬 혁명이라는 점에서는 1688년의 명예혁명과 동등한 가치를 가

농부 홍씨의 서유견문록(西遊見聞錄)

진다고 생각할 수 있겠지만, 어떤 면에서 윌버포스의 혁명은 명예혁명보다 더 중요하다고 할 수도 있다. 왜냐하면 명예혁명은 영국 내에서의 혁명이었지만, 윌버포스의 혁명은 영국과 노예, 즉 세계 모두에게 다 해당되는 혁명이었기 때문이다. 그에 비하면 미국은 30년 후인 1860년대에 남북전쟁이라는 무시무시한 피 흘림을 경험하는 '불명예스러운' 이등二等 혁명을 이룬 것이다.

월리엄 윌버포스, 그가 했던 일은 그 당시 영국사회에서 엄청나게 이질적인 것이었다. 마찬가지로 내가 클래펌을 찾는 이유를 영국인들이 알았더라면 그들 역시 나를 굉장히 이질적으로 여겼으리라. 마치 런던 전체가 거대한 피로연장 같았던 왕실 결혼식 날, 모든 젊은이들이 손엔 맥주병을 들고서 삼삼오오 모여서 대화하고 있는 거리 속에서, 나 혼자 큰 배낭을 짊어진 채 무언가를 열심히 찾고 있었으니까. 클래펌에서 윌버포스와 클래펌 공동체의 흔적을 찾고 싶었다. 사실은 죽은 윌버포스보다도 위대한 과거 역사를 계승한, 살아 있는 사람을 만나고 싶었다. 하지만 사람들은 모두 현재의 결혼식을 축하하며 맥주만 홀짝홀짝 마시고 있고, 죽은 건물들만이 이 역사적 사실들을 조용히 증언해주고 있었다.

쉬는 날이었는지 성 삼위일체 클래펌Holy Trinity Clapham의 '윌버포스 센터'의 문은 잠겨 있었고 교회 안에서는 아무도 만날 수 없었다. 다만 찾을 수 있는 흔적은 '윌버포스 센터'라는 건물 하나, 그리고 2차 세계대전 때의 포격 자국이 남아 있는 클래펌 공동체 멤버들의 이름이 새겨진 석판 정도였다. 기대했던 사람들 대신 교회 앞뜰에서 홀로 술을 마시고 있는 노숙자를 만났다. 그는 나에게 대뜸 2파운드를 달라고 했다. 역사적 기대감에 찬 방문을 환영하는 환영식치고 이처럼 역설적일 수 있을까!

왜 그랬는지 모르겠지만 나는 갑자기 "당신은 지금 여기서 무엇을 하고 있습니까?" 하고 물었다. 그랬더니 그는 나에게 "(내가 이렇게 노

숙자로 지낸다고 해서) 나를 우습게 보느냐!"고 따지듯이 물었다. 난데 없이 나타난 방문객의 뜬금없는 질문에 자존심이 상했던 걸까? 물론 나는 그런 뜻은 아니었다. 몸도 성해 보이는 사람이 그렇게 시간을 낭비하고 있는 것이 안타까웠을 뿐이었다. 성경(사도행전)에 보면 베드로에게 무언가 구걸할 게 없을까 하고 바라보고 있던 앉은뱅이 거지가 있었다. 베드로가 그에게 "은과 금은 내게 없거니와 내게 있는 이것을 네게 주노니 나사렛 예수 그리스도의 이름으로 일어나 걸으라"고 말했을 때 그가 발과 발목에 힘을 얻고 일어서고 뛰었다는 구절이 나온다. 육체의 발뿐 아니라 영혼의 발, 마음의 발에 새 힘을 얻어 일어나도록 베드로처럼 선언하고 오지 못한 것이 후회가 된다.

홍등가 한가운데 있는 크리스천 쉘터

2011년 5월 12일

영국에서 네덜란드로 넘어왔다. 런던에 있는 빅토리아 버스터미널Victoria Coach Station을 출발해서 도버Dover까지 온 버스는, 이미 항구에 도착해 있던 버스와 트럭, 승용차들과 함께 배를 타고 도버 해협을 건너 프랑스 칼레

농부 홍씨의 서유견문록(西遊見聞錄)

Calais에 도착한 후 벨기에를 거쳐서 네덜란드로 달린다. 런던에서 암스테르담까지 무려 14시간 정도 걸린 것 같다.

하루의 반절이 넘는 긴 여행을 마치고 암스테르담에 도착한 나는 숙소인 크리스천 쉘터Christian Shelter를 찾았다. 이곳은 저렴할 뿐만 아니라 세계 각국에서 크리스천 젊은이들이 모여드는 곳이라 이들과의 대화를 기대하며 영국에서 이미 예약을 해 놓은 터였다. 배낭을 메고 암스테르담 중앙역을 출발하여 걸어서 숙소를 찾는 길은, 비록 한 번도 와보지는 않았지만 여러 매체에서 보아왔던, 아주 낯익은 모습들이었다. 시내 이면도로마다 길 가운데를 흐르고 있는 운하들, 노천에서 전통치즈를 팔고 있는 모습들이 바로 그것이다.

그런데 헤매다 보니 요상한 복장들의 여성들이 창문 너머로 들여다보인다. 바로 암스테르담의 홍등가였다. 놀라운 것은 그들의 표정에서 하나의 직업인으로서의 당당함 같은 것이 느껴졌다는 사실이다. 초행길의 나그네인지라—어디 간들 초행이 아니리요만— 길을 물어물어 홍등가를 몇 번을 휘돌아 헤맨 끝에, 두 명이 서로 교차해서 걷기 힘들 정도로 좁은 어느 한 골목에서 크리스천 쉘터 호스텔을 찾았다. 찾고 나서 보니 이 호스텔은 바로 홍등가의 한가운데에 떡하니 버티고 있었다. 쉘터shelter의 의미가 '대피처, 피신처' 아니었던가. 크리스천들이 세상 욕망의 중심으로부터 피신하고 대피하는 곳이라는 의미인가? 마치 사막의 오아시스와 같이! 독자들이여, 나를 너무 혼자 고고한 척한다고 탓하지 말기를 바란다. 이 여성들의 직업(?)을 다른 여성들에게 권장할 만한 일은 아니지 않는가. 어쨌든 활짝 열어젖힌 네덜란드의 성 문화는 세계적으로도 유명한 것을 실감하게 되었다.

역사적으로 네덜란드는 종교개혁에서 중요한 위치를 차지하던 나라이고 전 세계 개혁교회의 맹주盟主와도 같은 나라였다. 더욱이 신학자이자 종교개혁가로서 네덜란드의 수상을 지낸 아브라함 카이퍼와 신학자인 헤르만 바빙크, 법철학자 헤르만 도예베르트 등이 유럽 개혁교회가 세상에서 빛을 발하는 데 주도적 역할을 담당했다. 그런 영향 때문인지 네덜란드에는 기독민주당CDA과 같이 기독교 색채를 띤 정당이 다수당의 지위를 차지하고 있고, 기독교 연합CU과 같은 큰 정당들이 있다. 방송에 있어서도 순수 복음주의 채널인 EO와 가톨릭계 채널인 KRO와 같은 기독교 방송들이 다수 있다. 이처럼 정치와 방송 등과 같이 사람들의 일상생활과 밀접한 관련이 있는 영역들 가운데 이미 기독교가 깊이 뿌리내렸다. 반면에 그렇게 뿌리 깊은 기독교 문화를 가지고 있음에도 불구하고 네덜란드는 세계 최초로 동성결혼과 매춘과 마약이 합법화되어 있는 나라이기도 하다. 즉, 소위 말해서 '관용의 천국'인 것이다. 또한 이러한 것들이 합법화될 때에는 기독교 정당들의 동의와 찬성이 전제되었음은 두말할 나위도 없다. 한때는 세계를 뒤흔들었던 종교개혁조차 개혁하려는 강한 기독교적 전통을 가지고 있었지만, 지금은 성경과는 양립할 수 없는 동성결혼과 매춘과 마약 등이 버젓이 합법화되고 있는 나라이기도 하다. 기독교적 전통이 계승·발전되는 것이 아니라 죽어서 역사박물관 속에 있는 것처럼 보였다. 홍등가 가운데 있는 크리스천 쉘터 호스텔에 여장을 풀며 나는 이 두 얼굴의 네덜란드를 어떻게 이해해야 할 것인가 생각하게 되었다. 매춘을 합법화할 때에는 나름의 논리가 있었다. 이것이 '어차피' 없어지지 않을 것이기 때문에 불법화하게 되면 지하로 들어가고, 당국의 관리에서 벗어나므로 '어차피' 그곳에서 종사할 사람들과 '어차피' 그곳에 가게 되는 사람의 건강과 안전을 보장할 수 없다는 것이다. 시작에서 마지막까지 '어차피'로 무장하고 있다. 이를 합법화하자는 사람들은 이와 비슷한 논리를 사용할 것이고, 마약에 있어서도 마음대로 늘었다 줄었다 하는 잣대를 들이댈 것이다. 맞는 말처럼 보이고 꽤나 실용적인 논리인 것 같지만 이미 그 안에 '포기'와 '체념'이 전제되어 있다. '어차피' 하게 되는 것이라면, 왜 많은 나

라들이 동성결혼과 매춘과 마약을 불법화하고 있을까. '어차피'라는 말
에 꼬리 내리고 체념하고 포기하기 전에 동성결혼과 매춘과 마약으로
부터 지켜야 할 무언가가 있기 때문은 아닐까? 숙소에서 일하는 직원인
폴과 이런 얘기를 나누었다. 이 호스텔에서 일하기 위해서는 세계 각
지의 기독교인 청년 중에서 교회의 추천과 면접 등을 거쳐야 한다고 했
다. 폴은 네덜란드의 세속화가 기독교인들, 특히 젊은이들의 세속화 때
문에 생기는 일이라고 아주 '어른스럽게' 이야기했다. 그러면서 한편으
론 이런 흐름이 어쩔 수 없다고 했는데, 이제 21세가 된 폴은 마치 자기
가 20대 초반의 젊은이가 아니라, 이미 세상의 절망을 다 맛보고 변화
가능성 제로 '0'으로 전락해버린 노인처럼 천연덕스럽게 말하는 부조화
가 왠지 쓸쓸했다.

"북한을 위해서 기도회 하고 나오는 중이에요"

독일 프랑크푸르트에서 생긴 일이다. 독일은 먼저 경유했던 네덜란드
와는 달랐다. 왜냐하면 영어만큼은 아니지만, 고등학교 때 제2외국어
로 독일어를 공부한 덕에 정말 낯설었던 네덜란드어보다는 한결 편했
다. 독일에서부터의 일정은 꼭 만나야 할 사람이 있는 게 아니라서 바
람처럼 자유로웠다. 이런 자유로움 속에서 나는 독일에서의 첫 번째 주
말을 맞이하게 되었다. 프랑크푸르트의 토요일 오후였다. 내일이 주일
이기 때문에 예배를 드릴 교회도 찾고 독일의 거리풍경도 느껴볼 겸해
서 주섬주섬 챙겨 길을 나섰다. 독일어 간판과 표지판을 보며 혹시나
고등학교 때 실력이 조금 남아 있을까 했는데 역시나 졸업한 지가 너무
오래되었다. 무슨 말인지 도통 알 수가 없었다. 그러던 중 어느 무미건
조한 건물 외벽에 쓰여 있는 'JESUS'라는 글씨만 보고 건물 안으로 들어

농부 홍씨의 서유견문록(西遊見聞錄)

가 보았다.

안에는 한 무리의, 우리로 말하면 중고등부 학생들이 교회 입구에 모여서 대화를 나누고 있었다. 그중 가장 나이가 많아 보이는 한 학생에게 물었다.

"여기가 어떤 곳이니?"

"우리는 이 교회에 다녀요. 이 교회는 독일 경건주의파 교회예요."

"오늘 토요일 오후인데 왜 이렇게 모여 있니?"

"기도회도 하고 교회 청소도 하고 나오는 중이예요."

14살이라는 아이가 선명한 영어를 구사했다. 나는 한국에서 왔다고 하니까 그들 중 한 학생이 외쳤다.

"우리 오늘 기도회 시간에 북한을 위해서 기도했어요."

아니! 구만리 먼 곳 독일 땅에서 독일의 청소년들이, 한국아이들도 좀처럼 하지 않는, 북한을 위한 기도를 했다는 이야기를 듣고 나는 가슴이 먹먹해졌다. 또한 동시에 이 아이들에 대한 감사한 생각과 더불어 국경을 초월하여 세계를 하나로 묶는 영적·정신적 끈 같은 것이 있음을 느꼈다. 또 한편으로는 북한의 현실 때문에 답답하고 안타까운 마음까지……. 여하튼 북한을 위해 기도해준 독일의 청소년들을 보며 여러 종류의 감정들이 복합적으로 밀려왔다.

이 어여쁜 아이들이 보고 싶어 다음 날 다시 찾은 이 교회에서 예배를 마친 후 한 청년이 나에게 다가왔다. 나를 데리고 다니며 교회 식구들을 소개해주고 밥도 챙겨주며―가장 고마운 부분이다― 나와 함께 동행해주었다. 이름은 베냐민, 26세이고 프랑크푸르트에 있는 괴테대학의 의대생이다. 대학생치고는 나이가 좀 있는 편인데, 간호사로 일하다가 새로운 뜻을 품고 의대에 다시 진학하느라 좀 늦었다고 했다. 동화『피리 부는 사나이』로 유명한 곳, 하먼Hameln―'하멜른'이 아니라 '하먼'이라고 해야 정확한 발음이라고 가르쳐주었다―이 베냐민의 고향이다.

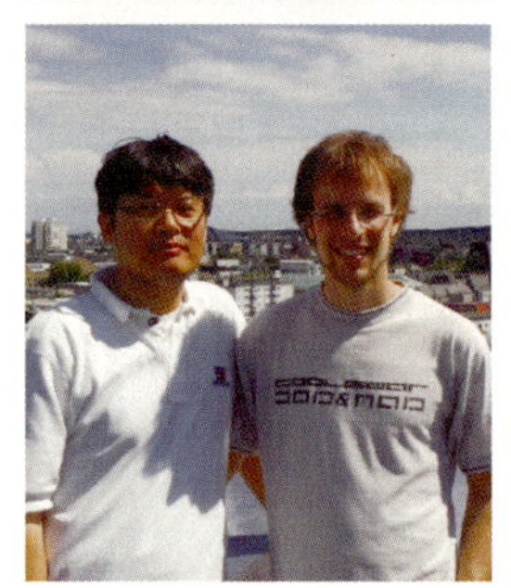

교회에서 점심을 대접받고 난 후 베냐민은 시내관광을 시켜주겠다고
했다. 다음 여행지인 하이델베르크^{Heidelberg}로 가려면 시간이 조금 촉박
할 것 같기도 했지만, 여행 온 중요한 목적 중 하나가 친구를 만드는 것
이니 일정이야 조금 늦어도 상관없다 생각하고 흔쾌히 따라나섰다. 무
엇보다도 해야 할 공부가 쌓여 있을 의대생이 나를 위해서 시간을 내준
다는데 거절한다면 예의가 아니었다. 그렇게 해서 베냐민과 나는 일요
일 오후를 함께 보내며 이런저런 이야기를 많이 나누었다. 그의 아버지
는 고향인 하먼에서 목회를 하고 계신다고 했다. 자신은 돈을 많이 벌
수 있는 전공보다 소아과나 종양외과―한국과 마찬가지로 독일에서도
의대생들이 잘 지원하지 않는―를 전공하고 싶다고 했다. 많은 사람들
이 가지 않으려는 길을 가려는 의젓한 청년답게 베냐민은 어찌 보면 조
금 특이한 시각을 가지고 있기도 했다. 베냐민의 말에 의하면, 프랑크
푸르트는 금융과 은행의 도시이기 때문에 점심때가 되면 검은 양복을
입은 사람들이 한꺼번에 몰려나와 거리를 점령한 채―유럽 사람들은 노
천카페와 식당을 좋아하고 그 숫자도 참 많다― 식사하고 차를 마시는
데 특히 월요일에 보면 그 광경이 마치 '바퀴벌레들'―오! 예리하고 혁
명적인 표현― 같다고 했다. 이건 절대로 내 말이 아니라 베냐민의 표현
그대로라는 것을 밝혀둔다. 어떤 청년들에게는 이 무리가 선망의 대상
이 되겠지만 이 친구에게는 전혀 아닌 모양이다. 실제 그 광경이 어떤
지 직접 못 보고 떠나는 게 안타까웠다.

어느 곳이나 주류도 있고 비주류도 있다. 많은 사람들이 가는 길이
있고 소수의 사람들이 가는 길이 있다. 검은 양복을 입고 프랑크푸르
트 시내를 점령하는 은행원들의 행렬이 다수라면, 남자 간호사로, 그리
고 돈 안 되는 소아과 의사로 가려는 베냐민과 같은 청년은 소수이다.
아널드 토인비는 "문명은 창조적 소수자에 의해서 발전한다"고 내가
'이 나이'에 농업의 길을 가고자 하는 것도 같은 이유이다. 누구나 중요

하다고 말하지만 뛰어들려는 사람은 거의 없는 산업, 가장 정직해야 할
영역이 가장 불신의 대상이 되어버린 산업, 이것을 바꾸기 위해서 나는
이 길을 가기로 결정한 것이다.

꿈을 팔아 돈을 사다

사람들은 독일하면 보통 어떤 인물이 생각날까? 괴테? 베토벤? 비스마르
크? 아니면 히틀러? 나에게 물어온다면 마르틴 루터라고 대답할 것이다.
그는 1517년 종교개혁reformation이라는 사건을 통해 세계사에서 경천동지
驚天動地할 일을 촉발한 사람이다. 종교개혁의 주 무대는 유럽과 미국이었
지만, 이것이 점점 동쪽으로 확대되면서 우리나라를 비롯한 아시아에도
큰 영향을 주었기 때문에 세계사적 사건이라고 부를 수 있을 것이다. 영
국에서 윌리엄 윌버포스를 체험하기를 기대했던 것처럼 독일에서는 마
르틴 루터를 만나고 싶었다. 그렇다고 해서 독일이라는 나라 자체가 역사
의 흐름과 상관없이 언제든지 '경건'한 나라일 거라고 순진하게 생각하지
는 않았다. 물론 루터 자체도 흠이 없는 사람은 아니었으니까. 그렇지만
독일에 와서 처음 대화를 나누었던 청년과 청소년들에게서, 돈을 좇지 않
고 신이 주신 사명을 따라 살려는 마음과 이역만리 떨어진 북한이라는 골
칫덩이 깡패 나라를 위해서 기도하는 모습을 본 나는, '독일=경건'이라는
첫인상이 자연스레 생겨났다.

　하지만 이런 첫인상도 잠시뿐. 이곳 역시 세상을 살아가는 사람들이
사는 곳일 뿐이었다. 나는 만하임Mannheim 대학교에서 한 학생을 만났다.
만하임 대학교는 1907년에 처음 세워졌으나 현재의 이름으로 명칭을 바
꾸며 재개교한 것은 1967년이다. 그런데 캠퍼스는 1760년에 지어진 만
하임 성城을 사용하고 있으니 학교보다 건물이 더 오래된(?) 그런 대학이

만하임 대학교

다. 특이한 점은 자연과학계열이 없는, 사회과학과 경영학으로 유명한 대학교라는 것이다. 만하임 성 안으로, 아니 캠퍼스 안으로 들어갔을 때 성의 앞뜰(?)에는 멋들어진 노천카페가 있었고 몇 명의 학생들이 커피를 마시며 공부도 하고 대화도 하고 있었다.

나는 지체 없이 다가갔다. 내 여행의 기쁨은 이들과 대화하는 것 아니었던가!

"성에서 공부하는 걸 보니 당신들은 왕자네요?"

약간은 실없어 보이는 첫마디였지만 테이블 맞은편에 앉아 있던 남학생 펠릭스Felix는 그리 기분 나쁜 눈치는 아니었다. 이 청년은 경영학과에 다니는데 만 명이 넘는 전교생 중 사천 명 정도가 경영학과 학생이라고 했다. 법학과 경제학 등 사회과학으로 유명한 대학의 전통보다 돈의 논리에 따라 '충실하고 착한 월급쟁이'들을 키워내는 학교로 점점 커가고 있는 것 아닌가 하는 생각에 솔직히 아쉬움이 컸다. 왜냐하면 경영학은 '브레이크가 부실한 탐욕의 스포츠카'라는 나의 생각 때문이었다.

"나중에 졸업하면 메르세데스 벤츠—만하임 근처의 슈투트가르트에는 벤츠와 포르쉐 본사가 있다— 같은 큰 회사에 들어가 안정적으로 일하면서 경험을 쌓고 나중에는 내 사업을 하고 싶어요."

펠릭스는 이것이 자신의 꿈이라고 했다. 이 얘기를 들으면서 나는 한

농부 홍씨의 서유견문록(西遊見聞錄)

국이나 독일이나 대학생 대다수의 꿈이 왜 전부 이렇게 비슷비슷할까 생각해보았다. 큰 회사에 취직하기, 안정적으로 근무하기, 그 경험으로 나중에는 내 사업 펼치기 등등. 이 글을 쓰면서 히브리 대학교 도서관 입구에서 본, 1920년대 아인슈타인이 히브리 대학교 설립에 앞장서면서 신문에 기고했던 내용이 떠올랐다. 아인슈타인은 인류의 보편적 가치와 보편주의universalism를 구현하기 위한 대학university의 역할을 강조하고 있었다. 그렇다면 이 시대의 보편적 가치들은 무엇일까? 자유? 평화? 행복? 빈곤 종식? 적어도 이런 것 아닐까? 이러한 가치를 지키고 보존하기 위해서는 자유를 저해하는 요소들과 싸우고, 세계의 기아인구에 대한 해결책을 제시하며, 기후변화에 따른 대응책을 마련하고, 부의 편중을 해소하기 위해 노력하고, 리더십의 부족문제를 어떻게 해결할 것인지에 대해 고민하는 등 이런 관심과 행동이 필요하지 않을까? 물론 찾아보면 이것보다 훨씬 더 많은 문제가 있겠지만 말이다. 인류가 고통받는 문제들이 산적해 있는데 현재 한국에서나 독일에서나 대학생들이 왜 이런 인류의 보편적 문제들을 외면하고 자기들의 살 궁리에만 몰두하고 있을까 안타까웠다. 물론 나도 한때 그렇게 살았다. 하지만 내가 그렇게 살았다고 해서 인생 후배들까지 그렇게 살아야 할까? 좋은 회사 취직해서 좋은 배우자 만나 결혼하고, 아이 낳아 좋은 교육시켜서 이 아이를 다시 좋은 회사에 취직시키는 것, 이것이 인생의 목표이자 행복이라고 말하기에는 무언가 부족해 보인다. 이전 세대의 부모들이 자식은 고생시키지 않으려고 본인이 죽도록 고생해서 자식 키워놓았더니 자식들은 먹고사느라 더 고생하고 있다.

나는 독일 프랑크푸르트와 만하임에서 만났던 베냐민과 펠릭스 두 청년을 동시에 떠올렸다. 물론 이들은 아직 젊고, 남아 있는 인생의 시간 속에서 어떤 삶이 펼쳐질지는 아무도 모른다. 하지만 현재로서는 서로 완전히 다른 삶의 기준을 가지고 살고 있었다. 나 역시 이 두 청년을 통해서 펠릭스와 같은 마음으로 대학에 가고 사회생활을 했던 과거와 베냐민과 같은 마음으로 지금 새롭게 시작하려고 하는 공부와 사업의 미래가 어떻게 달라야 하는지, 심기일전心機一轉 하는 시간을 갖게 되었다.

벤츠, 포르쉐, 발레…… 슈투트가르트

슈투트가르트Stuttgart. 'ㅌ' 발음을 세 번씩이나 내면서 이 도시 이름을 부를 때는 침을 맘껏 튀기고 싶은, 치기 어린 충동이 생겨난다. 발음부터 굉장히 '독일다운' 곳이다. 어디서건 호스텔을 찾는 것은 항상 스트레스다. 슈투트가르트에 예약해 놓은 호스텔을 찾으면서 나는 또 헤맸다. 호스텔은 저렴하고 세계 젊은이들을 많이 만날 수 있다는 장점이 있는 반면에, 시내의 주로 외곽, 후미진 골목 같은 곳에 자리 잡고 있는 경우가 많아서 접근이 어려운—특히 차로— 단점이 있다. 도중에 안내해준 식당주인의 말대로 찾기가 참 까다로워서tricky '아마 한국말로 설명을 들었어도 곧바로는 못 찾았을 거야'라며 스스로를 위안한다. 좀 헤매기도 하고, 일방통행 길에 잘못 들어서서 마주 오는 차들을 막아서 일대 통행을 마비시키는, 지금 생각해도 얼굴이 화끈거리는 사건을 경험한 것 빼고는 어쨌든 사고 없이 잘 찾아냈다.

이곳 슈투트가르트에는 독일의 자랑이라고 할 수 있는 메르세데스 벤츠Mercedes Benz와 포르쉐Porche의 본사가 있다. 그리고 한국인 강수진이 프리마돈나로 활약하고 있는 발레단도 있다. 자동차를 좋아하는 사람이었다면 반드시 이 자동차 회사들의 본사와 벤츠 박물관에 들렀을 것이다. 나도 자동차를 싫어하지는 않지만 별도로 시간을 내어 방문할 정도로 좋아하진 않는다.

그 대신 나는 벤츠 역을 지나 독일에서 포도 재배로 유명한, 슈투트가르트 인근에 있는 로텐부르크Rotenburg로 발걸음을 향했다. 로텐부르크는 독일의 유명한 와인 트레일Weinwanderweg 코스 중 하나이다. 넓은 지역에 펼쳐진 포도밭 사이를 걸을 때 코끝에 느껴지는 싱그러운 시골

농부 홍씨의 서유견문록(西遊見聞錄)

냄새는 한국에서 맡아본 것과 같은 느낌을 주기도 했다. 이곳에서는 포도나무 사이를 스치며 지나가는 늦은 봄의 시원한 바람과 이삼십 분 간격으로 도착해서는 승객을 싣고 황급히 돌려나가는 버스 외에는 아무 것도 만날 수가 없었다. 누구라도 좀 붙들고 말을 하고 싶었지만 조용한 교외의 마을은 지나다니는 사람도 없이 깊은 차분함 속에서 깨어날 줄을 몰랐다.

이 도시의 호스텔에서는 나 말고도 3명의 젊은이들과 함께 한 방에 묵었다. 생각해보면 여행 중에 묵었던 전체 호스텔 중에서 10~20% 정도는 남녀가 한 방을 사용했던 것 같다. 런던의 한 호스텔에서 이런 상황을 처음 경험했을 때는 정말 '뻘쭘' 했다. 하지만 이제는 뭐 전혀 개의치 않는다. 세 명의 젊은 룸메이트들을 잠시 소개해본다. 한 명은 회사를 관두고 유럽여행의 꿈을 실현시킨 한국인 여성이었고, 또 다른 한 명은 베트남 출신이지만 미국국적을 가지고 있으며 현재는 프랑스 리옹에서 거주하는—정말 국제화된globalized— 남자 청년이었다. 이 청년덕분에 리옹의 하나밖에 없는 유스호스텔을 찾았던 이야기를 앞에서 소개했다. 그리고 마지막 한 명은 27세 된 독일의 간호사였다. 방에 내가 처음 들어갔을때 아무도 없었기에 우선 선택권을 가진 나는 창문 옆 제일 좋은 자리를 잡았다. 그러자 독일인 간호사가 2번 타자로 들어왔다. 별로 재미없게 생긴 동양인 아저씨 한 명이 방에 떡하니 앉아 있는 걸 보는 이 아가씨의 표정이 약간 떨떠름했다. 릴리라는 이름의 이 여성은 이 도시에 연수차 일주일 정도 머물 계획이라고 했다. 어색한 첫 만남이었지만 예의를 차리는 화기애매(?)한 분위기는 곧 깨지고 점점 깊은 대화를 하게 되었다. 남자친구가 있는데 결혼은 안 했고 동거만 하고 있다고 했다.

"결혼은 왜 안 하세요?"

"남자친구는 결혼을 하면 자신이 속박되는 거 같아서 싫대요. 그냥 자유롭게 살고 싶대요. 하지만 저는 안정적으로 살고 싶어요. 결혼도 하고 싶고요."

남자가 결혼하지 않는 이유도, 또 여자가 결혼하려는 이유도 우리나라에서 많이 들어보던 내용이었다. 조금 교과서같이 들릴 수도 있었겠지만, 나의 확신을 담아서 말했다.

"나는 결혼이 자유를 누리기 위한 것도, 나의 안정만을 추구하기 위한 것도 아니라고 생각해요. 결혼은 책임이라고 생각합니다. 서로가 서로에게 책임을 전가하는 게 아니라 먼저 나를 책임지고, 상대방을 책임지며 순결하고 완전한 가정을 이루기 위해 노력하는 책임을 지는, 그런 책임 말입니다. 서로 원하는 것을 상대방에게서 찾고 얻으려 하지 말고, 결혼을 원한다면 서로가 져야 할 책임이 무엇인지 서로 한번 얘기해 보면 어떨까요?"

이 얘기를 들은 릴리는 조금은 색다른 조언에 고개를 끄덕이며 그렇게 해보겠다며 진지하게 반응했지만, 확신이 서지는 않는다. 과연 릴리는 연수가 끝나고 집으로 돌아간 후에 남자친구와 결혼에 대해서 이런 이야기를 했을까?

나는 펠릭스와 릴리와의 대화를 통해서 서구의 세속주의secularism라는 단어를 떠올렸다. 우리 민족은 워낙 민족성이나 종교성에 있어서 기복적이고 현세적인 면이 강해서 세속주의라는 말 자체가 그렇게 도드라져 보이지는 않는다. 우리나라만큼 교회도 많고―큰 교회는 더 많고― 절도 많은 나라가 현세적이라니……. 교회나 절이 많은 것 자체가 종교성을 표방하는 것이 아니라, 그 종교의 껍질 안에서 각 사람들이 추구하고 있는 실제가 무엇인지를 보는 것이 더 중요할 것이다. 우리나라에 불교가 처음 들어올 때에도 절 한쪽에는 사람들이 믿어오던 민간 신앙을 계속 유지할 수 있도록 무속의 공간을 마련해 주었다고 하지 않는가! 또한 지금도 대구의 어떤 산을 비롯한 전국의 사찰에서 또 교회

속에서도 똑같이 남편의 사업 성공과 자녀의 명문대학 입학이라는 세속적 목적을 위한 기도는 끊임없이 이어지고 있다. 종교마다 뭔가 다를 것 같지만 결국 똑같은 꼴이 되고 있지 않은가!

하지만 독일과 같은 유럽은 전통적으로 기독교 신앙이 깊이 뿌리내린 곳이었다. 기독교 신앙의 기초가 되는 성경은 철저히 세상과 구별되는 신앙과 실천적 삶을 요구한다. 따라서 기독교 전통이 강한, 또는 이스라엘처럼 유대교적 전통이 강한 문화권에서 이 세속주의란 말은 모난 돌처럼 그렇게 도드라져 보이곤 하는 것이다. '큰 회사에 취직해서 안정적인 삶을 사는 것'과 '좋은 남자를 만나 안정적인 가정을 꾸리는 것' 자체가 나쁜 것은 아니지만 단지 이것을 절대적 목표로 삼고 산다고 할 때에 이 핵심을 세속성, 세속주의라고 부를 수 있을 것이다. 세계의 교회지도자들도 입을 모아서 기독교의 가장 큰 위협은 바로 세속주의라고 말한다. 왜냐하면 세상과 타협하는 세속주의는 기독교의 근간을 흔드는 일이기 때문이다. 신약성경의 맨 앞에 위치한 네 권의 복음서—마태, 마가, 누가, 요한이 쓴—가 기록된 시기는 대략 A.D. 70년쯤으로 보고 있다. 이때부터 기독교는 로마의 핍박을 온몸으로 견뎌내다가 A.D. 313년에 비로소 공인되었다. 초기 기독교의 '성도'들은 거의 250년의 시간 동안을—물론 중간 중간에 핍박이 풀리곤 했었지만 개인의 가계의 역사로 보면 거의 10대(代)를 이어서— 핍박과 고난을 이기고도 살아남아 기독교를 지켜왔다. 기독교는 역사적으로 볼 때 핍박에 유독 강한 면모를 보여주었다.

물론 예외도 있다. 불행하게도 그 예외가 한국에서 일어났다. 한국 기독교는 이에 대해서 세계 기독교 역사상 가장 부끄러운 모습을 보인 교회가 되었다. 일제치하였던 1938년 9월 9일 한국 기독교의 대표교단인 장로교단이 '동양의 예루살렘'이라고 불리었던 평양에서 일본 신도神道의 천조 대신에게 참배하기로 결의했던 그 사건은, '나 이외에 다른 신을 섬기지 말라'는 하나님의 가장 중대한 명령을 정면으로 거스르는 행위였다. 이 이야기를 하는 이유는 한국교회의 이러한 결정을 한 근본에는 세속주의가 떡 버티고 있기 때문이다. 하지만 그때 이후 한국교회는 이에 대해서 제대로 반성하지 않고 있다. 초기 기독교 시절에 신자들은 250년 이상의 시간 동안 경제적·사회적 지위들을 빼앗길 뿐만 아니라 원형극장과 화형장에서 죽어나가면서까지 자신들의 신앙을 지켜왔는데, 한국 기독교는 일제치하 36년—정확하게 말하면 1910년부터 1938년까지의 28년이다—을 버티지 못하고 자신들이 믿는다고 했던 절대자를 배신한 것이다. 남북이 분단되기 전의 평양이 동양의 예루살렘이라고 불렸던 과거의 영화와는 전혀 다르게 세상에서 가장 악한 집단—사회주의도 아니고 공산주의도 아닌 '아바이주의'로 무장한—의 치하에 고통하며 신음하고 있는 것이 이 사건과 관련 있는 것은 아닐까? 내가 만난 어떤 청년들 중 한 부류는 돈과 안정을 따라, 그러나 정반대로 한 부류는 돈과 상관없이 내가 옳다고 생각하는 바를 실천하려 한다. 어떤 삶이 좋은 삶일까. 어떤 삶이 의미 있는 삶일까. 어떤 삶이 가장 나중에 웃는 삶일까. 나 또한 매 순간의 사건 속에서 나 자신에게 질문하고 또 질문한다.

캘빈, 루이뷔통의 도시 제네바에서 길을 잃다

스위스 하면 달력 속에서나 볼 수 있을 듯한 눈 덮인 알프스의 멋진 경치가 떠오른다. 그러나 내가 스위스를 찾은 이유는 제네바 때문이었다. 나의 이런 마음을 아는지 모르는지 제네바의 환영 인사는 아주 차가웠다. 로잔에서 하루 쉬고 다음 날 기차를 타고 찾은 제네바는 비가 오고 바람도 부는 데다가 전날보다도 10도 이상 내려간 기온 때문에 엄청나게 추웠다.

제네바 역에 도착한 나는, 마침 비가 추적추적 내리고 바람마저 강하게 부는 시내를 가로질러 몽블랑 다리를 건너 제네바 대학과 피에르 광장을 찾았다. 제네바 대학은 존 캘빈1509~1564, 장로교를 창시한 프랑스의 개신교 신학자이자 종교개혁자이 설립한 대학이다. 피에르 광장에는 피에르 성당, 캘빈 강당, 종교개혁 역사기념박물관이 있다. 박물관 입장권에는 성당 옥탑 입장료까지 포함되어 있었다. 어느 한 건물, 어느 한 교회만이 아니라 광장 전체에 종교개혁 당시의 역사와 분위기가 고스란히 보존되어 있었다. 손때 묻은 나무의자, 닳아빠진 돌계단들, 오래된 기록물들. 로마가톨릭 혹은 영국성공회의 박해를 피해 신앙의 자유를 찾아 스코틀랜드, 프랑스, 이탈리아 등 유럽 각국에서부터 신교도들이 몰려들었던 교회가 지금의 캘빈 강당Auditoire de Calvin, Caivin Auditorium으로 바뀌었다.

그들을 떠올리며 나는 과거를 상상했다. 박해받던 신교도들이 제네바로 모여들 때는 어떤 모습들이었을까. 종교의 자유를 지키고 고향에서의 핍박으로부터 피하기 위한 여정이었기 때문에 육체적으로는 피곤에 지치고 남루하였겠지만 정신적 · 영적으로는 새로운 삶에 대한 기대로 가득 찬 모습이었을 것이다. 하지만 400년 가까이 흐른 지금의 이곳은 어떤가? 시내 중심부로부터 제네바 호수 위에 놓인 몽블랑 다리를 건너 피에르 광장까지 오는 거리는 세계의 명품점을 모두 모아놓은 듯한 휘황찬란한 유혹의 거리가 되었다. 21세기를 살아가는 나 자신 물론 그 당시의 그들과 달리 종교의 자유에 대한 도전과 핍박 없이 예전보다 잘 먹고 잘 살고 있긴 하다. 하지만 그들의 '가난한 마음'과 '신앙의 자유를 지키기 위한 열정'을 상상해볼 때, 지금의 나의 모습이 부끄러워졌다. 그러면서 400여 년 전 이곳으로 발걸음을 옮기던 그들의 모습과 추위로 몸을 한껏 웅크린 지금의 나의 모습을 오버랩해보고 싶었다. 캘빈 당시 개신교회의 성도들은 천주교와 영국국교회, 그리고 청교도 등의 핍박을 받으며 신앙생활을 하다가 종교의 자유가 보장되던 몇 안 되는 도시 중 하나인 이곳 제네바로 피

신해 왔었다. 사람들의 마음은 가난했고 믿음은 절실했다. 교회뿐만 아니라 거리와 가게들까지도 모두 개신교회 신앙의 깊은 영향 가운데 있었다. 하지만 이제는 명품으로 즐비한 고소득과 풍요의 도시가 된 것이다. 초기 기독교도 로마의 잔인한 박해를 이겨가며 300년이 넘는 긴 고통의 시간을 견뎌왔다. 그 결과 313년 콘스탄티누스 1세에 의해 로마의 정식 종교로 공인되었지만 박해가 끝난 이후에 오히려 교회는 세속과 타락의 길로 접어들게 되었다. 지금의 제네바의 풍요로운 모습을 보면서 캘빈이 어떤 생각을 할까. 후세들이 풍요롭게 살고 있다는 기쁨보다는 아마도 물질주의에 찌든 사람들에게 염려스러운 눈길을 보낼 것 같다는 생각이 든다.

갑자기 확 떨어진 기온 때문인지 성 베드로 성당 종탑에서 바라본 레만Leman 호수는 마치 겨울바다처럼 출렁거렸고, 저 멀리 보이는 눈 덮인 알프스 산맥은 아직도 한겨울이었다. 내일은 잠시 로잔에서 가까운 레만 호수가의 우시Ouchy라는 곳에 들러서 유럽에서의 여행을 차분히 정리를 하고 무엇보다도 짐을 꾸려서 제네바 공항으로 간다!

농부 홍씨의 서유견문록(西遊見聞錄)

03

농민이 잘살아야
진짜 선진국이다

쿼드코어, 젤리빈, 2,000만 화소 카메라, 5인치 슈퍼 아몰레드 농업국, 네덜란드

네덜란드라는 나라에 대해서 별로 관심이 없을 때에 '네덜란드' 하면 떠오르던 사람은 딱 두 사람이었다. 하멜 표류기의 '하멜'과, 2002년 월드컵 때 한국 대표팀을 맡았던 '허스 히딩크(Guus Hiddink, 'G'를 가래 끓듯이 거칠게 발음해야 한다)' 감독이다. 하지만 2005년 이후 상황이 달라졌다. 내 인생의 승부수를 농업에 걸기로 작정하고 나자, 이 두 사람뿐 아니라 그전에는 눈에도 들어오지 않던 네덜란드의 매력이 그제야 제대로 보이기 시작했다.

미국의 경우는 넓은 땅과 기업화된 대규모 단작농업을 통해 세계 1위의 농산물 수출국가가 되었다. 여기서 미국농업의 문제점을 따로 논의할 필요는 없겠지만, 유전자 조작과 대규모 단작재배와 화학약품 의존도 등 환경과 생태에 피해를 끼치고 있는 미국농업은 지속가능성의 측면에서 볼 때 결코 1등이라고 볼 수는 없을 것이다. 어쨌건 미국만큼이나 넓은 땅을 가진 러시아를 제외하면 유럽대륙에서 가장 넓은 땅과 좋은 기후 등 천혜의 자연조건을 가지고 있는 나라는 프랑스이다. 이런 프랑스와 농산물 수출액 규모에 있어서 2, 3위를 다투고 있는 나라가 바로 이 조그마한 네덜란드이다. 네덜란드의 국토는 남한의 절반 크기밖에 되지 않고 그나마도 사 분의 일 정도는 나라 이름—Neder은 '낮은'의 의미를 가지고 있다—그대로 바다보다도 '낮은' 땅을 가지고 있을 뿐인데도 말이다.

농업에 대해 공부를 계속하기로 결정하자마자 유럽의 두 나라가 내 머릿속에서 떠올랐다. 하나는 덴마크였고, 다른 하나는 네덜란드였다. 잘은 모르겠지만 이 나라들이라면 내가 농업에 대해서 무언가 배울 수 있을 거라고 생각했다. 개인적으로는 외국에서 공부해본 경험도 없고, 내 주위엔 거의 미국에서 공부하고 돌아온 미국통通들이었지만 나는 공부를 한다면 유럽에서 해야겠다고 생각했다. 이렇게 생각한 데에는 유럽은 등록금이 없거나 저렴할 것이라는 내 막연하고도 불충분한 사전지식도 한몫했다. 유학을 처음 생각하고 여기저기 수소문했던 2005년, 2006년에는 그전까지 저렴하거나 무료였던 유럽대학들의 등록금 혜택이 非EU지역 출신 학생들에게는 점점 그 기회가 줄어드는 추세였고, 반면 EU회원국들만 혜택을 주는, 우리 입장에서는 장벽이 높아가기 시작했던 것으로 기억된다. 이 두 나라를 저울질하며 고민하고 있을 때, 멘토께서 결정적인 조언을 해주셨다.

"네가 지금 공부를 하는 이유도 한국에 돌아와 한국농업을 위해서 일하기 위함인데, 지금 바로 유학을 가면 한국농업에 대한 현실도 모르고 인맥도 없는 네가 공부를 마치고 몇 년 뒤에 한국으로 돌아온들 일을 하기가 쉽겠냐? 우선은 한국의 모교에서 석사과정을 하면서 한국의 농업현실도 보고 인맥도 쌓은 다음 박사과정을 하면 어떻겠느냐? 박사과정은 내가 공부했던 네덜란드를 추천하고 싶다. 왜냐하면 네덜란드는 농업도 농업이지만 한때 영국이 세계를 제패하기 전인 16세기에 한

때나마 세계를 호령했던 나라이고, 무엇보다 종교개혁의 중심에 섰던 만큼 기독교적 전통 또한 강하게 느낄 수 있는 나라이기 때문이다."

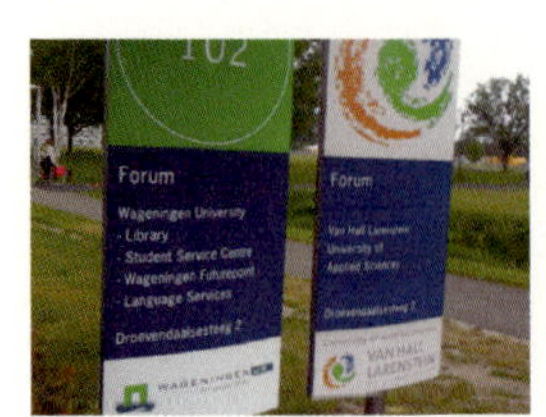

그래서 나는 조언을 따라 네덜란드에서 공부할 것을 진지하게 고려했다. 그곳에서 월요일부터 금요일까지는 학교에서 공부를 열심히 하고, 토요일과 일요일에는 네덜란드 교회공동체 생활을 경험할 좋은 기회가 될 것 같았다.

특별히 네덜란드 유일의 농과대학 및 연구소인 바허닝언Wageningen 대학에는 마틴 멀더 교수님이라는 든든한 원군이 있다. 사실 이 분과는 필리핀에서의 첫 만남을 가진 지 꽤 시간이 흐른 뒤라 네덜란드에 가서 교수님의 연구실에 노크하기 전까지는 '만난 지 벌써 4년이나 지났는데 이분이 나를 기억이나 할까?' 하고 그냥 간단히 인사만 하고 나오려고 했다. 그러나 내가 연구실에 들어갔을 때 절친한 친구를 오랜만에 만난 듯이 정말 뜨겁게 환영해주었다. 그뿐 아니라 나의 방문목적을 듣고는 자기 밑으로 오라며 농담 반 진담 반으로 즐겁게 말씀하기도 했다. 그러고는 내게 네덜란드 농업-화훼, 작물, 과수, 온실원예-과 관련하여 구글 어스와 빔 프로젝터를 동원해서 한 시간 이상 설명해주었다. 소개해준 곳들은 네덜란드 농업을 이해하기에 너무나 중요한 곳이라 한 군데라도 더 둘러보기 위해서 네덜란드 일정을 하루 더 연장해야 했다. '이분이 나를 얼마나 기억하겠어' 하고 만나지 않고 그냥 돌아왔다면 이 좋은 기회를 놓쳤을 것이다. 먼저 다가서고 적극적으로 시도하는 것이 얼마나 중요한지 알게 되었다. 처음 만났던 2007년도에는 교수와 학생으로 만났다면, 그날은 마치 친구로 만난 것 같았다.

이렇게 해서 방문했던 곳이 그 유명한 알스메르Aalsmeer의 화훼경매장, 나우더베이크의 유리온실 밀집지역 등등이었다. 그렇게 네덜란드를 다시 보니 이 작은 나라가 참으로 작지 않구나 하는 생각을 많이 하게 되었다. 우리말에 '오지랖이 넓다'란 말이 있는데, 주제넘게 남의 일에 참견하는 사람을 빗대어 이르는 말로, 우리나라에서는 별로 좋은 의미로 쓰이지는 않는다. 하지만 긍정적으로 보면 '활동범위가 굉장히 넓다'라는 식으로 해석하는 것도 가능하지 않을까? 오히려 옛날이 아닌 현대사회에서는 오지랖이 넓어야 좋은 것 아닐까? 그런 관점에서 역사를 다시 보니 네덜란드 사람들이 완전히 '세계의 오지랖'이었다. 세계사 가운데서 무슨 일이든, 어떤 곳이든 앞장서고 개척하는 데 있어서 네덜란드 사람들이 단연 선두에 있었다. 지금은 뉴욕이라 부르는 곳을 뉴 암스테르담이라는 이름으로 먼저 차지했던 사람들이 바로 그들이다. 또 세계 최초의 주식회사인 네덜란드 동인도회사와 세계 최초의 주식거래소를 만든 나라이다. 하멜표류기로 유명한 하멜이 바로 이 동인도회사 직원이었다. 350년이 넘게 세계 최대의 무슬림 인구를 가진 인도네시아를 지배하기도 했던 나라가 바로 네덜란드이다. 가깝게는 이스라엘의 한 키부츠에서 한 달 동안 같이 지냈던 세바스찬―의대생이 이스라엘의 키부츠에서 몇 달, 연구와 봉사를 위해 탄자니아에서 몇 달을 보내니 '도대체 공부는 언제 하느냐'고 오히려 내가 걱정해주었던 친구―과 그리고 정부의 불허방침과 싸우면서까지 요트로 세계 일주를 하면서 그 안에서 고등학교 숙제까지 해냈던 16세 소녀―개인적으로는 모르는 사이지만 신문에서 봤다―의 나라. 21세기의 새로운 오지랖인 개척정신에 있어서 타의 추종을 불허하는 나라, 그런 네덜란드가 좋아진다.

프랑스의 숨겨둔 애인, 농업

프랑스는 좋은 기후와 넓은 영토라는 천혜의 자연조건(하늘이 준 혜택)과 뛰어난 시스템(프랑스 사람 스스로가 이룬 결실)을 가진 농업강국이다. 유럽 제일의 농업국가로서 농업생산과 경지규모 면에서 EU 전체 농

프랑스 리옹의 테트도르 공원

업의 약 20%를 점유하는 농업대국이다. 이웃나라 독일은 기후도 별로 좋지 않고 사람들도 좀 딱딱해서 그저 책상에 앉아 철학을 하며 근본과 원리만을 찾았다. 그러나 프랑스는 멋진 기후와 경관으로 인해 그저 책상에 앉아 있기보다는 야외에서 쾌활하게 활동하는 것을 좋아하고 그래서 특별히 농업과 그중에서도 농촌관광 분야에서 앞서 있다. 선명한 태양광선이 화려하게 펼쳐놓은 세계를 시각적으로 표현하기 좋은 미술 분야에서는 〈그랑드 자트 섬의 일요일 오후〉의 쇠라, 〈발레 수업〉의 에드가 드가, 〈물랭 드 라 갈래트의 무도회〉의 오귀스트 르누아르 등의 많은 화가들을 배출하였다.

그러나 겉으로 드러난 풍요로움보다도 더 부러웠던 것은, 기후나 작황에 상관없이 수요와 공급에 있어서 들쭉날쭉하지 않고 안정적으로 농산물의 양이나 가격이 결정된다는 현지 교민의 말이었다. 생산—유통—소비(사용)의 환상적인 균형을 성취한 것이 프랑스 농업의 진가라는 말이다.

프랑스 농업의 발전은 하루아침에 이루어진 것이 아니라 17세기부터 일관되게 추구해온 중농주의重農主義의 결과이고, 농업을 통해서 식량자급이라는 과제만 해결하는 것이 아니라 유럽과 세계에 영향력을 발휘할 수 있는 수준까지 농업을 키우려고 했던 프랑스 정부의 노력의 결과다. 패션쇼같이 화려한 면면이 먼저 생각나는 프랑스지만, 사실 프랑스가 오랫동안 사랑해온 것은 농업이었다. 며칠 동안 머무르는 것으로 농업강국의 저력을 다 파악하긴 어려울 것이지만, 얼마 안 되는 시간이라도 이 나라 농업의 힘이 어디에 있는지 는지 알아보고 싶었다. 이를 위해 리옹 님부에 있는 농업회의소 지역사무수를 찾았다.

프랑스 농업회의소는 상공회의소와 같은 기능을 농업부문에서 하고 있는, 농업을 위한 프랑스 최대의 농업인 조직대표기구이다. 농업회의소 중앙회(상설기구)가 있고, 22개의 광역지자체에 지역농업회의소가 있으며 94개의 도에는 도道 농업회의소가 있는데, 내가 찾은 곳은 22개의 지역농업회의소 중 하나였다. 프랑스 농업에 있어서 농업회의소가 중요한 이유는 이 단체가 정부로부터 대표적인 농업인 단체로서 인정받고 있고, 농민들로부터도 자신의 이익을 대변해줄 대표기구로 인정받고 있기 때문이었다. 그런 신뢰를 바탕으로 정부와 농민 간에 의사소통을 원활하게 하고 농업과 관련된 주요정책을 수립하는 데 있어서도 중요한 역할을 할 수 있었다(하지만 정작 영어밖에 할 줄 모르는 나를 맞아준 건 근무하는 직원들의 쌩~ 하는 냉랭함이었다).

프랑스 농촌을 좀 더 자세히 들여다보면 그 속에 수많은 경제적 · 문화적 공동체들이 있는데 농업회의소는 이들이 각자의 활동에 충실할 뿐 아니라 서로 연합함을 통해서 경쟁력을 확보한 결실이기도 하다. 이 수많은 공동체들의 의견과 이해관계를 조정해준 것이 바로 농업회의소이기 때문이다. 결론적으로 농업을 중시하는 정부의 일관된 정책이 농민들에게 신뢰를 심어주었고, 농민이나 농업공동체들도 서로 연합할 뿐 아니라, 자신의 대표기관을 신뢰해준 이것이 프랑스 농업을 강하게 만든 것이다. 우리나라에도 농협이 있고 군소群小 농어민단체들도 많이 있다. 하지만 그 어느 단체도 한국농민과 농업을 대표한다는 생각이 들지 않는 것이 슬픈, 아니 어리석은 우리의 현실이다. 그 가운데서 열심

리옹 농업회의소

농부 홍씨의 서유견문록(西遊見聞錄)

히 생산은 하지만 연합하지 못하고 대화하는 노력이 부족한 농민들은 불쌍하게도 모래알처럼 지낼 수밖에 없는 것이다. 생산도 문제지만 유통의 한계 혹은 횡포도 지적해야 하지 않을까? 우리나라에도 프랑스의 농업회의소처럼 정부와 농민들 모두에게 신뢰받는 기관이 있었으면 하는 안타까운 생각이 들기도 했다.

하지만 정부가 그런 기관이나 단체를 만들어주길 기다리는 것보다도 농민들 스스로가 우리나라 고유의 '두레' 정신을 되살려 공동체를 만들고 연합해나가는 노력이 더 중요하다는 생각을 하게 되었다. 이는 학업을 하면서 한국의 농촌현장을 조금 다녀보면서 얻은 결론이기도 하다. 지금의 한국농촌은 갈등의 현장이다. 부농과 빈농, 동남아 출신 며느리들과 시댁 식구들, 귀농인력과 토박이 주민들, 농민과 농민대표단체, 정부 정책과 농민들의 생각 등등이 서로 갈등하고 있다. 예전에 알던 그런 따뜻한 시골이 아니라 개인과 집단 간에 깊이 파인 골을 보게되었다. 이러한 갈등들을 구체적으로 어떻게 풀어나가고 하나가 되게 할 수 있을까! 이 일들이 말과 구호로만 되는 일은 아니다. 그리고 수익도 나지 않은 채 지속할 수 있는 것도 아니다. 회사와 같은 구체적인 공동체의 실체를 세우고 수익을 내되 돈의 논리가 지배하도록 방치하지 않아야 한다. 이 일이 이제 내가 한국에 돌아가서 해야 할 일들이다.

하지만 나는 이제 농업영역과 관련하여 프랑스의 새로운 역할을 기대하고 싶다. 프랑스는 EU 내에서도 농업의 규모나 선진성에 있어서 수도적 국가인데, 이제는 EU 내부에서만 농업이 맹주(盟主) 역할을 하는 것이 아니라 아프리카와 동남아시아 같은 나라들에 농업의 노하우와 기술 등을 더 적극적으로 전해주고 같이 잘살기 위해 지원도 해주는 나라가 되길 바란다. 하지만 현실은 그렇지가 않다. 『식탁 위의 불량식품』이라는 책을 보면, 프랑스가 소속되어 있는 유럽연합의 아프리카에서의 횡포가 잘 나와 있다. 유럽산 과일과 채소가 아프리카시장에서 원주민이 재배해서 내놓는 것의 가격보다 1/3 수준으로 팔린다고 한다. 이것이 어떻게 가능할까? 유럽과 ACP국가들─아프리카Africa, 카리브 해Caribbean, 태평양Pacific을 나타내는 첫 글자─ 사이에 불공정 조약 때문이라고 한다. ACP국가들은 대부분 유럽의 식민지였던 나라들이고 지금도 여전히 가난하다. 상호개방이라는 명분하에 농산물의 수출과 수입을 자유롭게 터놓았지만 유럽의 농민들은 농산물 값을 아프리카의 시장에서 받는 게 아니라 유럽연합이라는 우회로를 거쳐 각각의 나라에서 지급받는다는 데 문제가 있는 것이다. 즉, 재원이 풍부한 유럽연합이 자국의 농산물을 처리하는 데에만 목적을 두고 아프리카 시장에 덤핑으로 판매함으로써 아프리카의 농업경제를 와해시키고 있다는 사실이다.

이제는 더 이상 이런 횡포를 자행하지 않는 프랑스의 새로운 역할을 기대하며, 내가 가장 좋아하는 그림 한 점을 떠올린다. 노르망디 출신인 '농부의 화가' 밀레의 〈만종〉이 그것이다. 해질녘 들판에 서 있는 그림 속의 부부는 하늘과 땅의 중간에 서서 가장 겸손한 자세로 기도를 드리고 있다. 이 그림에서는 겸손함과 신성함 그리고 그림의 중심에 두

  농부 홍씨의 서유견문록(西遊見聞錄)

기둥처럼 서 있는 이 가난한 부부에게서 충만함까지 느껴진다. 나는 이 곳에 잠시 머물다 가지만 프랑스가 프랑스대혁명과 나폴레옹으로 대표되는 피와 전쟁과 정복의 이미지가 아닌, 〈만종〉의 겸손함과 풍요로움을 닮은 프랑스 농업으로 세계를 섬겨주기를 기대해본다.

이스라엘 건국의 아버지 벤 구리온, 건국의 할아버지(?) 키부츠

드디어 이스라엘에 도착하다! 아침 일찍 스위스 제네바를 출발한 비행기는 이탈리아 북부와 터키와 지중해 상공을 지나서 이스라엘로 진입한다. 드디어 지중해와 맞닿은 이스라엘의 서쪽 해안선이 눈에 들어오기 시작했다. 벤 구리온 공항에 내려서 바라본 시계는 6월 3일 오후 12시 34분을 가리키고 있었다. 아직 6월이긴 하지만 한낮이라 무척 더웠다. 이 더위에 긴 구레나룻을 기른, 두껍고 까만 양복을 입은 남성들, 즉 정통 유대인들의 모습이 가장 먼저 눈에 들어왔다. 또 하나 내 시선을 잡아끄는 것은 여성군인들의 모습과 휴가 나온 군인들이 실탄이 장착된 총을 들고 거리를 다니고 있는 모습이었다. 이곳이 바로 이스라엘이다. Welcome to Israel!

하지만 내가 이스라엘에 온 것은 총을 멘 여자군인들을 구경하러 온 것도 아니고 특이한 복장의 정통 유대인을 보러 온 것도 아니다. 내가 이스라엘에 온 목적은 이 '키부츠'를 공부하고 체험하기 위해서이다. 키부츠는 '농업'으로 시작되었고 '공동체'로 유지되고 있는, 이스라엘만의 아주 특별한 조직이다. 내가 내린 공항의 이름은 벤 구리온 공항. 벤 구리온1886~1973은 이스라엘 초대 수상이었다. 그가 수상이 될 때까지 지냈던 곳이 키부츠였고 수상을 마치고 나서는 키부츠로 다시 돌아와 지내다가 거기서 임종을 맞이했다. 키부츠란 이스라엘만의 독특한 생활공동체로 현재 이스라엘에서 260여 개가 있는데(2004년 기준) 그 안에서 여러 산업들을 영위하며 독립적으로 생활을 해나간다. 벤 구리온뿐만 아니라 이스라엘의 수많은 지도자들이 키부츠 출신이다. 1948년 이스라엘이 건국되기도 훨씬 이전인 20세기 초, 정확하게 말하면 1908년부터 건설되기 시작된 키부츠는 농업을 근간으로 시작되었다. 남성들뿐만 아니라 여성들까지 모두 맨손에 쟁기를 들고 척박한 땅을 개척하며 만들었던 키부츠들이 자리 잡은 곳들을 보면 현재의 국경선 부근에 밀집해 있는데 이것은 키부츠가 이스라엘의 현재의 국경선을 실질적으로 결정했다는 것을 말해주고 있다. 즉, 시온주의를 주장하며 세계 각지에서 몰려온 사람들의 자발적인 국경확보 노력이 키부츠의 기초가 된 것이다. 그러니까 벤 구리온이 건국의 아버지라고 한다면 키부츠는 건국의 할아버지라고 불러도 괜찮지 않을까? 키부츠에는 현재 이스라엘 인구의 2% 정도인 12만 명 정도가 거주하고 있지만 이스라엘 전체의 농업 생산 중 40%를 담당하고 있다. 다시 말하면 키부츠는 건국 이전부터 이스라엘 공동체의 핵심을 이루고 있고 농업에 있어서는 더욱더 중심적인 위치를 가지고 있는 조직이라고 할 수 있다. 나는 이렇게 표현하고 싶다. "키부츠는 이스라엘의 DNA"라고 말이다.

키부츠들은 전통적으로 볼런티어^{volunteer} 프로그램을 운영하고 있는데 이는 세계 각지에서 온 청년들에게 숙식을 제공하고 청년들은 키부츠가 필요로 하는 노동을 제공하는 프로그램이다. 세계 각지 특히 유럽의 젊은이들이 여기 들어오려고 줄을 서 있다. 키부츠의 볼런티어가 되는 기회를 한국에서 알아보다가 여의치 않아 현지로 직접 왔는데 여기서도 나이가 많다, 비자가 조건이 안 맞는다 등등의 이유로 가능성 '0'의 벽에 부딪히게 되었다. 하지만 내가 이것 때문에 왔는데 쉽게 포기할쏘냐! 대학교수, 키부츠 거주자, 한인회장 길거리에서 만난 사람들을 붙잡고 키부츠에 들어갈 수 있는 기회를 알아보고 찾아보고 부탁했다.

농부 홍씨의 서유견문록(西遊見聞錄)

　6월 3일에 이스라엘에 들어와서 7월 24일에야 비로소 키부츠에 들어가게 되었으니 장장 한 달 하고도 20여 일을 이스라엘에서 배회(?)한 셈이다. 이스라엘의 정신적, 영적 수도인 예루살렘을 속속들이 다녔고 훑었다. 히브리대학, 하이파대학, 벤 구리온대학들을 다니며 인맥을 쌓기도 하고, 유대광야를 관통하여 예루살렘에서 여리고까지 걸어갔다 와 보기도 했다. 그 어렵다는 히브리어 공부를 시작하기도 했다! 그리고 직접적으로 키부츠들을 돌아다니면서 "나 좀 써주십시오." 간청하며 다녔다. 가봤던 키부츠 중에서 가장 역사적인 곳은 드가니아 알렙이라는 곳이다. 이곳은 1908년 이스라엘 북부 갈릴리 호숫가에 세워진 이스라엘 최초의 키부츠다. 이들의 파이오니어로서의 자부심은 그야말로 대단한 것이었다. 이 키부츠의 정문 앞 화단에는 조그마한(?) 탱크 한 대가 키부츠에 총구를 향하며 서 있다. 이 탱크는 이스라엘과 요르단이 전쟁을 벌일 당시에 키부츠의 한 소년이 요르단 탱크를 화염병으로 폭파시켜서 정지시켰던 그때 그 현장을 그대로 보존하고 있는 것이었다. 이는 키부츠가 이스라엘이 건국하기도 전에, 주변의 나라들과 스스로 싸워가면서 일하는 공동체였다는 것을 말해주고 있었다.

　또 한 군데 기억에 남는 곳은, 성경 속 인물인 삼손의 고장인 벳쉐메쉬에 있는 한 키부츠였다. 이 키부츠의 창립멤버인 노부부가 초청을 해

　　　　　　　　　　　　농부 홍씨의 서유견문록(西遊見聞錄)

주어서 다녀온 적이 있었다. 내가 이분들께 나도 한국에 돌아가서 키부츠 같은 공동체를 만들고 싶다고 했더니, 이분들이 웃으면서 '굉장히 오래 걸릴 텐데?' 하며 의미심장한 미소를 짓던 일이 기억난다. 내 귀에는 이들의 말이 마치 '불가능할 텐데……' 하는 것처럼 들렸다. 이렇게 이곳저곳 다니다 드디어 한군데를 찾아냈다! 'about 50 volunteers of all ages!' 뭐라고? 모든 나이대의 볼런티어들이 일하고 있다고? 나이 때문에 안 된다고 퇴짜를 받았던 나는 곧바로 이력서랑 내가 여기 온 이유, 거기에 못 들어가면 안 되는 이유 등등을 빽빽이 적어서 키부츠의 볼런티어 담당자에게 메일로 보냈다.

"환영해주셔서 감사합니다. (중략) 여러분께서 잘 아시다시피 한국은 세계에서 유일한 분단국가입니다. 저의 꿈은 세계에서 가장 유명한 농업공동체인 키부츠를 잘 배워서 남한 사람과 북한 사람이 함께 참여하는 농업공동체를 만드는 것입니다. 짧은 시간이지만 이곳에 조금이라도 도움이 되는 사람이 되고 싶습니다." (우레와 같은 박수~)

이 키부츠는 하루에 두 번씩 전체가 모여서 회의를 한다. 그날 저녁 키부츠에 처음 들어온 나는 위와 같이 자기소개를 하게 되었다. 내가 들어오게 된 이 키부츠의 이름은 네옷 스마다^{Neot semadar}이다. 이스라엘의 남부 네게브^{Negev}라는 사막지역의 한가운데에 자리 잡은 키부츠였다. 처음 방문했을 때 저녁 7시가 조금 넘은 시간이었는데도 버스에서 내리니 훅 하고 더운 공기가 코와 입 속으로 들어오는데 숨이 턱 하고 막히는 느낌이었다. 해질녘인데도 40도가 넘겠구나, 이런 곳에서 농장일을 해야 한다니…… 이런 생각을 하며 나도 모르게 내 입에서 이런 기도가 튀어나왔다.

'오, 하나님! 살려주세요.'

도착 첫날밤, 나의 일장연설을 마친 후에 바로 야간작업 인원편성을 위한 회의가 이어졌다. 항상 야간작업을 하는 건 아니지만 내가 갔던

그때는 키부츠 식구들이 5, 6년에 한 번씩 전체가 집을 로테이션하는데 이를 위해서 전면적으로 개·보수를 하는 아주 정신없는 기간이었기 때문이다. 지붕 고치기 할 사람! 하고 작업반장이 부르면 몇 명이 손을 들고, 마을회관 페인트칠 할 사람! 하고 부르면 몇 명이 또 손을 들었다. 그런데 히브리어를 모르는 나는 그냥 맨 먼저 무작정 손을 들었는데, 뭔지도 모르고 지원한 그 일은 집 마당에 드리워진 차광지붕을 교체하는 일이었다. 작업배정이 끝난 후에 사람들은 청소년부터 허리 아픈 아주머니들까지 한 명도 예외 없이 모두가 자기 일터를 향해 어둠 속으로 사라져갔다.

초기의 키부츠들은 대부분 농업으로 시작을 했고 생활패턴도 비슷하다 보니 그때에는 모두가 다 생활공동체였다. 작업배정이 끝난 후에 키부츠 내에서 농업뿐만 아니라 IT분야까지 다양한 사업들을 하고 있고 멤버들의 생활방식도 다양해져서 키부츠의 모습도 변천을 거듭해 왔다. 하지만 대부분의 키부츠가 아직도 공동세탁을 하기 때문에, 저녁에 세탁실에 와서 자기 집 번호의 칸에 꽂힌 깨끗한 세탁물들을 찾아가는 것을 보며 나는 주부가 아니면서도 '키부츠에 사는 주부들은 참 좋겠다'라는 생각이 들었다.

이스라엘은 키부츠 말고도 여러 형태의 공동체가 참 많다. 사실상 이스라엘이란 나라 자체가 하나님과 언약을 맺은 하나의 큰 공동체다.

농부 홍씨의 서유견문록(西遊見聞錄)

키부츠가 아닌 다른 농업공동체에서 휴가를 온 20세 된 니타이라는 청년과 처음 만났을 때의 기억이 생생하다. 내 소개를 하는 중에 "I study agriculture"라고 말했는데, 니타이는 "I DO agriculture"라고 하는 것이었다. 그는 자기 공동체에서 실제로 많은 농사를 짓고 있었고, 다른 공동체를 경험하며 똑같이 농사를 짓는 것이 휴가인 셈이었다. 나는 이 말을 듣고 망치로 머리를 한 대 맞는 듯한 충격을 받고 깨달았다. '그래, 농업은 공부하는 것이 아니라, 실제로 하는 것이다. 이게 진짜 공부다'라고 말이다.

이스라엘에서는 4월부터 10월까지는 비가 한 방울도 오지 않는다. 내가 누군가에게 물었다. 정말 한 방울도 안 오느냐고. 정말 한 방울도 안 온다는 대답이 돌아왔다. 이런 나라에서 농업을 해야 하다니. 이스라엘 농업의 핵심은 '물'에 있었고 이스라엘 농업기술의 핵심도 점적* 및 관개**제어기술이었다. 처음 방문했을 때는 도시의 가로수, 화단마다 우리네 방에 보일러 파이프 깔듯이 급수 호스가 어김없이 깔려 있는 것이 신기했었다. 호스에 일정한 간격으로 뚫려 있는 구멍으로 매일 일정한 시간에 물이 나온다. 이때 막힘이 없어야 하고 처음 부분과 끝 부분에서 물의 양이 일정하게 나와야 하는데 이 기술은 이스라엘의 독점적 기술이라고 한다. 모든 밭에는 스프링클러가 설치되어 있다. 이 모든 용수는 해수를 담수화해서 사용하기도 하지만 이스라엘의 농업용수의 젖줄은 갈릴리 호수이다. 여기서부터 이스라엘 전역으로 물이 운반된다. 또 이스라엘은 IT부문과 융합기술의 선진국으로 유명하다. 농업에서도 이런 실력은 유감없이 발휘되고 있다. 척박한 땅에서 자란 과일과 야채라서 그럴까, 맛은 진하고 껍질은 두꺼웠다.

이스라엘 농업에서 또 하나 부러운 것은 수출 비율이 높다는 것이다.

* 점적: 물의 낭비없이 농작물의 뿌리에 물을 한 방울씩 뿌려주는것.
** 관개: 농사에 필요한 물을 인공적으로 공급하는 것.

가로수 위에 설치된 점적관개호스

농업 생산의 70%는 유럽으로 수출되고 있다고 한다. 나도 한국에 돌아와서 농사를 할 때 마늘과 양파 밭에 물을 주기 위해, 펌프와 스프링클러를 사러 공구상가에 들른 적이 있었다. 이동식 스프링클러를 사면서 오랫동안 사용하기 위해서 제일 좋은 것으로 추천해달라고 했더니 사장님이 이스라엘 제製 제품을 소개해주었다. 다른 제품들보다 2배 이상 비쌌던 것으로 기억한다.

키부츠에서의 농업체험은 참 즐거운 경험이었다. 왜냐하면 과수와 낙농제품이 많았기 때문이었다. 포도, 무화과, 배, 레몬, 아몬드, 대추야자 등등. 따러 나가서는 하나 따고 하나 먹고 하나 따고 두 개 먹고 했었던 것 같다. 염소젖으로 만든 요구르트와 치즈는 아침마다 얼마나 풍성한 식탁을 만들어 주었는지……. 이 키부츠 안에서는 농업뿐만 아니라 미술작품 제작, 건축 장식재 제작, 체험 관광 등으로도 수입을 올리고 있었지만 나는 농업을 배우러 왔다고 했기 때문에 농업 부문에서 주로 일을 거들었다. 낙농, 과수, 식품가공 등의 부문마다 책임자들이 있었는데 거의 대부분이 여성이었다. 아침마다 농장에 모인 일군들에게 작업지시를 하는 당당한 모습, 선글라스를 끼고 한 팔은 차 유리창에 걸치고 한 손으로 트랙터를 유유히 운전하면서 지나가던 모습, '나는 아플 권리가 없다'면서 몸이 아파도 공동체 안에서 자기가 맡은 부문에서 최

　　　　　농부 홍씨의 서유견문록(西遊見聞錄)

선을 다하던 모습들이 아직도 눈에 선하다. '나는 여자니까' 하면서 뭔가 열외를 기대하고 책임지는 자리에서 물러서려는 자세나 태도는 눈을 씻고 보아도 볼 수 없었다. 히브리 대학교 도서관에서 봤던 한 권의 책, 『The Plough Woman: Records of the Pioneer Women of Palestine』. 책 표지에는 한 여성이 쟁기를 들고 척박한 땅을 갈고 있는 사진이 실려 있다. 여성이기 때문에 내가 뭔가 도와주려고 하면 도리어 불쾌해하던 이스라엘 여성들의 모습이 투영되어 있었다.

수익성 있는 농업을 영위하는 공동체, 진정한 권리행사와 책임완수가 있는 공동체, 사랑과 용서가 충만한 그런 공동체. 우리나라에서 잘 연습한 후에 나중에 통일이 되었을 때 북한 사람들까지도 오롯이 품을 수 있는 그런 공동체. 이것이 내가 한국에 돌아가서 이룰 꿈의 실체다. 이스라엘은 이것을 이미 이루었다. 100년 전에? 아니 3,000년 전이다. 한국에서 농업이라는 산업이 가능성이 있을까? 그러나 그것보다 더 걱정스러운 것은 한국에서 공동체가 가능할까 하는 것이다. 내가 원하는 '공동체'는 단순히 '사회'도 아니고 '조직'도 아니기 때문에 더욱 어렵게 느껴진다. 한 키부츠에서 만났던 노부부가 '한국에서 키부츠 같은 공동체 만들려면 오래 걸릴 걸' 하고 말했던 것을 다시 기억해본다. '불가능할 걸' 하고 말하고 싶지만 최대한 완곡하게 말한 것으로 이해한다. 나도 지금 키부츠를 배우고는 있지만 이스라엘 식으로는 하지 않을 것이다. 왜냐하면 우리는 이스라엘이 아니기 때문이다. 그리고 그들은 탁월하기는 하지만 '자기들'밖에 모르는 사람들이다. 그럼 어떻게 이런 공동체를 만들어갈 것인가? 이 해답은 내 평생, 오래 시간이 걸려서라도 만들어가야겠지만, 성경의 일부(구약)만 받아들이며 여전히 자기네만이 세계 최고 백성이라고 하는 아집과 편견에 빠져 있는 이스라엘의 한계를 극복하는 것이 가장 중요한 원칙이 될 것이다.

04

5國 5色,
유럽 들춰보기

영국, 피 흘리지 않고 혁명을 이룬 사람들

한국에 계신 선생님도 영국에서 공부할 때 옆집 사는 사람과 인사를 나누기까지 일 년이라는 시간이 걸렸다고 했는데, 막상 와보니 그 말이 어느 정도 이해가 되었다. 선생님은 이런 영국 사람들을 '꼬롬'하다고 표현하셨다. 하지만 무엇이라도 쉽게 바꾸지 않는, 전통을 사랑하는 나라, 경험적이고 현실적이며 상식common sense을 중요하게 생각하는 전통으로 오랫동안 세계를 지배했던 나라가 바로 영국이다. 이 나라 안에서 시간을 보내면서 뇌리에 남는 몇 가지가 떠오른다.

첫 번째로, 영국에서는 어디를 가나 지명과 거리, 건물 이름에 왕King과 여왕Queen이라는 단어를 쉽게 찾아볼 수 있다는 사실이다. King's College, Queen's Road……. 세계를 통치하던 각 시점에 왕과 여왕이었던 사람의 이름을 붙임으로써 그 거리나 지역을 지날 때 그 영광과 자취를 생각나게 하는 것이리라. 고대 민주주의의 시작이 그리스였다면, 근대 민주주의의 시작은 영국이라고 할 수 있을 것이다. 앞에서도 잠깐 언급했지만, 대화와 타협을 통한 민주주의가 바로 이 군주제 국가에서 꽃 피우고 발전했다고 하는 것은 왕실과 백성 간의 상호존중의 정신

선더랜드대학 구내에서

농부 홍씨의 서유견문록(西遊見聞錄)

이 없으면 불가능한 일이었다(속으로 얼마나 위선과 거짓이 싹트고 있는지는 모르겠지만……). 신사紳士의 정신, 대화와 타협을 중시하고 상식이 인정받는 나라가 영국이라는 생각이 들었다. 프랑스에서의 왕과 백성의 비타협과 상호 무시(?)의 정신이 프랑스대혁명이라는 피바람을 몰고 온 것과 극명하게 대조되는 부분이다.

그리고 마음에 남는 또 하나는, 영국에서 가장 많이 눈에 띄는 곳, 바로 교회였다. 위치나 갯수보다도 그 중심성·구심성 때문인지 어디를 가든지 도시의 중심에는 교회가 보였다. 지금보다 훨씬 이전인 8~10세기 유럽의 기독교 선교가 진행될 때 모든 마을과 도시의 삶의 중심을 교회로 삼았기 때문에 남겨진 전통일 것이다. 도시 전체의 삶을 종교적·정신적 기초 위에 두려고 한 셈이다. 교회 건물 안에 있는 가구들, 장식물들마다 한껏 제 나름의 역사를 조용히 품고 있었다. 강대상, 계단, 벽면, 오르간 하나하나마다 그것을 연주하고 관리하고 책임지고 감독하던 사람들의 이름과 연도가 때 묻은 대리석 위에 그리고 나무판 위에 새겨져 있었다. 교회 안 여기저기 새겨진 150○년, 160○년 하는 연도들을 보면 부럽기도 하고 왠지 주눅이 들기도 했다. 오래된 역사와 전통의 깊이만큼이나 사람들 표정 속에는 진지함과 더불어 자부심이 넘치고 있었다. 영국교회가 영국사회와 역사 속에 깊이 뿌리내리고 영향을 준 시간만큼이나 이들이 가진 책임감도 커보였다. 교회마다 사회의 취약계층을 향한 물질적 지원부터 정신적 상담까지 제공한다는 안내문을 붙여놓고 이들을 품으려는 노력을 하는 것도 눈에 띄었다. 교회는 종교를 떠나서 영국인들의 삶의 중심이었고 현재도 그런 역할을 하고 있는 것을 볼 수 있었다. 그리고 18세기와 19세기에 산업혁명과 자본주의로 피폐해진 영국을 근본적으로 바꿔놓은 두 인물, 존 웨슬리와 윌리엄 윌버포스의 흔적을 어렴풋이나마 밟아보았다. 하지만 그들이 살던 곳, 남기고 간 물리적인 흔적들이 중요한 것이 아니라, 그 정신이

현재까지 살아 있는지, 어떤 모습으로 살아 있는지 보기 원했지만… 그건 너무 과한 욕심이었을까?

영국을 한마디로 표현해보라고 한다면 뭐라고 말할 수 있을까? 나는 영국을 '하나님과 왕/여왕의 나라'라고 말하고 싶다. 그런 의미에서 영국 국가의 제목은, 이 나라가 가장 중요하게 생각하는 존재들을 모두 말해준다고 할 수 있다. '하나님, 여왕을 구원하소서God, Save the Queen!' 이 둘 모두는 영국적 정신의 핵심인 전통의 중요성을 웅변적으로 말하고 있다. 하지만 내가 영국에서 본 역사와 전통이 항상 이렇게 역사적인 사건들 속에만 있는 것은 아니었다. 런던 외곽에 사는 친구 조세핀의 집에서 지낼 때 아침마다 산책을 하던 공원이 있었다. 산책을 하던 중 보호철망으로 둘러싼 나무 한 그루가 눈에 들어왔다. 철망 위에는 이런 안내판이 붙어 있었다.

"그의 개 토비와 함께 매일 이 공원에서 산책하던 짐 코우Jim Coe, 1929~2009를 기억하며." 거대한 역사적 사건뿐만 아니라 한 개인의 소소한 일상도 이렇게 역사와 전통으로 보존되는 나라가 영국이구나 하는 생각이 들었다.

이들이 이렇게 역사와 전통을 중시해왔지만 다른 한편으로는 전통에 대한 존중 속에서도 꾸준히 혁명을 이루어왔다. 그러나 21세기에서는 하나님도 왕도 부인하는 사람들이 많이 생겨난다고 한다. 하나님에 대한 신앙도 포기하지만, 왕실의 권위를 부인하고 세금이 왕실에 쓰이는 것도 반대하는 것이다. 포스트모더니즘의 파도가 이곳 영국만 피해갈 수는 없을 것이다. 하지만 이 새로운 세기에 세계 앞에는 많은 문제들이 산처럼 쌓여 있고 혁명과 같은 변화가 필요한 곳 또한 많이 있다. 나는 영국인들이 전통을 존중하는 가운데 새 시대에 필요한 새로운 명예혁명을 일으키는 데 중요한 역할을 해주길 기대한다. 그래서 혁명이라고 하면 총과 칼을 앞세우고 피가 넘쳐나는 혁명만을 보아온 수많은

농부 홍씨의 서유견문록(西遊見聞錄)

나라들에 피를 흘리지 않고도 얼마든지 혁명을 이루어낼 수도 있다는 사실을 다시 한번 증명하는 멋진 나라가 되길 기대하는 마음으로 영국을 축복하고 싶다.

허례허식은 필요 없어. 난 더치(Dutch)야!

네덜란드의 첫날을 암스테르담에서 보내고, 바허닝언으로 향했다. 농업을 내 인생의 승부수로 결정하고 난 후 네덜란드에 있는 농과대학들을 검색하게 되었고 그렇게 해서 알게 된 것이 바허닝언 대학이었다. 나는 한국사회에서 모래알처럼 파편화되어버린 농부들과 농산물의 안전성을 믿지 못하는 도시민들의 모습을 보면서, 우리나라 농업에 필요한 것은 새로운 기술보다도 농부들끼리, 그리고 농부와 도시민이 서로 신뢰로 연결되는 것, 바로 진정한 공동체의 형성이라는 것을 절감하게 되었다. 그래서 농업공동체 형성에 관해 배울 수 있는 새로운 선생님을 찾게 된 것이다. 그렇게 해서 알게 된 분이 케이스Cees라는 교수님이었다. 이분을 만나게 된 것 역시 놀랍게 계획된 우연이었다. 대학원에 있을 때 한 동료가 추천도서라며 해적판 원서 한 권을 준 적이 있었는데 그때 당시는 받자마자 바로 책꽂이에 꽂아놓고 쳐다보지도 않았었다. 그런데 이 책이 바로 새로운 만남을 열어준 계기가 될 줄 누가 알았으리요. 책 제목은 『농촌 혁신을 위한 커뮤니케이션Communication for Rural Innovation』이었다. 암스테르담에서 1박을 한 후, 나는 이번 여행의 가장 중요한 목적 중의 하나인, 케이스 교수님을 만나기 위해 바허닝언으로 향했다.

네덜란드에서 차 빌리기

아, 그리고 네덜란드에서는 영국에서와 달리 내게 중요한 변화가 하나

생겼다. 자동차를 빌린 것이다. 짜잔! 여행을 출발하기 전 여행책자를 한 권 봤었는데, 그 책에는 전체 여행경비를 따져봤을 때에 자동차를 빌리는 것이 대중교통 수단을 이용하는 것보다 더 저렴하다고 적혀 있었다. 또 버스나 기차가 닿지 않는 시골들을 더 많이 보고 싶기도 하고, 만일 숙소를 구할 수 없는 긴급한 상황에서는 차 안에서 잘 수도 있겠다 싶어, 이런저런 이유로 큰맘 먹고 차를 대여하기로 했다.

대여하는 곳은 암스테르담, 반납장소는 스위스의 제네바 국제공항이었다. 가장 저렴한 가격의 차를 요구했더니 이탈리아 번호판을 단 피아트를 보여주었다. 그런데 차를 보니 왼쪽 리어 미러rear mirror의 아래덮개가 떨어져나가고 없었고 접이식 자동차 열쇠도 접히지가 않았다.

"차가 뭐 이래요? 비와서 여기에 물 들어가면 어떻게 해요? 열쇠도 이렇게 안 접히면 얼마나 불편한지 알아요? 다른 차로 바꿔줘요!"

 농부 홍씨의 서유견문록(西遊見聞錄)

“손님, 그 가격대엔 그 차밖에 없습니다. 죄송합니다.”

하지만 아마도 렌터카 직원은 속으로 이렇게 생각했을 것이다.

‘오케이, 제네바까지 간단 말이지? 스위스는 이탈리아와 가까우니 이 차를 줘서 보내면 되겠구먼. 여기서는 이탈리아 번호판 달고 다니는 거 별로 좋아하지도 않으니 말이야. 제네바까지 가면 이 차를 이탈리아로 보내기가 훨씬 수월하겠구먼. 흐흐흐.’

이 사람은 내가 여행을 오면서 작정한 것을 잘 모르는 모양이다. 이전의 나는 ‘무조건 싸우지 않기’ 주의였고 이 이데올로기에 헌신적으로 신봉해왔으나 이젠 이렇게 살지 않겠다고 결심한 것을. 왜냐하면 눈을 크게 뜨고 세상을 다시 보니 싸워야 할 것이 너무나 많이 있었기 때문이다. 복지부동하는 ‘아주 극소수의’ 공무원들, 불의로 장사 속을 채우는 대기업들, 세금은 덜 내고 혜택은 많이 받으려는 ‘이상한’ 시민들, 그리고 무엇보다 안일하고 나태했던 내 삶의 태도들…… 이제는 다 싸우리라! 세상아 덤벼라! 물론 싸움닭이 되려는 게 목적은 아니다. 하지만 말해야 할 때의 침묵은 비겁한 것이다. 그래서 더 능동적으로, 적극적으로 살겠다고 결심했다. 이제 내 싸움의 대상은 부조리, 불합리, 그리고 ‘대충대충’이다. 바로 이 순간 나의 싸움은 천연덕스럽게 고물차를 내미는 네덜란드의 장사치가 아니라 대충 좋게 좋게 넘어가고 싶은 나와의 전투로 시작된다.

어쨌든 계속해서 차를 바꿔달라고 요구를 하니, 정 그렇다면 100유로를 깎아주겠다고 했다. 전체 금액의 10% 정도 되는 금액이었다. 오케이, 그럼 됐다. 그 대신 리어 미러 밑에 파손된 부위는 물이 안 들어가도록 꽁꽁 막아달라고 했다. 좀 있다 보니 시꺼먼 테이프로 아주 칭칭—미적 고려는 전혀 없이 튼튼하게만— 감아놓았다. 아마 프랑스였다면 이렇게 멋없이 감아놓지는 않았을 것이다.

‘열쇠가 안 접히는 건 내가 좀 참지 뭐 (돈도 깎았는데) …… 고무줄

로 감아서 다니면 되겠다.'

100유로를 깎은 것도 물론 좋았지만, 렌터카 직원과의 싸움이라기보다는 무조건 싸우지 않기 주의의 옛 신봉자였던 나와의 싸움에서 작은 승리를 거두었다는 기쁨에 흔쾌히 서명을 하고 열쇠를 받았다. 3주 동안 나의 발이 되어 줄 피아트를 몰고 백마 탄 개선장군처럼 부모도 당당하게 그 복잡한 암스테르담 시내로 나왔다. 그러나 개선장군의 당당함도 잠시, 버스, 자가용, 자전거, 트램이 교차, 교행, 질주하는 복잡한 길에 나오자마자 나는 신호를 파악하지 못해 차를 빌린 지 10분도 채 안 되어 트램-지상으로 다니는 전철-과 충돌할 뻔하기도 했다, 휴~!

대학에 도착한 것은 금요일 오후 2시경. 이곳에 오는 일이 중요했기에 네덜란드에 도착하자마자 첫 일정으로 곧장 달려왔다. 막상 도착해서 보니 많은 사람들이 이미 퇴근했거나 퇴근 준비를 하고 있는 금요일 오후. 이곳 유럽 사람을 만나러 오기에 적합한 시간인 것 같지는 않았다. 여행을 출발하기 전에 케이스 교수님과 약속을 잡기 위해서 메일을 몇 차례 보냈지만 아직 답신을 받아보진 못한 상태였다. 나무와 잔디로 둘러싸인 호수와 오솔길은 농과대학답게 전원적인 풍경을 만들어내고 있었다. 호숫가 한쪽에서는 한 무리의 대학생들이 잠자리채로 무언가를 잡고 있었다. 아마도 곤충을 전공하는 학생들이었겠지? 나그네의 할 일은 길을 묻는 것! 여행기간 나는 몇 번이나 길을 물었을까? 이날도 친숙해보이는 외모의 여학생에게 길을 물었다. 중국에서 온 유학생이었는데 내가 듣기에도 영어가 아주 서툴렀다. 학업을 시작한 지 1년도 채 안 됐다는데 앞으로 더 유학생활을 해야 할 이 여학생이 걱정되기도 했지만, 한편으로는 '나도 할 수 있겠다!'는 자신감도 생겼다. 그 건물에 가서 보니 예상대로 께이스 교수님은 없었고 비서만 자리를 지키고 있었다. 안경알이 아래 반쪽만 있는 중년의 아주머니, 과연 내가 상상하던 서양의 전형적인 아주머니 비서였다.

"약속은 하셨나요?"

"아니요. 하지만 한국에서 몇 번 메일을 보냈기 때문에 제가 온다는 건 알고 계실 겁니다(제발 그러길 바랍니다). 하지만 약속날짜를 잡지는 못했습니다."

"그래요? 께이스 교수님, 엄청 바쁘신데……."

묻지도 않은 말을 한다. 일단 명함을 건네고는 다음 주 월요일 2시에 교수님 일정이 잠시 비니 그때 만나기로 예약을 하고 나왔다. 그리고 난 후 예전에 지도를 받고자 했던 멀더 교수님 연구실을 가보았더니 거기는 비서마저도 퇴근하고 없었다. 그렇게 학교에서 나온 금요일 오후 시간부터 일요일까지의 이야기는 조금 뒤에 하기로 하고, 영화 중간에 자주 쓰는 자막처럼 이렇게 넘어가 본다.

사흘 뒤 월요일.

약속시간보다 2시간 일찍 학교에 도착했다. 대학은 학기말 시험을 준비하는 학생들과 학기의 남은 활동과 방학 준비를 하는 학생들로 활기차게 움직이고 있었다. 학생식당에 앉아서 음료수 한 잔을 마시며 약속시간을 기다렸다.

'비서가 묻지도 않은 말을 자꾸 하는 걸 보니 이분이 바쁘긴 진짜 바쁘신 분 같은데…… 그러면 제한된 시간에 어떻게 효과적이고 압축적으로 내 이야기를 전달할 수 있을까? 그래! 내가 할 말을 미리 적어서 대화를 해보는 게 좋겠다.'

약속시간을 약간 넘겨서 께이스 교수님이 나타났다. 훤칠한 키에 마치 알랭 드롱처럼 생긴 분이었다. 이분은 나를 처음 보자마자 이렇게 말했다.

"내가 많이 바쁘니 요점만 얘기합시다."

'아니 이런, 내가 얼마나 멀리서 왔는데 바쁘니 용건만 얘기하자고? 예의 따윈 완전히 무시하는 것 아닌가? 서운하기도 하고 기분도 나쁘다! 하지만 이런 감정에 동양적으로 얽매이는 건 지금 별로 도움이 안 된다. 좋다! 피차 중요한 요점을 주어진 시간 내에 밀도 있게 나누는 것이 중요하다!'

하지만 이분이 이런 식으로 나온다 할지라도, 이분 밑에서 배우려는 나는 예의를 갖춰야 했다. 그런데 예의란 게 뭘까? 동방예의지국 출신 인 나는 항상 '예의의 바다' 속에서 능숙하게 헤엄치며 살아왔다. 그런 데 문제는 이것이 국내용일 뿐 세계에서 통하는 것은 아니라는 것이었 다. 특별히 나중에 여행하게 된 이스라엘은 이 예의란 존재가 거의 '실 종'된 수준의 나라였다. 내가 경험을 통해 가지게 된, 국제적으로 통하 는 가치는 '정직과 책임과 배려'였다. 이것만 있으면 전 세계 모든 나라 에서 통할 수 있다고 생각한다. 단지 예의바름이 아니라 이 가치야말로 진정한 세계 표준global standard이라고 말하는 것은 나 혼자만의 생각일까?

하여튼 만나자마자 바쁘다며 용건만 말하자는 사람 앞에서 무엇부 터 얘기해야 할지 말문이 막힐 뻔했다. 하지만 아까 약속시간보다 먼저 도착해서 뭘 말할까 고민하며 적어놓았던 노트가 그렇게 유용하고 유 익하게 사용될 줄이야! 시간이 없었기 때문에 횡설수설하고 딴 얘기하 지 않기 위해서 적어 놓은 노트를 아예 책상에 올려놓고 그냥 읽어버렸 다. 그런데 웬걸! 이게 오히려 그분의 눈에는 매우 성의 있는 학생의 태 도로 보인 모양이었다.

"저는 여기서 공부할 수 있는 기회를 찾기 위해서 왔고 특별히 당신 의 지도를 받고 싶습니다. 왜냐하면 한국에 돌아가서 새로운 농업경영 공동체를 만들 계획이기 때문입니다. 이를 위해 교수님의 경영학적, 사 회학적 식견과 특히 커뮤니케이션에 대해서 지도를 받고 싶습니다. 그 러려면 뭘 준비해야 할지 교수님으로부터 직접 듣고 싶습니다. 저는 이 런 공동체 형성이 가능하다고 확신합니다."

내 나이가 아주 약간(?) 많은 것에 대해서도 자기변호 같은 것을 해

　　　　　　　　　　　　　　　　　농부 홍씨의 서유견문록(西遊見聞錄)

야겠다고 생각했다.

"저는 비즈니스와 사회 경험도 많습니다. 나의 이런 경험이 어린 학생들로서는 갖기 힘든 시각을 제공해줄 것이라고 확신합니다."

바쁘다는 사람 붙잡고 이렇게 시작한 대화가 어느새 한 시간을 훌쩍 넘어버렸다. 누가 네덜란드 사람 아니랄까 봐 학비와 생활비 조달과 같은 돈 얘기도 꼬치꼬치 캐물었고 내 관심분야에 대한 이야기도 많이 나누었다. 대화 도중에 내가 대학원 다닐 때 동료로부터 받아 '먼지받이로 쓰던' 께이스 교수님의 책『농촌 혁신을 위한 커뮤니케이션 Communication for Rural Innovation』을 가방에서 꺼내 책상 위에 슬쩍 얹어놓았다. 이 책을 보고서는 자신의 책이—정확히 말하면 복사된 해적판— 한국에 있다는 사실을 알고 너무나 신기해하며 좋아했다. 그리고는 내가 가지고 있던 해적판은 자신에게 기념으로 줬으면 좋겠고, 그 대신 원본과 함께 다른 참고도서도 주겠다고, 엉뚱하고도 역설적인 제안을 했다. 원래 인기나 명성이 없는 책, 음반이나 비인기 학문에는 아마 해적판도 없을 테니 그래서 그렇게 좋아한 것 같다. 해적판을 달라고 하기에 나는 장난 삼아 "제가 복사한 거 아닙니다 I did not copy"라고 말했는데, 그분은 고발하려는 것이 아니라며 농담으로 받아치며 즐거워했다. 그러면서 원본 2권과 관련도서 두 권을 더 주셨다. 입학을 위한 정식 인터뷰는 아니었기에 연구계획서를 다시 보내기로 하고 한국에서 가져간 궁중 전통의상 카드 한 세트를 기쁜 마음으로 전해드리고 연구실을 나왔다.

네덜란드에서의 초반의 3일은 고난의 연속이었다. 도대체 알아먹기 힘든 네덜란드어, 텐트를 빌려주지 않는 캠핑장, 복잡한 '탈 것'들과 우리와 다른 교통신호체계—우회전도 신호를 받아야 갈수 있는— 등등이 나를 힘들게 했다. 차숙車宿(?)을 하기도 하고, 눈물에 젖은 빵을 먹으며 비에 젖은 텐트에서 밤을 오들오들 떨면서 보내기도 했지만, 그런 밤이 지난 후에는 천국 같은 산책로가 딸린 호스텔에서 지내면서 네덜란드 농업의 현장을 차분하게 돌아볼 수 있었다. 두 명의 좋은 교수님들을 만난 것도 큰 수확이었다. 며칠 안 되는 시간이라 자세히 보지는 못했지만 그래도 네덜란드 농업의 강점을 간단하게 정리해보라고 한다면 바로 '시스템system'과 '인프라구조infrastructure'라고 요약할 수 있을 것 같다. 하지만 이러한 강점이 농업에서뿐만 아니라 사회 모든 영역에 뿌리내렸다고 해도 과언이 아닐 것이다. 그것이 바로 선진국의 힘 아닐까? 요새 우리나라에서도 강소국强小國 발전모델로 네덜란드를 보고 배우자는 움직임이 있는 것 같다. 우선 눈에 보이는, 잘 정비된 시스템과 인프라를 보고 따라할 수는 있겠지만, 그것보다는 네덜란드 사람들의 마음의 기저基底에 흐르고 있는 개척과 도전정신, 이것부터 배워야 하지 않을까? 물론 나부터다!

누가 독일 사람들을 병정 같다고 했는가

네덜란드에서 빌린, 이탈리아 번호판을 단 피아트 승용차를 몰고 한 시간 좀 안 되는 시간을 달렸더니, 갑자기 독일이다. 독일 국경을 넘은 뒤에도 한동안은 'NL'로 시작하는 네덜란드 번호판의 차들이 눈에 많이 띄다가 시간이 지날수록 'D' 자 번호판의 독일 차들이 월등히 많아졌다. 차를 몰고 조금만 달리면 불쑥 다른 나라가 나오는 이런 상황이 나로서는 굉장히 생소했다.

네덜란드의 출발지에서 독일의 첫 번째 기착지인 쾰른Köln까지는 200km가 약간 넘는 거리, 정오를 조금 넘은 시간에 쾰른에 들어섰다. 내가 가진 수첩식(?) 내비게이션에 쾰른 가는 길을 빼곡히 적어 놓았었다. 수첩을 보고 잘 찾아가다가 정작 빠져나가야 할 고속도로 진출로 근처에서 공사를 하는 바람에 주의하려고 신경 쓰다가 출구를 그냥 지

농부 홍씨의 서유견문록(西遊見聞錄)

나치고 말았다. 수첩식 내비게이션은 저렴하다는 것과 전원이 필요 없
다는 장점이 있긴 하지만, 치명적인 단점이 하나 있었다. 그것은 가는
길을 하나밖에 모른다는 것이다. 경로를 자동으로 재수정할 줄을 모르
기 때문에 그 길을 놓치면 헤어날 길이 없다. 고속도로 출구를 제대로
빠져나오지 못한 이 실수 하나로 일단 다음 출구로 나온 나는 2시간 이
상을 쾰른 시내에서 헤매야 했다. 시간은 시간대로, 기름은 기름대로
엄청난 낭비. 운전 잘하고 원리에 충실한 독일 운전자들의 눈총, 육체
적 피곤함, 또 호스텔을 찾는 것은 왜 그리 어려운지…… 네덜란드를
출발할 때의 상쾌함은 모두 사라져버렸다.

그러나 이 피곤함이 오래 가지는 않았다. 첫 번째는 어렵사리 도착한
호스텔의 시설 때문이었다. 공원 안쪽에 숨어 있어서 찾는 데 애를 먹
긴 했지만, 들어가 보니 시설이 정말 훌륭했는데, 호스텔의 시설 면에
서는 평균적으로 유럽 중에서 독일이 가장 뛰어나다고, 같은 방에 묵었
던 자칭 호스텔 전문가인 프랑스 할아버지 다니엘이 나에게 말해주었
다. 나의 피곤을 씻어 준 두 번째 사건은 쾰른 대성당으로 가는 길에서
일어났다. 쾰른 하면 대성당 아닌가(사실 아는 게 이거밖에 없다). 짐을
풀어놓자마자 근처 지하철역으로 향했다. 시내는 너무 복잡해서 지하
철을 타고 가기로 한 것이다. 지하철 역시 복잡하기는 마찬가지. 그런
데 이리저리 아무리 찾아보아도 마땅히 있어야 할 매표소가 보이지 않
는다.

'모를 땐 물어보는 게 상책이지.'

마침 지나가는 미모의 아가씨에게 물어보니 표는 객차 안에서만 구
입할 수 있다고 알려주었다. 그런데 막상 타고 보니 객차 안 지하철 표
자판기는 지폐는 사용할 수 없고 동전으로만 구입할 수가 있었다. 동전
교환기도 보이지 않았다. 2유로가 조금 넘는 금액이었는데 이 주머니
저 주머니를 다 뒤져보아도 동전은 1유로 정도밖에 없다. '언제나 동전

을 챙기고 다닐 수도 없고, 뭐 이리 불편해!'

심술이 났다. 난감해하고 있을 때 아까 만났던 그 아가씨가 다가왔다.

"무슨 일이시죠?"

"예, 표를 사는데 동전이 필요하네요. 제가 지금 동전이 없어서요."

"그래요? (2초의 망설임) 그러면 제가 대신 내드릴게요."

"아, 정말 감사합니다. 제가 어떻게 갚아야 할지…… 우선 제 명함은 여기 있고요(이 명함이 이 아가씨에게 무슨 쓸모가 있으랴. 하지만 그래도 무언가 주고 싶었기 때문이다). 그리고 제가 동전이 1유로 정도는 있으니 이거라도 우선 받으세요. 그리고 만약 시간 되시면 제가 저녁이라도 살게요."

"(당황한 표정으로 손을 내저으며) 아니요, 괜찮습니다."

이제 나에게 쾰른 하면 친절했던 이 아가씨가 오랫동안 기억날 것이다. 사람에 대한 호의가 나의 피곤을 모두 가져갔다.

독일에서의 마지막 일정은 하이델베르크만큼이나 오래된 대학도시 튀빙겐^{Tübingen}이었다. 여기서는 아베하^{ABH: Albrecht Bengel House}를 방문했다. 신학교도 아닌 것이 기숙사도 아닌 것이, 말 그대로 하우스이다. 자유주의 신학에 맞서 성경주의·복음주의 신학을 지키려는 사막 가운데의 오아시스와 같은 곳이었다. 학장 비서의 과도한(?) 친절과 안내로 인해, 나는 거기서 사는 학생들의 방마다 다니면서 그들과 인사하며 방 내부도 다 구경을 해야 했고, 굳이 그럴 필요까지는 없었는데도 학장님과의 약속도 자기가 더 적극적으로 잡아주어서 학장님과도 한참 대화를 해야 했다. 낯선 방문객에 대한 친절이 너무나 고마워서 뭔가 주고 오고 싶었다. 하지만 전혀 예상하지 못했던 호의라 간단한 선물이라도 준비해서 주지 못하고 온 게 미안할 지경이었다.

내가 독일에 오기 전 이곳 사람들은 모두 병정 같을 줄 알았는데 내가 만났던 사람들은 하나같이 친절했다. 길을 물어보면 그냥 제자리에 서서 말로만 설명해준 사람은 거의 없었다. 길이 잘 보일 만한 곳까지 같이 가서 재차 설명해주곤 했다. 목구멍에서 가래 끓듯이 나오는 것 같았던 독일어도, 네덜란드어에 비하면 얼마나 부드럽게 들렸는지 모른다. 아마도 히틀러라는 악당 때문에 독일이 인류에 저지른 범죄에 대해 후손들이 대신 속죄의 표현으로 더 친절할지도 모른다는 생각까지 잠시 들었다. 하지만 독일역사 속에서 히틀러 같은, 아니 더 지독한 악당이 나타난다고 가정할 때, 그때에는 독일인들이 그런 지도자를 다시 선택할까? 아닐까? 히틀러 때 독일 사람들은 이미 한 번의 처절한 실패를 경험했다. 독일 국민들은 히틀러에 열광했고 루터의 독일교회들은 6분의 5가 히틀러의 악행에 대해 침묵하고 묵인했다. 그렇지만 미래에는 독일인들이 1989년에 베를린 장벽을 붕괴시켰던 것처럼 인류의 자유와 평화를 위해 진정으로 공헌하는 그런 나라 그런 민족이 되어주길 기대하며, 튀빙겐을 출발하여 프랑스 리옹으로 향한다.

프랑스인들이여, 너희 영어 못 하냐?

오후 5시쯤 튀빙겐을 출발하면서 다음 목적지인 프랑스 리옹까지 구글지도로 검색해보니 600km가 넘는 구간이다. 원래 프랑스는 최초 여행계획에 포함되어 있던 나라는 아니었다. 하지만 유럽에서 가장 큰 국토를 가진 프랑스를 한번쯤은 들러봐야겠다고 생각해서 독일과 스위스의 일정을 조금 떼어내어 시간을 만들었다. 여행의 동선을 고려해볼 때 리옹이 가장 적합했다. 그리고 남부의 중심도시로서 파리와 함께 프랑스를 대표하는 도시이니 프랑스의 공기를 맛보기에는 부족함이 없을 거라고 생각했다. 어차피 오래 걸릴 텐데 휴식하는 셈 치고 천천히 여유있게 가자고 생각했다. 그래서 길 위에서의 1박을 이미 예약해두었다.

무슨 길 위에 호스텔이 있냐고? 아니 그럴 리가. 그 1박은 노숙이다.

독일 남부에서 프랑스 남부로 이어지는 국도는 차도 많지 않아 여유롭게 운전을 할 수 있어서 정말 좋았다. 무엇보다 환상적인 것은 주변의 경치였다. 독일 남부와 프랑스 남부는 모두 양국의 농업의 중심지다. 여유로운 농촌 광경과 맑은 날씨, 석양을 보고 있노라면 그 속에 풍덩 빠지고 싶을 정도로 무척이나 아름다웠다. 가는 길에는 음악으로만 듣던 아름답고 푸른 도나우 강도 건널 수 있었다. 이 모든 것이 여행에 지친 나그네의 심신을 위로해주는 하늘의 선물이었다.

밤 8시쯤 얼핏 독일–프랑스 국경을 넘은 것 같다. 네덜란드에서 독일로 넘어왔을 때처럼 역시나 아무 표지도 없다. 다만 고속도로 속도제한이 시속 110km로 줄어든 게 먼저 눈에 들어왔다. 그래서 그런지 프랑스 사람들은 독일 사람들처럼 무식하게 내달리지 않았다. 우리나라 고속도로에서의 빠르기 정도였다. 또 다른 점은, 프랑스 신호등은 독일이나 네덜란드처럼 예비신호가 없어서 빨간불에서 주황색이 없이 바로 녹색으로 바뀐다는 것이었다. 이제 이 정도 변화쯤이야 가볍게 적응해

　　　　　　　　　　　　농부 홍씨의 서유견문록(西遊見聞錄)

준다. 프랑스에 들어서서 라디오 주파수 광고판을 보고 그 주파수를 찾아서 켜니 '할렐루야' 음악이 나온다. 그때의 기분은 정말 할렐루야였다! 내리 달리다 생각해보니 이렇게 서두를 필요가 있겠나 싶어서 밤 9시쯤 잠시 쉬기 위해 고속도로 휴게소에 들러 커피 한 잔 마시고 잠시 스트레칭을 한 후 다시 길을 나서기로 했다. 앉았다 일어났다 하며 다리 근육도 풀고 팔도 휘휘 돌리고 목도 돌리며 열심히 몸을 풀고 있는 동안 내 옆에는 어느 프랑스 일가족도 푸조 승용차 옆에서 즐겁게 대화를 나누며 쉬고 있었다. 그런데 아빠, 엄마, 아들이 모두 커피 한 잔씩 들고서 각각 담배도 하나씩 물고 맞담배를 피우며 휴식을 취하더니 또 어디론가 출발했다. 프랑스에서 처음 본 일가족이었는데 평소 내가 프랑스라는 나라에 대해서 생각했던 것처럼, 좋게 말하면 '참 리버럴^{liberal}하구나', 나쁘게 말하면 '콩가루 집안'이구나 하는 생각도 들었다. 이 휴게소는 마치 편의점 하나 크기 정도여서 다리 뻗고 휴식을 취하기에는 너무 협소했다. 그래서 휴식을 할 만한 좀 더 큰 휴게소를 찾을 때까지 3시간 남짓 더 달려야 했다.

이윽고 밤 12시쯤 되니 피곤이 몰려왔다. 하지만 나보다도 나의 애마愛馬 피아트가 좀 쉬어야 할 것 같았다. 그래서 휴게소에 들러 세수를 하고 난 후 간단하게 요기도 할 겸 휴게소를 빙 둘러보았는데, 내 기대와는 달리 휴게소 안에는 먹을 것보다는 기념품, 의류, 게임 같은—내게는 별로 필요 없는— 물건들만 주로 진열되어 있었다. 모든 게 다 궁금한 나는 근무 중이던 두 명의 여종업원들에게 이것저것 물어보았다. 물론 영어로.

"이 샌드위치는 얼마예요?"

"이 안에는 현금인출기 없어요?"

"식당은 없나요?"

그런데 어떻게 된 일인지 이들은 말대꾸조차 안 하는 게, 아예 나와 상종을 안 하려는 것처럼 보였다. 나는 프랑스어를 전혀 모르기 때문에 당연히 영어를 쓸 수밖에 없었다. 이들은 이런 나를 아는 척도 하려 들지 않았던 것이다. 네덜란드나 독일에서도 물론 나는 영어를 사용할 수밖에 없었고, 그 나라 사람 중에도 영어를 잘 못하는 사람이 간혹 있었다. 그럴 경우에는 자기가 영어를 잘 못하는 것에 대한 최소한의 양해를 구했던 것으로 기억된다. "미안합니다. 저는 영어를 못 합니다" 또는 "저는 영어를 잘 못합니다"라고 말이다. 하지만 내가 프랑스에 들어와 처음으로 대화를 해 본 이 두 명의 여종업원들은 내가 영어로 질문하는 것에 대해서 무반응 내지는 최소한의 반응으로 일관하는 것이었다. 마치 말은 안 하지만 얼굴에는 이렇게 말하는 것처럼 느껴졌다.

'넌 왜 프랑스어를 안 쓰니? (미개인이구나?)'

'난 영어 안 할 거거든?'

'답답하면 네가 프랑스어를 배워 와. 여긴 프랑스니까!'

뭔가 찝찝한 마음으로 차에 돌아와서는 좌석을 뒤로 죽 밀어놓고 등받이도 최대한 뒤로 제쳐놓고는 차 안에서 잠을 청했지만 여종업원들의 불손한 태도가 내내 불쾌했다.

'도대체 왜 저러는 걸까?'

프랑스 사람들이 프랑스어에 대해 남다른 집착과 자부심을 보이고 영어에 대해서는 거부감을 보이는 데는 어떤 몇 가지 이유로 모든 것을 다 설명할 수는 없을 것이다. 하지만 두 가지의 역사적 사실에서 어느 정도 그 단서를 찾아볼 수 있을 것 같다.

첫째, 프랑스가 역사적으로 영어의 본고장인 영국과 오랫동안 적대적 관계를 유지해왔다는 것이다. 그렇다고 해서 영국도 프랑스를 좋아하는 것은 아니지만 영국이 프랑스를 미워하는 것보다 프랑스가 영국에 대해 가지고 있는 악감정이 더 많은 것 같아 보인다. 그 감정의 뿌리를 찾기 위해서는 영국과 프랑스가 14세기에서 15세기에 걸쳐서 싸웠던 백년전쟁(1337~1453)으로 거슬러 올라가 봐야 한다. 백년전쟁은 프랑스를 전쟁터로 삼아 백 년 이상을 벌여온 싸움으로 잔 다르크의 등장 이전에는 프랑스가 고전을 면치 못했었다. 그때뿐만이 아니다. 18세기 중반에는 아메리카 식민지를 두고 서로 전쟁을 벌이기도 했다. 약 300년 동안 해상무역의 성공을 기반으로 세계의 1/4을 지배했던 영국에 대한 시기심도 프랑스인의 마음속에 선명한 자국을 남겼으리라. 20세기에는 양국 사이에 있는 도버해협의 대륙붕의 경계를 획정하는 문제에 있어서도 분쟁(1975)이 있었으며, 최근(2011)의 EU의 재정협약과 관련하여서도 서로 티격태격하는 등 크고 작은 문제로 두 나라가 '유럽의 앙숙'으로서 지낸 지가 하루 이틀이 아니다. 아마 프랑스 사람 입장에서 English의 '잉'자도 듣기 싫을 수도 있을 것이다.

둘째, 프랑스 사람들이 자국 문화에 대해 느끼는 우월감—영국문화에 대한—이 프랑스어에 대한 자부심으로 이어진 것 같다. 백년전쟁 이후 강화된 중앙집권 체제 속에서 유럽 대륙문화를 주도하고 과학의 발전과 계몽주의 사상을 이끌어온 프랑스어에 대한 자부심의 표현이 아닐까? 유럽문화와 세계문화를 주도하던 시대에 국제공용어로서 쌓아놓은 프랑스어의 지위와 명성에 대한 향수도 많이 작용을 하고 있을 것이다.

이렇게 영국에 대한 미움, 프랑스어에 대한 자부심 때문에 영어를 거부하고 프랑스어를 고집하게 되었다고 한다면 어느 정도 답이 될 것이다. 하지만 이런 생각을 표현하는 방식은 다분히 프랑스적이기도 하다. 그렇다면 프랑스적인 게 뭘까?

프랑스 하면 생각나는 것이 여러 가지가 있겠지만, 코맹맹이 프랑스어 말고도, 포도주, 푸아그라, 바게트—열거하다 보니 주로 먹는 것만 생각난다— 같은 것이 유명하다. 하지만 한 번 더 진지하게 생각해보니 역사적으로 프랑스대혁명이 가장 먼저 떠오른다. 일어난 해도 1789년이라 안 외우려고 해도 외워진다. 부패한 왕정이라는 구舊 정부체제앙시

앵 레짐, Ancien Régime가 계몽주의에 영향을 받은 시민들의 손에 의해 무너진 세계사적 사건이다. 이 피비린내 나는 프랑스대혁명은 나폴레옹이라는 위대한 군인을 탄생시켰다. 그는 승리를 몰고 다니는 탁월한 군인이었지만 가는 곳마다 남긴 것은 피의 전쟁, 전쟁, 전쟁뿐이었다. 스스로 황제의 자리에 오르면서 무소불위의 막강 권력을 오랫동안 누리고자 하였으나 결국 그 뜻을 이루지는 못하였다. 앞에서도 말했듯이, 영국이 조용하게 점진적으로 혁명을 추진한다면 프랑스는 솔직하고 화끈하고 열정적으로 뒤집어 엎어버린다고들 이야기한다.

프랑스는 유럽 대륙에 위치하고 있고, 영국은 섬나라이다. 대륙에 위치한 프랑스의 국가적 정서는 혁명적 기운을 내포한다. 이에 반해 섬나라 영국은 혁명을 싫어하고 대신에 점진적 개혁을 추구한다. 프랑스는 싫고 좋은 것을 확 드러내 버린다. 아직 지금의 영국인이나 프랑스인으로서의 정체성이 확립되기 이전 역사이기는 하지만, 로마시대 시저가 갈리아(로마시대 프랑스 지역의 옛 이름)를 정복하면서 이 나라 사람들에 대해서 '갈리아 사람들은 변덕이 심하고 분열이 심하다'고 표현한 것을 볼 수 있는데 지금 프랑스 사람과도 비슷한 면이 많은 것 같다. 반면에 영국은 좋아도 좋은 티를 잘 내지 않고 싫어도 헛기침 몇 번으로 끝내버려서 그 속내를 잘 알 수 없는 경우가 많다고 한다. 하지만 그런 영국인들도 유독 프랑스에 대한 나쁜 감정은 숨기지 않는 것 같다. 어떤 이의 여행기에서는 영국 기업인들이 가장 혐오하는 것 중 세 번째가 프랑스 사람이라고 쓴 것을 본 적이 있기 때문이다. 어쨌든 휴게소에서 만났던 그 여종업원들을 다시 만난다면 이렇게 꼭 말해주고 싶다.

'요즘 영어는 잉글리시English가 아니라 글로비시Globish*거든요?'

하지만 나도 이 말을 그 여종업원 면전에서 확 해버리지 못한 것을

---

* (신조어) 글로비시, 영어권 원어민이 아닌 세계인이 사용하는 단순화된 영어.

농부 홍씨의 서유견문록(西遊見聞錄)

보면, 프랑스적이라기보다는 영국적이라고 해야 할까? 그래서 난 프랑스적으로 성격을 바꿔야 하는데…….

밤늦게 도착한 휴게소 주차장 차 안에서 뒤척이기만 하고 잠은 잘 오지 않아서 새벽 3시쯤 다시 휴게소를 출발했다. 내 '수첩식' 내비게이션에는 'Singen 방면 A81합류—78.1km— Blumberg 방면 B31 진입—Geisingen 방면 38번 출구—Lyon/Mulhouse방면—Dreieck Neuenburg 방면 66번 출구'…… 이런 식으로 쓰여 있었고, 이것이 그 도시의 근방까지는 대개는 아주 잘 들어맞았다. 문제는 도시 안으로 진입하고 나서부터이다. 도로가 복잡해지면서 아차 하는 순간 표지판 몇 개를 놓치고 실수로 좌회전, 우회전 한두 번 잘못 돌고 나면 영 엉뚱한 동네에 가 있기 마련이다. 그때부터는 차를 도로 한쪽에 세워놓고 어김없이 'Excuse me, sir. Could you tell me the way?'로 시작하는 대화를 하지 않을 수 없었다. 리옹에서도 마찬가지였다. 근처에 오니 적어놓은 내용이 잘 맞지가 않는 것이었다. 아니면 운전을 하느라 내가 잘못 보았을 수도 있겠다. 어쨌든 아침 6시쯤 리옹 시내로 들어왔는데 또 엉뚱한 데서 헤매고 있었다. 나중에 보니 숙소는 리옹의 남서쪽인데 내가 헤매고 있던 곳은 북동쪽이었다. 먼 동 트는 새벽의 푸름 가운데 헤매던 그곳의 이름은 지금도 잊혀지지 않는다. 빌뢰르반^{Villeurbanne}.

미안하긴 했지만 아침 일찍 출근하려는 한 사람을 붙잡아두고는 길을 물었다. 그 사람은 자기 차 안에서 보닛^{bonnet}을 다 덮을 만큼 큰 지도를 꺼내 그 위에 펼쳐놓고는 자세히 설명해주었다. 바쁜 아침시간, 자신도 바빴을 텐데 그렇게 친절하게 설명해주는 그 사람이 참 고맙긴 했지만, 워낙 복잡한 도시라 말로 들어서는 사실 잘 이해가 되지 않았다. 하지만 두 가지만 확실히 마음에 새겨 두었다. 첫째, 숙소로 가려면 강을 두 개 건너야 한다. 둘째, 방향은 남서쪽! 다 기억하기가 힘들어서 두 개의 요점으로 정리한 후에 다행히도 론^{Rhône} 강과 손^{Saône} 강 위에 각각

놓여 있는 다리 두 개를 건너서 숙소에 도착한 시간은 아침 8시경이었다.

천신만고 끝에 찾아왔건만 또 그 놈의 프랑스어 때문에 호스텔을 바로 옆에 두고도 이를 찾아 호스텔이 위치한 높은 언덕배기를 두세 번 오르락내리락하며 찾는 고생을 해야 했다. 얘기인즉슨, 나중에 찾고 나서 보니 내가 예약한 호스텔 체인이 공용명칭인—물론 영어로 된— 'International Hostelling'의 파란색 삼각형 마크는 출입문 옆에 아주 조그맣게 붙어 있었고, 건물 옆면의 큰 글씨로는 'AUBERGE DE JEUNESSE'—직역하면 '청년을 위한 여인숙', 프랑스어로는 유스호스텔을 이렇게 말한다—라고 쓰여 있었던 것이었다. 나는 그 글을 옆에 두고도 눈 뜬 소경처럼 내가 아는 영어명의 호스텔을 찾아 헤맨 것이었다. 주로 외국인들이 이용하는 시설인데 영어로 좀 써주면 안되겠니?

헉! 헉!(호스텔까지 걸어 올라오는 소리)

하지만 걸어서 올라오기가 힘들어서 그렇지, 한번 올라오기만 하면 리옹 시내가 한눈에 내려다보이는 게 한마디로 전망이 최고다! 어제 저녁부터 제대로 먹지를 못해서 아침 9시에 도착한 호스텔의 직원에게 밥 좀 팔라고 했더니 아침식사 시간이 지났다고 하면서 긴 바게트 빵 하나를 초콜릿 잼, 딸기잼, 버터 세 덩이와 함께 그냥 먹으라고 내준다. 먹기

엔 빡빡했지만 시장이 반찬이라 그 한 줄을 마파람에 게 눈 감추듯 다 먹어버렸다. 오는 길이 그리 순탄치는 않았지만, 어쨌건 리옹이다. 여행 초반처럼 매일매일 돌아다니며 행군하듯 여정을 소화하기엔 이젠 조금 힘에 부치기도 하지만, 나를 깨워줄 새로운 사람들과의 만남과 흥미로운 사건을 기대해본다.

묻지 마 은행의 생존전략, 스위스

어느새 5월의 마지막 날이 되었다. 리옹에서 아침 8시쯤 출발했더니 정오가 조금 안 되어서 스위스에 도착했다. 전날 프랑스 리옹에서부터 하늘에 구름이 뒤덮이기 시작하더니 스위스로 넘어와서는 기어이 비를 뿌리기 시작한다. 스위스에서 비를 맞으니 기분이 좋다. 시내에서 비를 맞는데도 마치 시골에서 맞듯이 깨끗한 느낌이기 때문이다. 하지만 다른 한편으로는 약간 긴장하지 않을 수 없었다. 왜냐하면 독일에서 만난 한 한국인이 '스위스에서 돈을 버는 사람만 스위스에서 돈을 써야 한다' 고 말해주었기 때문이다. 세계 최고의 소득수준과 살인적인 물가를 어느 정도는 예상하면서 지갑을 꼭 움켜쥐고 국경을 넘었다. 물론 스위스에 발을 들여놓자마자 바로 지갑을 열어야 했지만 말이다. 마치 무장해제 당한 군인처럼!

그 이유는 스위스로 들어오는 모든 차량은 비네트*vignette*라고 하는 1년치 고속도로통행권을 사서 차 앞 유리창에 붙여야 했기 때문이다. 프랑스와 스위스의 국경에 접어드니 경찰—아마 출입국 관리소 직원일지도 모르겠다—이 톨게이트 같이 생긴 곳으로 내 차를 인도했다. '여기서부터 스위스구나'라고 인지하는 순간 꼭 거쳐야 되는 장소이다. 차에서 내려 사무소 안으로 들어갔더니 덩치가 엄청나게 큰 할머니가 내 눈 앞에서 10유로 네 장을 부채 모양으로 펼쳐서 팔랑팔랑 흔들고 있었다. 40유로다. 빨리 돈 내라는 눈치다. 스위스는 유로화를 안 쓰기 때문에 프랑스에서 다처분을 하고 온 상태라, 카드도 되느냐고 물었더니 당연히 된다고 했다. 프랑스가 나를 처음 맞아 준 인사가 '못 들은 척'이었다면, 스위스가 나를 처음 만나서 선넨 인사는 바로 '돈 내!'였던 셈이다. 나 여기 오래 안 있을건데 꼭 일 년치를 다 내야 되느냐고 물어볼 수도 있었겠지만, 내 사전조사에 의하면 이건 전혀 쓸모없는 질문이었기에 일 년치 통행료를 군말 없이 카드로 긁어주고는 드디어 스위스로 들어왔다. 그래도 한번 대판 싸워 볼 걸 그랬나? 그렇게도 '합리와 이성'을 따지는 사람들인데, 이건 비합리적이지 않느냐고 말이다.

스위스는 참 특별한 나라이다. 위치나 소득수준, 나라의 모양새로 봐서는 유엔에 이미 가입되어 있을 것 같지만 그렇지가 않다. 수백 년 동안이나 영세중립국임을 표방하며 어느 편에도 가입하지 않은 채 잘 지내고 있다. 그리고 EU국가도 아니고 유로존^{Eurozone}에도 속해 있지 않기 때문에 유로화가 아닌 CHF라는 스위스 프랑을 쓴다. 스위스 프랑이면 약자로 SF라고 해야 할 것 같은데 그게 아니라 CHF를 쓴다. 이 약자略字를 쓰게 된 이유도 복잡하다. 이 나라는 공식적으로 네 개의 언어를 사용한다. 독일어, 프랑스어, 이탈리아어 그리고 로망어^{Romansh}가 바로 그것이다. 각 언어를 쓰는 지역마다 스위스라는 자기 나라 이름을 부르는 것도 제각각이다. 하지만 나라를 대표하는 어떤 말이 필요할 때는 이 네 가지 언어 중에서 하나를 뽑는 것이 아니라 또 다른 언어인 라틴어를 공식 대표언어로 사용한다. 그래서 CHF에서 CH는 Confederatio Helvetica(헬베티카 공화국)에서 따온 것이고 F는 프랑^{Franc}에서 가져온 것이다. 헬베티카는 처음 스위스 땅에 자리 잡은 게르만 종족 중 일파의 이름이다. 하여튼 복잡하다.

하지만 역사공부도 식후경이라, 프랑스에서 아침을 안 먹고 왔더니 배가 많이 고파서 호스텔 안에서 '아주 저렴한' 점심을 간단하게 사먹었다.

원래 '점심'이라는 것이 마음에 점 하나 찍는 정도로 간단하게 해결한다는 의미를 가지고 있는데, 제일 싼 것이 18,000원 정도였으니 아주 비싼 '점'이었다. 리옹에서와 마찬가지로 여기 호스텔도 인터내셔널 호스텔링 International Hostelling 체인에 속한 곳이었다. 하도 돌아다니다 보니 리옹의 호스텔에서 멤버십 카드를 만들어주었고, 이걸 카운터에 제시했더니 로잔 시내버스를 무료로 이용할 수 있는 교통카드를 준다. 살다 보니 별일이 다 있구나 싶었다.

방에 들어와서 짐을 풀고 있을 때 새 룸메이트인 한 아저씨가 방으로 들어왔다. 알바니아에서 사업차 왔다고 했다. 알바니아라는 나라에 대해서 알고 있는 게 별로 없어서 얘기 좀 해달라고 했더니, 인구는 400만 정도, 국민소득은 연간 4,000달러 정도라고 했다(나중에 2010년판『포켓 월드 아틀라스 POCKET WORLD ATLAS』라는 책으로 확인해보니 인구는 330만이고 일인당 GDP는 2,900달러였다. 이 아저씨가 뻥튀기를 한 것이다). 그런 거 말고 무엇이 유명하냐고 하니까 유명한 것이 아무것도 없단다. 유명한 관광지라든가, 역사적 인물, 하다못해 무슨 지하자원이라도 있을 거 아니냐고 했더니 아무것도 없단다. 그러다가 갑자기 자기 여권을 꺼내 보여주면서 알바니아 여권이 멋있지 않느냐고 자랑을 한다.

"네, 참 멋지네요."

기대했던 동유럽의 알바니아인과의 대화는 이렇게 허무하게 끝났다.

스위스에 들어와 보니, 몇 주 전 들렀던 네덜란드와 유사한 면이 많이 있다는 것을 알게 되었다. 두 나라 모두 유럽의 30년 전쟁 후 맺어진 베스트팔렌 조약의 결과로 독립을 쟁취하였고, 종교개혁 당시 신교의 거점으로서 교회사에서 중요한 역할을 한 것도 동일했다. 이렇게 유사한 역사적 궤적을 가진 이유는 구교(가톨릭)를 지키고 신교를 박해하는 나라와 교회를 피해서 개신교 신자들이 몰려들었던 곳이 바로 스위스와 네덜란드였기 때문이다. 구교에 저항하던 사람들은 주로 개혁정신이 강한 지식인과 돈 많은 상인계층들이었기 때문에 이 양국에 뿌리내린 이들의 개척정신과 도전정신이 각 나라의 경제발전에 큰 견인차 역할을 했다. 또 무엇보다도 박해를 피해서 온 역사적 배경 때문에 서로가 서로에 대해서 간섭하지 않는 '개인주의'와 나와 다른 것에 대해서 '관용'하고 배려하려는 정신이 세계 그 어느 곳보다도 발달하게 되었다.

거기까지는 좋은 것 같은데, 이 두 나라 모두 '돈'에 관해서는 둘째가라면 서러울 정도라는 것도 약간은 부정적인 공통점 중 하나이다. 네덜란드의 '더치페이Dutch pay'야 두말할 나위 없이 세계적으로 유명한데, 스위스도 여기에 절대 뒤지지 않는다. 입국하는 모든 차량에 대해서 체류기간에 상관없이 고속도로 통행료 1년치를 미리 받지 않는가! 도대체 세계에서 가장 돈을 많이 벌지만 또한 동시에 가장 물가가 비싼 나라에서 사는 삶은 과연 행복할까, 아니면 불행할까, 아니면 무감각할까? 혹시 강대국에 둘러싸인 작은 나라가 살아남는 비결을 오래전부터 체득하고 실천해온 결과로 이런 현상들이 있는 것은 아닐까? 가만 있자, 강대국에 둘러싸인 작은 나라라고? 우리 한국인들에겐 너무 익숙한 말이다. 그런 면에서 보면 한국과 스위스, 네덜란드 세 나라가 참 유사하다. 우리나라는 중국, 러시아, 가깝지만 먼 일본, 그리고 멀지만 가까운 미국과 같은 초강대국에 둘러싸여 살아왔다. 네덜란드는 영국과 프랑스와 독일이라는 강대국에 둘러싸여 있다. 스위스도 오래된 강대국들인 프랑스, 독일, 이탈리아, 오스트리아(합스부르크 왕가)에 싸여 힘들게 살아온 걸로만 치자면 세계 어느 나라에 뒤지지 않을 것이다.

이런 강대국들의 고래싸움 속에서 한국은 한恨, 그리고 특유의 부지런함으로 버티고 있고, 네덜란드는 무역과 개척으로 살아남았다면, 스위스의 생존의 비결은 무엇일까?

첫 번째는 서로 간섭하지 않되 자신의 삶, 자신의 집, 자신의 주州는 스스로 지켜나가는 삶의 방식이다. 오래전 TV에서 본 내용인데, 가정마다

농부 홍씨의 서유견문록(西遊見聞錄)

설치된 무기고에는 최신의 무기가 다량으로 구비되어 있었다. 중립국가로서 자유를 지키기 위해 개개인이 기꺼이 지불해야 하는 무거운 비용이었다. 자유를 유지하기 위해서는 반드시 비용이 발생하는 법인 것이다. 또 스위스 사람들에게는 스위스라는 하나의 '나라'보다 26개 '주Canton'의 자치권이 더욱 중요하다. 물론 '주'의 자치권보다도 개인의 자치권이 훨씬 더 중요하겠지만. 각자 서로 '건드리지 않고' 자유롭게 살기 때문에 사람들이 박해나 어려움을 피해 숨을 수 있는 도피처로서의 명성을 얻을 수 있었던 게 아닐까? 게다가 공식적으로 5개의 언어를 사용하기 때문에 어느 나라에서 오더라도 비교적 정착하기 수월했고, 지리적으로도 우리가 일반적으로 유럽이라 부르는 지역의 중앙에 위치했기 때문에 더욱더 그러했을 것이다. 캘빈이 자기가 태어난 프랑스를 떠나 스위스 제네바에서 주로 활동을 했고, 아인슈타인도 나치의 탄압을 피해서 스위스에서 말년

을 보냈다. 라이너 마리아 릴케도 고향인 체코를 떠나 스위스 남부에 터를 잡고 살았다. '유럽의 지성'인 에라스무스, 『동물농장』·『1984년』의 작가 조지 오웰, 심지어 그와 정반대편에 서 있던 레닌도 한때 스위스에서 거주한 것으로 유명하다.

이들의 두 번째 생존비결을 돈이라고 한다면, 이 글을 읽는 스위스 사람이 기분 나빠할까? 아마 '그게 뭐 어때서?' 하면서 쿨하게 인정할 것 같다. 스위스하면 생각나는 것이 '스위스 은행'이지 않은가. 스위스 은행은 150년 넘게 고객에 관한 비밀주의 원칙을 고수해온 것으로 유명하다. 하지만 그 결과 수많은 세계의 범죄조직과 독재자들이 주요고객이라는 것으로도 유명하다. 또한 이렇게 부정한 돈을 맡아주는 것에 대해서 스위스 국민들이 뭐라고 나무라지 않는 것도 참 특이하다. 남들이 뭐라 하든 말든 상관하지 않고 돈 많이 벌어서 나라살림을 풍요하게 하는 것이 작은

　농부 홍씨의 서유견문록(西遊見聞錄)

나라 스위스의 또 하나의 생존방식인 것이다. 살아남겠다는 데 누가 뭐랄 것인가. 최근엔 폭로전문 사이트인 위키리크스가 스위스 은행 비밀계좌의 주인 2,000명을 공개하겠다고 한 적이 있었다. 만약 이 은행계좌에 북한 김정일의 돈이 들어 있다면, 중동의 독재자들의 돈이 들어 있다면, 스위스 은행은 이 범죄에 동조한 혐의에서 자유로울 수 있을까. 이들의 재산을 안정적으로 지켜준 덕분에 이 나라들의 수천만, 수억의 국민들의 고통은 계속 유지되는 것 아닌가. 나의 생존이 단순히 물리적 힘에 의한 방식이나 비밀주의나 악惡에 대한 묵인에 의해서 유지된다면 이는 참으로 잘못된 일이 아닌가. 나의 생존이 다른 사람, 국가와의 공존共存에 기여하게 될 때 비로소 가치가 있다는 것, 이것을 스위스 사람들이 모르지 않을 텐데 말이다.

스위스 사람들에게 너무 험담을 한 것 같아서 이제는 긍정적인 면을 좀 봐야 겠다. 내가 보는 스위스 사람들의 세 번째 생존비결은, 직업의 전문화이다. 이러한 정신은 돈의 논리로만은 설명할 수 없는 것이다. 스위스 하면 생각나는 것이 스위스 시계와 군용 칼 그리고 용병이다. 스위스 용병들은 유럽 각국에 고용되어 목숨을 바쳐 일을 했다고 한다. 그래서 교황은 아직도 스위스 용병을 고용하고 있다지 아마. 스위스 용병이 목숨 바쳐 일했던 이유는, 고용주를 위해서 그렇게 한 것이 아니라 장차 자신의 후손들이 용병으로 취직하는 길이 막힐까 봐 그렇게 했다는 것이다. 무서운 사람들. 용병들이 외국에서 번 돈을 고국으로 송금하는 과정에서 금융업도 발전했고, 신용을 지키고 약속을 지키기 위해서 필수적인 도구인 시계산업도 발전했다고 한다(2012.4.3. 조선일보, '소국의 생존법' 중에서). 그러면 그렇지 단순히 돈만 밝힌다고 해서 이런 경제적 번영이 가능하겠는가.

네 번째로는, 교육의 우수성이다. 지하자원이 부족한 나라들은 아이들 교육에 힘을 기울일 수밖에 없다. 2012년 세계대학의 순위를 보니 미국과 영국을 제외한 나라 중에서 가장 높은 순위(15위)를 차지한 것이 스위스 취리히 연방공대이다. 얼마 전 신문에 났던 내용을 보면, 산유국 학생들은 공부를 안 한다고 하는데, 그와 반대로 나라가 작고 지하자원이 부족한 우리나라와 네덜란드 그리고 스위스는 교육에 목숨을 걸 수밖에 없다. 하지만 네덜란드와 스위스는 우리나라와는 교육의 방향성이 많이 다른 것 같다. 우선 이 두 나라는 일상생활 속에서 3~4개의 다중언어를 사용하고 있다. 단지 사용하는 언어의 개수가 중요한 게 아니라, 하나의 언어를 더 알수록 또 하나의 세계를 얻게 되는 엄청난 효과가 있다. 그리고 창의와 도전이 격려받는 분위기다. 그러나 우리나라는 어떤가. 일상생활 속에서는 1개 언어만 사용하고, 나머지 언어는 단지 수험용이다. 시험 끝나면 쳐다보지도 않는다 그리고 창의와 도전보다는 안정이 중시된다. 얼마 전 우리나라 초등학교 학생들의 장래희망이 공무원이라는 말을 들었을 때 충격을 받았던 일이 생각난다. 초등학생들이 공무원이라는 직업에 대해서 알면 얼마나 알겠는가. 평소에 그런 생각을 아이들에게 주입했을 그 부모들에게 혐의嫌疑를 둘 수밖에 없는 상황이다. 오바마 미국 대통령이 자꾸만 한국의 교육열에 대해서 본받자며 말하고 다니는데, 그때마다 사실 얼굴이 뜨거워지곤 한다. 이제는 단순히 뜨겁기만한 교육열에서 벗어나야 할 것이다. 열심히 하는 것은 좋지만 이제는 그 방향성을 냉정하게 점검해볼 때이다.

낯선 곳에서 나를 만나다

나라 밖을 나오면 우리나라가 더 잘 보이듯이 내게 익숙한 환경에서 나오니 낯선 환경에서 내 자신이 혼자 덩그러니 있는 모습을 많이 보게 된다. 대학 구내식당 같은 데서 밥을 먹기 위해 자리에 앉으면 나 혼자 앉아 있는 느낌이 들 때가 많다. 그래서 어떤 때는 사람들이 몰려 있는 곳에 가서 앉았는데 일행이 한꺼번에 일어서는 바람에 무대 중앙에 있는 것처럼 가운데 자리에 혼자 앉아 있게 되기도 했다. 군중 속의 고독을 처절히 느끼는 시간들이었다.

외로움과 추위의 텐트에서 지상낙원으로의 탈출

여행은 새로운 사람과의 만남이기도 하지만 나와의 독대의 시간이기도 하다. 이제 네덜란드에서 지냈던 시간 중 3일간의 주말에 있었던 일들을 이야기해보려 한다. 영국에서는 런던에 사는 지인의 집에서 묵기도 하면서 숙소 잡기도 순조로웠고, 간판이나 도로 표지판도 영어로 되어 있어 대략 여기가 어디고 무엇을 하는 곳이고 어느 쪽으로 가야 하는지 파악하는 정도는 큰 문제가 아니었다. 하지만 네덜란드로 오니 알파벳만 똑같을 뿐 전혀 이해할 수 없는 단어와 말들이 나를 당황스럽게 했다. 먼저 여행을 다녀온 친구들이 유럽에 가면 캠핑장이랑 유스호스텔이 많아서 숙소를 잡는 데는 아무 문제가 없을 거라고 해서 과감하게 왔는데, 생각했던 것만큼 캠핑장이 눈에 잘 띄지는 않았다. 이 조그마한 소도시 바허닝언에는 당장 이번 주말을 보내야 할 유스호스텔도 캠핑장도 없어서 주변을 돌아다녀야 했다. 어렵사리 물어물어 찾아간 캠핑장은 텐트를 대여해 주지 않아 숙박을 할 수가 없었고, 두 번째 찾아간 캠핑장도 마찬가지였다. 길에서 사람들에게 캠핑장의 위치를 물어봤을 때 우선은 잘 몰랐고, 안다고 해서 캠핑장 이름을 불러주면 철자와 발음이 연결되지 않아 괴로웠다. 밤은 점점 가까워지고 급한 마음에 일단 저렴한 호텔이라도 들어가볼까 하고 주변의 큰 도시인 아른험 Arnhem과 네이메헌 Nijmegen에 나가봤지만 제일 저렴한 곳이 하룻밤에 80유로! '80유로면 거의 십만 원 돈이다. 오늘 여행 마치고 내일 귀국한다면 모를까 이렇게 하다간 몇 달은커녕 몇 주도 못 버틸 거야!' 또 힘들다

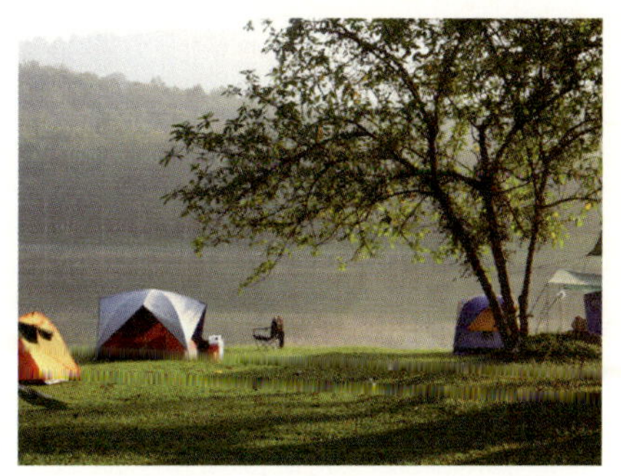

고 벌써부터 너무 쉽게 가는 것 같아 호텔에 들어가는 것은 포기했다. 밤 11시가 넘어서야 네이메헌 시내의 한적한 도로에 차를 세우고 '노숙 모드'에 들어갔다.

'하긴 이러려고 차를 빌렸으니까……'라고 위로하면서 말이다.

바허닝언 주변의 소도시는 녹지와 주거공간이 아름답게 조성된 곳이었다. 차를 몰면서 캠핑장을 찾느라 이 길 저 길 많이도 헤맸다. 어두워지기 전에 숙소를 찾아야 하는 다급함만 없었다면 이곳은 최소한 겉모습으로는 지상의 천국 같은 곳이었다. 자연은 자연대로 두면서도 인공적인 손길을 최소화하며 생태계를 보전하고 있었다. 숲 속 주변 군데군데 들어서 있는 주택들은 너무 크지도 작지도 않은 단층이나 이층집들로, 마치 동화속 예쁜 집 모형을 그대로 확대한 듯이 깨끗하고 정갈했다. 캠핑장을 찾아 주택가를 천천히 돌면서, 전혀 의도한 것은 아니지만, 날이 어두워지는 가운데 커튼을 치지 않은 집 안의 내부 모습을 보게 되었다. 정돈된 정원과 울타리, 깨끗한 건물 외벽 안에는 약간 어두운 듯 은은한 간접조명이 비춰지고, 거실은 그 빛을 받아 각자의 우아함을 드러내는 그림들과 함께 작은 갤러리라고 하기에 충분했다. 서재와 책상들은 잘 정돈되어 있고 집 안에서는 모차르트나 요한 스트라우스가 연주되고 있을 것만 같았다. 이 나라 사람들이 사는 집 안에 있

농부 홍씨의 서유견문록(西遊見聞錄)

는 수준 높은 장식과 그림과 조명처리 능력에서 문화의 향기가 느껴진다. 유럽에 오니 곳곳에서 문화의 힘에 압도되곤 했다. 한낱 문화란 것이 마치 옷과 같아 벗으면 다 똑같다고들 하지만 유럽을 처음 찾은 사람에게 문화적 차이가 정말 크게 체감되는 것이 사실이다. 여기에 더해서 갈 곳 없는 나그네의 분수한 마음에 대비되어 네덜란드의 조그만 시골마을의 집들은 더욱더 아늑하고 따뜻해 보였다. 그 따뜻함에서 '나 부자야. 나 이렇게 돈 많아'라고 무언으로 외치고 있는 그런 위압감은 찾을 수 없었다. 위압감도 초라함도 전혀 찾아볼 수 없는 그런 집들 사이로 캠핑장을 찾으러 정신없이 좌우를 살피며 운전을 하고 있었던 것이다. 여하튼 첫날은 어렵사리 캠핑장은 찾았지만 텐트가 없어서 입성에는 실패하고 도로 위에서 하룻밤을 그냥 보내게 되었다.

다음날 아침 날이 밝자마자 텐트를 사기 위해서 근처의 아른험으로 갔다. 토요일 아침이라 그런지 아웃도어용품 가게의 주인아저씨는 열 시가 다 되어서야 나타나서는 느릿느릿 가게 문을 열었다. 나는 달랑 텐트 하나를 얼른 사서는―주차비도 비싸다― 마치 에베레스트를 올라갈 장비를 다갖춘 것처럼 의기양양하게 다시 캠핑장으로 향했다. 그리고는 네덜란드에서의 남은 일정인 5일 동안 야영을 하겠다고 말했다. 5일 간이나 밖에서 자겠다고 한 이유는, 유럽에 도착한 이후로―심지어 영국에서도― 날씨가 너무나 맑고 아름답기 때문이었다. 설마 비가 오겠나 했다. 이탈리아 번호판을 단, 가장 저렴한 렌터카 안에 역시 가장 저렴한 일인용 텐트를 싣고서 배정받은 내 자리로 와서는 잔디밭 위를 미끄러지듯이 우아하게 주차를 했다.

'내 텐트는 작은데 캠핑장 자리는 왜 이리 넓어?' 속으로 생각하며 옆을 보니 이웃들은 모두 자기 집을 옮겨온 듯 대형 캠핑카를 몰고 와서는 호사를 부리고 있었다. 심지어 이제 살날이 얼마 남지 않은 것 같은, 잘 걷지도 짖지도 못하는 소 크기만 한 개와 개집까지 가져온 사람도 있었다. 내가 캠핑장에 들어섰을 때, 나의 이웃들은 이미 점심을 먹고 신문을 보며 차를 마시기도 했고, 식사를 하고 있기도 했다. 내 텐트는 마치 이들 캠핑카에 부속한 개집처럼 작아 보였다.

'그래 뭐, 언제 이런 경험해 보겠냐. 텐트 안에 누우니 좋기만 하네!'

좁긴 했지만 텐트 한쪽에 짐도 정리하고, 샤워도 하고, 캠핑장 내부를 산책하기도 했다.

그런데 지금까지 그렇게 좋기만 했던 날씨가 오후 늦게부터는 구름이 잔뜩 밀려오더니 빗방울이 후두두 떨어지기 시작하는 것이 아닌가. 4월 말에 유럽에 도착해서 두 번째로 맞이하는 비였다. 첫 번째는 영국 더럼^{Durham}에서 맞은 비였는데 그때는 버스 안이었고 비의 양도 많지 않았었다. 하지만 지금은 상황이 조금 다르다. 아니 많이 다르다. 사실은 심각할 정도다. 내 이웃들의 캠핑카는 비가 오나 날이 맑으나 크게 상관이 없었다. 하지만 나의 텐트는 비가 오니 금세 초라해졌다. 토요일 저녁이다. 춥다. 이웃들의 캠핑카에는 자녀들로 보이는 젊은이들이 놀러 왔나 보다. 즐겁게 웃고 떠드는 소리, 고기 굽는 냄새, 아이들이 부모들과 노는 소리가 들려왔다. 하지만 나는 혼자였고 몹시 추웠다. 먹을 것이라고는 몇 끼째 먹고 있는 큰 봉지의 식빵, 슬라이스 햄, 슬라이스 치즈, 사과가 전부였다. 무엇보다 나는 이날 저녁 너무너무 외로웠다. 주말 저녁 캠핑장에서 오붓하게 시간을 보내며 겉모습으로는 부족한 게 하나도 없어 보이는 네덜란드의 가정들 사이에서 나는 가방에 있는 옷이란 옷은 죄다 꺼내어 껴입은 채 홀로 추위에 떨고 있는 한 마리 외로운 늑대였다. 늑대처럼 '나 외로워' 하며 울부짖고 싶었지만 차마 그러지는 못했다. 마흔이 넘은 나이에 내가 이렇게 추위와 배고픔, 무엇보다 처절한 외로움 가운데 있어야 하는 이유가 무엇일까? 나는 내가 믿는 하나님께 기도했다. '외롭느냐? 하지만 너도 나를 그동안 얼마나 외롭게 했는지 아느냐?' 하고 대답하시는 것만 같았다. 그나마 다행

   농부 홍씨의 서유견문록(西遊見聞錄)

히 텐트 속에서도 인터넷은 사용할 수 있었다. 잠을 이루어보려고 애쓰다가 추위 때문에 도저히 안 되겠어서 새벽 4시쯤 몸을 일으켜서 컴퓨터를 켰다. 호스텔을 예약하기 위해서 '결사적으로' 예약 사이트를 뒤졌다. 그러다가 한 군데가 눈에 들어왔다. 위트레흐트Utrecht 주변 뷔닉Bunnik이라는 곳의 스테이오케이Stayokay라는 호텔/호스텔 체인이었다.

예보를 보니 계속 비가 온다고 한다. 더 이상 망설일 게 없었다. 텐트 빼고는 담요 한 장 없이 5일을 버티기는 힘들었다. 그래서 일요일 아침 날이 밝자마자 나는 아직 물기가 채 마르지도 않은 텐트를 후다닥 접어서 차에 싣고 캠핑장을 나섰다. 안 보는 척하면서도 이웃들이 나를 이상하다는 듯이 힐끔힐끔 쳐다보는 시선이 느껴졌다. 하루치를 계산했는데도 숙박비만 20유로가 넘는 것이 호스텔보다 오히려 더 비싼 것 같다. 인터넷도, 샤워실도 따로 따로 계산을 해야 했기 때문이다. 어제 새벽 4시에 인터넷으로 예약했던 위트레흐트 뷔닉의 스테이오케이로 이동했다.

'아, 여기는 지상낙원이구나!'

각종 과실과 곡식이 자라는 넓은 들과 오리와 이름 모를 새들과 물고기가 사는 아름다운 개천, 맑고 푸른 하늘에 예술적으로 걸려 있는 구름, 그리고 쾌적한 바람! 이곳에 태어난 축복을 맘껏 누리며 노닐고 있는 양과 말과 오리와 염소들! 이 모든 것이 완벽하게 조화를 이루고 있었다. 숙소에 들어가서 매트리스에 앉아 보니 오늘 밤부터는 냉기가 올라오는 딱딱한 땅바닥에서 자지 않아도 될 거라는 기쁨에 가슴이 설레었다. 아무도 없는 널찍한 8인실 숙소. 무엇보다 이곳은 산책로가 예술이었다. 할 수만 있다면 통째로 떼어내 한국으로 가져오고 싶었다. 자연과 바람과 길에 빠져 걷다 보니 잠깐 걸은 것 같은데 한두 시간이 훌쩍 지나버린다. 영국과 마찬가지로 이곳도 대도시들보다는 시

골의 소도시, 농촌이 더 아름답고 격조가 있었다. 아, 우리나라도 언제쯤 그렇게 될 수 있을까! 독일에서도 하이델베르크에 있는 '철학자의 길 Philosophenweg'이라는 곳을 걸어봤는데 아마도 유럽 사람들은 좋은 산책이 사람에게 주는 유익을 우리보다 먼저 눈치 챈 것 같다. 우리나라에도 1, 2km 정도 걸을 때 잡상인, 매점, 쓰레기, 안 좋은 공기, 시끄러운 사람들, 인공적인 구조물들로 방해받지 않는 그런 산책로가 많이 생겨나면 좋겠다. 또한 위트레흐트는 입지나 교통에 있어서 네덜란드의 중심에 있는 곳이어서 더욱 편리하고 좋았다. 여기에 있으면서 멀더 교수님이 소개해준 네덜란드 농업의 현장들을 차분히 다니면서 네덜란드 농업의 저력을 실감할 수 있었다.

하이델베르크에 가다

5월 24일. 이제 점점 여름이 다가오는 것 같다. 런던 히스로 공항에 처음 도착했던 그 밤의 싸늘함도, 네덜란드의 한 캠핑장에서 추위에 떨며 밤을 지새우던 그 추위도 이제는 언제 그랬냐는 듯이 잊혔다. 여행이 길어질수록 처음의 열정이 식어지며 낯선 사람에게 길을 묻는 것도 지쳐가고 사람들에게 먼저 말을 걸고 대화하는 것도 점점 뜸해진다. 소위 '여행의 일상화'라는 중독일까?

친구 베냐민의 호의로 프랑크푸르트 관광을 약식으로 마치고 하이델베르크로 가려고 하는데 비가 억수로 내렸다. 자동차가 흔들흔들 할 정도였다. 비의 맹렬한 기세를 차 안에서 잠시 피하고 길을 나섰다.

독자들은 눈치 챘겠지만 내 행선지는 대학교를 중심으로 구성되어 있다. 내 전공과 관련하여 공부할 기회를 찾는 것이다. 하이델베르크도 대학으로 유명한 도시다. 하이델베르크대학은 1386년에 설립된, 독일에서 가장 오래된 대학이다. 대학 구내 안에 들어섰을 때, 늦은 봄의 따뜻한 햇살이 비치는 캠퍼스의 아름다운 풍경과 활기찬 학생들이 끼리끼리 앉아 대화하는 모습은, 마치 명화의 한 장면을 보는 듯 풍요롭긴 했지만 낯선 이방인이 끼어들기에는 이들이 쌓아놓은, 눈에 보이지는 않지만 자신들만의 커뮤니티의 벽이 너무 높아 보이기도 했다. 대학도 유명하지만 네카어Neckar 강변을 따라 조성된 빨간 지붕과 돌벽돌로 지어진 아름다운 구 시가지와 하이델베르크 성城 때문에 이곳은 말 그대로 관광지다. 독일인들 자신도 가장 가보고 싶은 관광지 1위라고 한다. 그래서 독일인들뿐만 아니라 세계 각국에서 온 많은 관광객들로 늘 북적인다. 그중에서 한국인 여행객도 만나게 되어 한국어(?)를 한마디 했는데, 너무 오랜만에 써서 그랬는지 우리말을 쓰는데도 영 어색했다.

"사진 찍어드릴까요?"

하이델베르크에는 '철학자의 길'이 있다. 헤겔, 야스퍼스, 하이데거—이름만 들으면 누구라도 알 만한, 그러나 역설적으로 그 사람들의 책은 한 번도 읽어본 적이 없는—와 같은 철학자들이 이 길을 다니면서 많은 영감을 얻었다고 한다. 하이델베르크 성에서 내려와 대학가를 지나 네카어 강 반대편에 위치한 이 길을 가기 위해서는 '오래된 다리Alte Brücke'를 건너야 한다. 다리를 건너 한 명이 겨우 지나갈 만한, 산 위로 난 좁은 골목을 올라가니 시의 전경과 네카어 강이 내려다보이는 산책로가 나 있었다. 길 가와 산언덕엔 고급스러운 주택들이 드문드문 박혀 있었다. 내가 가본 유럽의 도시들은 모두 교회와 대학을 중심으로 집과 공원과 박물관들이 조화롭게 들어서 있었다. 도시의 중심에는 항상 교회와 대학과 박물관이 있었다.

그러고 보니 한국에 있는 우리 동네의 중심에는 뭐가 있더라. 맞다. 상가가 있다. 또 보통의 한국 가정의 중심에는 뭐가 있더라. 우리 집에는 TV가 없어서 여기에 해당되지는 않겠지만, 다른 사람의 가정을 방문해보면, 그 집의 중심자리는 거의 대부분 TV 차지이고 맞은편엔 그것을 신주단지처럼 숭배하는 경배자들이 앉을 소파가 있다. 이것에 대해서 나는 아니다라고 말할 수 있는 분 손들어 보시라. TV와 소파 사이의 그 공간, 선이 그어져 있지는 않지만 누구도 범접할 수 없는 그곳, 리모컨과 TV의 자기장으로 충만한 곳, 그곳이 대부분 가정의 중심공간이다. 하지만 그 중심공간을 다른 것으로 채워 넣어 보시라. 뭐로 채우지

　　　　　　　　　　　　농부 홍씨의 서유견문록(西遊見聞錄)

하며 고민하지 마시고 일단 TV를 제거하고 나면 분명히 더 나은 뭔가로
채워진다. 나도 처음에는 TV를 없애자는 아내의 조언에 대해 이런저런
핑계를 대며 TV를 사수하려고 피눈물 나게 노력했다. 그래도 뉴스는
봐야 되지 않겠냐고 하면서까지 말이다. 논리가 빈약했던 내가 결국 졌
고, 우리 집에서 TV는 사라졌다. 이것은 벌써 수년이 훨씬 넘어가는 것
같다. 그 이후 한동안은 심심함과 무료함에 몸부림치는 시간을 보내야
했다. 하지만 이 무료함은 점차로 창조를 잉태하는 시간으로 변했다.
계속 빈둥거릴 수만은 없어서 하는 수 없이 책을 펼 수밖에 없었고 심
심하면 보드게임을 하기도 했다. 산책도 나가야 했고 집 주변의 산으로
도 올라가야 했다. 하지만 그 어떤 것도 TV보다는 유익했다. 내가 사는
도시와 가정의 중심에 무엇이 있는지 보았다면, 그 다음 단계! 나란 인
간의 중심엔 도대체 뭐가 있을까?

방에서 탈출하기

프랑스에 도착한 것은 토요일 아침, 정확히 말하면 새벽이었다. 겉모습
으로만 보면 프랑스와 프랑스 사람들의 미적 감각은 정말 뛰어났다. 사
람들의 외모뿐만 아니라, 심지어 빵까지도 정말 예뻤다. 노천카페에 펼
쳐놓은 의자들도 다른 유럽에서는 주로 단색으로 되어 있는데 프랑스
에서는 서로 짝을 이루는-예를 들면 연두색과 주황색- 의자들을 순서
에 맞게 번갈아 예술적으로 깔아놓는다. 리옹을 가로지르는 큰 두 강인
론 강과 손 강. 이 위에 요트를 띄워 놓고 수상가옥으로 사는 사람들이
많은데 이 집들도 모두 꾸미기 경쟁이다. 또 도시 곳곳에 있는-약간은
생뚱맞게도- 회전목마도 항상 축제 같은 분위기를 자아낸다. 주말을
맞은 리옹은 장터가 열려 더욱더 축제 분위기가 고조된다. 유럽의 장터
에서도 먹을 것이 빠져서는 안 될 말! 형형색색의 빵들, 와인, 초콜릿 등
등. 하지만 학부모인 내게 무엇보다 기억에 남는 것은 아이들을 위한

프랑스리옹의 역사연구 동아리
청소년들과 함께

다양한 놀이기구들을 체험해보고 판매하는 코너였다. 컴퓨터 게임 같은 그런 놀이가 아니라, 머리의 계산, 눈의 판단, 팔 근육의 움직임, 정교한 손놀림, 그리고 몸의 균형 잡기 같은 것들이 동시에 이루어져야 할 수 있는 그런 놀이들이었다. 갑자기 한국에 두고 온 우리 아이들이 생각났다. 우리 아이들은 주입식으로 교육을 받고, 오랜 시간 공부하고, 공부 때문에 운동, 취미, 적성 뭐 이런 것들이 과감하게 무시되는 교육환경 속에서 살고 있다. 대개는 말이다.

하지만 이곳의 아이들은 달랐다. 유럽의 아이들은, 여행을 가기 전에도 책이나 신문을 통해서 본것이지만, 공부 말고도 손과 몸을 움직이는 활동들이 장려되고 또 그렇게 교육을 받는다는 것을 알고 있었다. 대개 이런 활동들은 자기 자신만의 방에서 홀로 즐기기보다는, 여럿이서 또 개방된 공간에서 적극적으로 이루어진다. 그러면서 아이들이 작거나 큰 무리 속에서 자신을 능동적으로 표현하는 훈련들이 이루어지고 또 자신감 있고 당당한 태도들을 만들어가게 된다. 유럽의 아이들을 만나서 대화할 때면 내 속에선 무의식적으로 이런 반응이 나올 때가 많이 있었다.

'어! 이 녀석 봐라.'

그런데 이 생각의 의미는 아이들이 버릇없다거나 예의를 벗어났다는 의미가 아니라, 나는 이 아이를 '아이'로 대하려고 하는데 이 아이들은 나와 동등한 입장에서 대화한다는 뜻이다. 그들의 또렷한 눈빛, 주눅 들지 않는 태도, 명확한 말, 이런 것들이 내 눈에 도드라져 보였다. 동양 아이들–나도 속했었던–에게 익숙한 것처럼, 대화하는 상대가 어른이기 때문에 실제 자신의 속생각은 다른데도 불구하고 표현하지 않고 겉으로만 예의 바른 척하는 것보다는, 자신의 생각을 솔직하고 당당하게 표현하는 서양 아이들의 태도, 이것이 신선했다.

또 좀 더 자라나서 청년이 되면 우리 청년들이 좋은 직장에 취직하기

위해 이런저런 스펙spec을 쌓고 있을 때, 유럽의 청년들은 짐 싸가지고 해외로 나가기 바쁘다고 한다. 돈이 많아서가 아니라 적은 돈을 가지고도 다른 나라를 많이 보고 체험하며 여행 중에 있을 수 있는 많은 어려움들을 극복하는 것, 그 경험 자체가 이들의 자랑이자 기쁨인 것을 알 수 있었다. 이처럼 청년기에는 공부 말고도 해봐야 하고, 가봐야 하고, 넘어봐야 할 일들이 많이 있는데 우리의 아이들은 그저 종일 학교와 학원의 의자에만 붙어 있는 것이 안타까운 현실이다. 시간상으로만 보면 그렇게 오래 공부하는데도 노벨상을 못 탄다. 이들이 커서는 역시 세계에서 가장 오래 사무실에 앉아 있는, 하지만 생산성은 이에 훨씬 못 미치는 평범함 직장인이 된다고 얘기한다면 너무 큰 비약일까? 리옹의 장터에서 몸 놀이를 하고 있는 아이들을 보면서, 한국에 돌아가면 우선적으로 우리 아이들을 많이 움직이게 해야겠다고 결심했다. 머리도 몸도 생각도 말이다. 하지만 우리나라 청소년들을 생각하면 또다시 가슴이 답답해진다. 이들의 유일한 휴식처인 PC방, 멀티방, 노래방, 방, 방, 방, 모든 게 방이다. 그러니 어른이 되어서도 ㅇㅇ방만 찾는 게 아닐까?

한국의 어른들이여! 우리 아이들은 공부 말고도 해야 할 게 참 많습니다. 아이들에게 마음의 여유를 줍시다! 아이들을 골'방'에서 해'방'시켜 줍시다!

리옹에서 만난 슬픈 한국

리옹 시내에서 가장 크다는 테트도르 공원Parc de la Tête d'Or은 크기도 크기지만 아름다움에서도 유럽의 그 어떤 공원에 뒤지지 않는다. 가장 화려하다는 이 공원에서 나는 김성준(가명) 씨라는 한국 사람을 우연히 만나게 되었다. 좀 더 정확히 말하면 북한국적자이고 리옹 한인교회에 출석하고 있는 기독교인이었다. 유럽에서 일요일을 맞는 날이면 나는 가급적 현지인 교회를 출석하려고 노력했다. 하지만 프랑스에서는 성당은 사람들로 차고 넘치는데 개신교회는 교회 자체를 찾기가 힘이 들었다. 그러던 중 한인교회를 찾게 되었다. 내가 간 그날은 마침 리옹 한인교회가 일 년에 한 번 야외예배를 드리는 날이었다. 역시 '가는 날이 장날'이다. 김성준 씨는 이제 오십을 갓 넘겼지만, 외모는 육십이 훨씬 넘어보였다. 우연히 옆 자리에 함께 앉았다가 나는 이분의 기구한 스토리를 듣게 되었다.

그는 북한에서 기독교를 믿게 되었고 그런 이유로 북한 당국에 의해 쫓겨 다니게 되었다고 했다. 한번은 지하교회에서 예배를 드리던 도중 군인들에게 발각되어 도망치다가 총격을 피해서, 죽을지 살지 알 수 없는 절벽에서 뛰어내린 적도 있었다고 했다. 이렇게 목숨을 건 신앙생활을 하다가 북한을 탈출하게 되었는데, 탈출과정에서 한국국적의 외항선박에 숨어들어서 잠시 일을 하게 되었다. 하지만 안타깝게도 한국인 외항선원들의 횡포에 하도 시달려서 지금도 분을 삭이지 못하고 있었

　　　　　　　　농부 홍씨의 서유견문록(西遊見聞錄)

다. 왜 한국인이 한국인을 더 못살게 굴었을까? 이국땅에서 동포를 만나면 더 잘 해주고 싶지 않았을까? 혹시 이런 부정적인 기억으로 인해서 그가 한국으로 들어올 수 있는 기회를 포기한 건 아닐까 생각해보았다. 지금도 그때만 생각하면 분노가 치밀어 오르는 그에게 한국으로 올 생각은 안 해봤냐고 감히 물어볼 수도 없었다. 답은 너무나 빤해보였으니까. 그렇게 세계 각지를 떠돌다가 프랑스령^領 기아나^{Guyane française}로 흘러들어가게 되었고 그 이후에도 난민처럼 떠돌다가 지금의 프랑스 리옹에 정착한 지 이제 6년이 되었다고 했다. 중국인 소수민족 중에서 키가 작은 묘족^{苗族} 여인과 결혼하여 이제 막 걷기 시작한 아들을 하나 두고 있었다. 이분의 이야기를 듣고 있자니 스티브 맥퀸이 주인공으로 나왔던 '파피용'이라는 옛날 영화를 한 편 본 것 같은 느낌이 들 정도로 파란만장한 삶이었다. 화려함과 풍요로움의 땅인 프랑스의 가장 아름다운 공원에서 나는 전혀 예상치 않게 우리나라가 처한 슬픈 현실을 마주하게 되었다.

이 현실은 나에게 문득 '그래, 난 한국인이지'라는 자각이 들게 했다. 이런 기분을 어떻게 표현할 수 있을까. 외국의 유명한 오케스트라의 내한공연에 가서 음악에 취하여 행복하고 환상적인 두세 시간을 보내다가 집에 돌아왔을 때 내 앞에 여전히 남아 있는 현실의 문제들—우편함에 쌓여 있는 고지서들, 신문구독료 청구서, 내일까지 급히 마쳐야 할 일들, 요새 겉멋이 잔뜩 들어 말 안 듣는 중학교 1학년 아들 등등—로 인해서 음악회에서의 감동과 여운이 말끔히 사라지는 느낌이라고 한다면 적절한 비유가 될지 모르겠다. 음악회는 환상적이지만 잠깐의 경험에 불과한 데 비해, 살얼음 같은 현실의 문제들이 바로 내가 살아내야 하고 내가 해결해야 할 삶의 실제다. 결국 환상적인 음악회는 그 환상에 빠져 허우적거리는 것이 아니라 이 삶의 실제를 돌파할 영감을 얻는 것이 목적이기 때문이다. 그런데 바로 이러한 북한이 내 현실, 한국의 현

실이었다. 프랑스에서 만난 북한 사람이 바로 내게 이런 존재로 다가왔
다. 나의 현실은 무거웠지만 이 교회는 오늘 축제의 날이다. 이날 나는
유럽에 와서 처음으로 쌀밥과 김치와 삼겹살을 배불리 먹긴 했지만 축
제를 마치고 다시 숙소로 돌아가는 나의 발걸음이 그리 가볍지만은 않
았다.

농부 홍씨의 서유견문록(西遊見聞錄)

황혼에서
새벽까지

　제네바 국제공항 대합실에서 노트북을 열고 주마등走馬燈처럼 지나가는 유럽여행의 편린片鱗들을 하나씩 적어 넣는다.

　4월 28일인가 영국에 도착했지, 정말 대책 없이. 밤 9시 넘어 히스로Heathrow 공항 밖으로 나오니 왜 그리 추웠던지……. 유럽에 호스텔과 캠핑장이 아무리 많다 해도 런던 시내 한가운데서 그것도 한밤중에 갑자기 찾을 수가 있나. 공항에서 가장 가까운 도심으로 일단 가보자 해서 간 곳이 패딩턴Paddington 역. 철저한 준비맨이었던 내가 왜 이렇게 무無대책맨이 되었나! 이렇게 영국을 회상하는 순간 얼굴에서부터 발끝까지 온몸을 까만 천으로 칭칭 동여맨 무슬림 여인이 내 앞을 지나간다. 런던 하이드파크 공원에서 왕실 결혼식 중계를 보며 영국의 신앙과 전통과 영국 사람들을 보았다. 영국은 전통, 규율, 질서, 틀, 정돈됨의 나라였다. 내 유럽여행에서의 첫인상, 존 웨슬리가 사용했던 의자에 잠시 앉아서 조용히 기도했던 뉴캐슬의 한 교회, 경태랑 돌아다니던 런던의 교회들, 공원들 그리고 대학들.

　네덜란드. 여기서는 위트레흐트-뷔닉Utrecht-Bunnik에 있던 호스텔의 산책로가 생각난다. 가다보면 한두 시간 마냥 걷게 되는 그런 곳이었지. 그리고 암스테르담, 알스메르Aalsmeer, 세계 최대의 꽃 경매장, 바허닝언……. 아름답고 우아하고 수준 높고 시기심이 날 정도로 부러웠던 그 길들, 숲들, 집들. 주말 저녁 비오는 캠핑장에서 홀로 추위에 떨며 캠핑

아닌 캠핑을 했던 그 밤은 절대고독 가운데 절대자와 대면하는 시간이기도 했었지. 차를 빌려 처음 유럽에서 운전하다가 트램에 부딪힐 뻔했던 암스테르담의 그 거리. 이번 여행의 목표 중 하나였던 께이스 교수와 멀더 교수와의 만남. 무엇보다 네덜란드 사람들은 네덜란드를 벗어나도 세계 어디서나 그곳에서 잘 살고 있었다. 세계의 오지랖, 네덜란드.

독일. 아우토반. 엄청나게 밟아대는 나라. 호스텔 시설이 가장 좋았던 나라(물론 아닌 데도 있었지만). 정돈된 영국과 깨끗한 네덜란드에 있다가 오니 다소 정리가 덜 된 듯한 모습. 한눈으론 다 볼 수 없는 쾰른 성당과 내 친구 베냐민이 공부하고 있는 프랑크푸르트, 정말 멋진 하이델베르크, 벤츠와 발레의 도시 슈투트가르트, 알브레흐트 벵겔 하우스가 있는 튀빙겐, 모두 얼마나 멋진 도시였던가. 북한을 위해서 기도해 주던 프랑크푸르트의 그 거룩한 아이들은 여전히 눈물겹도록 고맙고 감사하다.

프랑스 리옹. 제일 멋있고 제일 예뻤던 도시. 하지만 영어를 사용하는 이방인에 대해서는 배려가 부족한 나라. 여행 중 처음으로 한인교회 야외예배에 가서 이밥에 고기까지 잘 먹고 예쁜 도시의 정경과 분위기에 취하기도 했지만, 북한 사람을 만나 그의 북한 탈출기를 들으면서 결코 잊어서는 안 되는 내 나라의 현실을 다시 자각하게 되었다.

캘빈과 종교개혁의 현장을 보기 위해서 들른 스위스. 제네바와 로

잔. 시저의 흉내를 한번 내어볼까. 왔노라! 보았노라! 찍었노라! 유럽여행 중 몇 안 되는 독사진 중에 마음에 드는 사진 한 장—제네바 대학 안에 있는 종교개혁 기념비 앞에서 찍은—을 건졌다. 스위스 입구에서부터 고속도로 통행료라는 바가지를 쓴 거 같아 기분이 약간 상할 뻔하기도 했었다. 하지만 눈 덮인 알프스의 웅장함과 고요한 레만 호수, 맑고 깨끗한 빗방울은 유럽에서의 일정을 조용히 정리하며 보내기엔 그야말로 딱 좋은 환경을 제공해주었다.

마지막으로 이스라엘. 거기서는 세 달 가까이 살았다. 나라 전체가 하나의 큰 공동체, 아니 군대 같은 나라였다. 베에르셰바에서 텔아비브로 기차를 타고 가는데 나를 포함해서 이미 앉아 있는 승객들을 다른 열차로 옮겨 타라고, 또 다른 플랫폼으로 가라고 해서 세 번을 움직였던 적이 있다. 이때 승객들 중에 불평하는 이는 한 명도 없었다. 나만 빼고. 또 선글라스를 끼고 소총을 어깨에 메고 거리를 활보하는 여군들의 발랄, 상쾌함이 기억에 남는다.

서양의 다른 나라에 가서 "너, 왜 이렇게 예의가 없어?"라고 하면 아마 그들은 "예의가 뭐 중요해?" 아니면 "그렇게 보였다면 미안해"라고 대답할 것이다. 그런데 이스라엘 사람들은 이렇게 대답할 것이다. "예의가 뭔데?"

이들의 '후츠퍼chutzpah' 정신은 영어단어에 나올 정도로 유명하다. 단지 '뻔뻔스러움'이나 '철면피'가 아니라 자신의 생각이 선명하고 그 어떤 외적인 환경, 시선 때문에 그것을 왜곡해서 표현하지 않는 태도이다. 이것이 지금의 이스라엘을 만들지 않았을까? 이스라엘에서는 가는 곳곳마다 성경 속 이야기들이 4D로 나타나고, 긍정적이든, 부정적이든 간에 세계 뉴스에서 가장 중요하게 다루어지는 예루살렘이 그 안에 있었다.

이 모든 여행의 마지막 일정은 키부츠에서 2박 3일의 휴가를 받아 네덜란드 친구와 함께 갔던 이집트의 시나이 산 등반 그리고 시나이 산 정상에서의 1박이었다. 추위 속에 벌벌 떨며 세계 각지에서 온 사람들과 함께 맞이했던 일출! 그 광경은 16주간의 여행을 마무리하고 한국에서의 새로운 일들을 시작해야 하는 나를 위한 하늘의 축복이었다.

이렇게 유럽에서 5주, 이스라엘에서 11주, 그리고 이집트에서 2박의 시간을 보냈다. 유럽에서 본 모든 것들은 문화적·경제적·학술적·인종적, 그 어떤 명사에 '~적(的)'을 다 갖다 붙여도 우리보다는 다 우월해 보였다. 우월해 보인다는 것이 나만의 생각일 수도, 실제로 그럴 수도 있다. 그러나 그들과 우리는 지구상에서 벌어지는 수많은 문제들―지구온난화, 빈부 격차, 기업윤리의 빈곤, 식량 안보 등등―로 인해 같이 고통을 받을 수밖에 없는, 그래서 서로 머리를 맞대고 함께 이 문제들을 해결해야 할 공동체인 것만은 틀림없다. 나는 유럽인들과 그들의 문화들과의 만남을 통해서, 우월감도 아니고 열등감도 아닌ー이 두 가지 모두 사실상 동전의 앞, 뒷면과 같이 떼려야 뗄 수 없는 동일한 감정ー 진정한 공동체 의식을 우리 모두가 갖길 바란다. 그래서 내가 그들에게서 배울 것도 있지만 내가 가르쳐야 할 것도 있음을 선명하게 자각하고 실제 그대로 배우고 가르치는 것 말이다.

니얼 퍼거슨이 쓴 『시빌라이제이션』을 보면, 내가 여행을 시작하자마자 느꼈던 열등감을 갖게 했던 서양, 그중에서도 유럽이 세계를 주도했던 것은 불과 최근 500년의 일이라고 말하고 있다. 그 이전 1500년 동안에 세계의 중심은 동양, 좀 더 정확히 말하자면 중국이었다. 물론 그보다도 더 이전은 고대문명들이 꽃피웠던 역사일 것이다. 그러면 왜 중국으로 대표되는 동양이 쇠퇴하고 유럽이 갑자기(?) 부상하게 되었을까? 니얼 퍼거슨은 6개의 부문을 들어 이유를 말하는데 그중에서도 다음과 같은 부분이 나온다.

'유럽 중심주의'를 마치 불쾌한 편견인 양 비난하는 사람들에게는 문제가 있다. 어떤 과학적 기준으로 보아도 과학혁명은 철저히 유럽중심적이다. (세계) 전체의 약 80%에 달하는 과학혁명의 업적이 글래스고, 코펜하겐, 크라쿠프, 나폴리, 마르세유, 플리머스로 둘러싸인 육각형 지역 안에서 발생했으며, 나머지 20%가 이 지역으로부터 약 160km 안에서 거의 발생했다(134쪽).

16세기부터 18세기까지 혁명적으로 발전한 과학만 놓고 볼 때에 유럽의 독무대였다. 여기서부터 유럽은 뜨고 중국은 지기 시작했다. 그렇다면 유럽의 과학, 지식은 철저히 배우자. 사물을 직관하며 분석적으로 보고 깊게 파고드는 태도를 배우자. 괴테를 배우고 칼 융을 배우고 뉴턴을 배우자. 500년 동안 축적된 지식의 저수지를 적극 활용할 일이다.

이러한 유럽이 지식을 독점하기 시작했고 이를 기반으로 경제적 우위를 가지면서 제국주의의 발판을 다지게 되었다. 이때부터 아시아는 유럽의 밥이 되었다. 유럽은 지식과 부를 가지고 아시아를 지배했다. 네덜란드는 인도네시아를, 영국은 인도를, 스페인은 필리핀을, 프랑스는 베트남을 식민지배했다. 이들 모두는 기독교 국가였음에도 불구하고 성경이 아닌 칼로써 동양인들을 지배했다. 그래서 인도네시아는 개신교 개혁신학의 기수라고 자부하던 네덜란드의 지배를 벗어나고 나서야 비로소 기독교인이 늘어나기 시작했다고 한다. 성경은 분명히 겉옷을 달라고 하는 자에게 속옷까지 주며, 원수를 사랑하라고 말했다. 그리하여 기독교인들의 선한 행실을 보고 다른 사람들이 하나님께 영광을 돌릴 수 있게 하라고 말했다. 그렇게 볼 때, 네덜란드가 인도네시아를 지배할 때, 인도네시아인들의 눈에 비친 네덜란드인들의 실제 생활이 그들의 종교가 말하는 가르침과 얼마나 동떨어져 있었는지 미루어 짐작할 수 있다.

그러므로 유럽인들의 지식은 배우되 이들의 탐욕은 배우지 말자.

또 유럽인들은 남의 눈치 안 보고 자신을 위해서 에너지를 집중하는데 이는 개인주의의 긍정적인 측면이라고 생각한다. 이것은 개인과 사회로 하여금 진보를 가능하게 하는 힘이 될 수 있다. 그러나 앞서 말했듯이 이 에너지가 개인에게만 집중되다 보니 다른 사람을 향한 '여분의 에너지'가 부재할 때가 많이 있다. 그래서 이런 모습이 어떤 때는 이기적으로 보일 때가 있다. 이것을 그림으로 비유하자면 서양화는 빈 공간 없이 빽빽하게 그려져 있지만, 동양화에서는 여백의 미가 중요한 요소이다. 마음의 여백이 없는 이들에게 동양의 여백을 선사해주면 어떨까 생각해본다.

동양의 역사는 오래전에 이미 황혼을 경험하고 있고, 서양의 역사도 이제는 황혼에 접어들고 있다. 미국과 유럽의 쇠퇴가 그 징조다. 이제 동서양 모두에게 새로운 시대를 열어보자.

그러기 위해서 동양인인 나는 그들처럼 적극적·능동적으로 살아서 '나'라는 선명한 주체의식을 가질 것이다. 체면치레과 남들 눈치 보기, 다른 사람과 비교하는 일로 내 인생을 낭비하지 않을 것이다. 반면 유럽인, 그들은 우리 동양인처럼 전체를 조망하는 시각과 함께 예의와 겸손을 갖췄으면 좋겠다. 그리고 축적된 지식과 부 그리고 종교의 정신적 자산들을 자신들의 욕심을 위해서 사용하지 말아야 할 것이다.

십자군 전쟁에서처럼. 그렇게 된다면 소위 말하는 '패권霸權'이 지금 껏 동양과 서양 사이를 왔다 갔다 하면서 힘의 논리에 의한 폭력적 지 배가 반복되는 야만적인 인류 역사를 극복할 수 있을 거라고 믿는다.

초판인쇄 2013년 4월 22일
초판발행 2013년 4월 22일

지은이 최규동 · 추광재 · 황경태 · 홍윤선
펴낸이 채종준 · 채종록
기 획 지성영
마케팅 송대호 · 김보미
교정 · 교열 한지은
표지디자인 홍은표
본문디자인 김소영

펴낸곳 한국학술정보(주)
주 소 경기도 파주시 문발동 파주출판문화정보산업단지 513-5
전 화 031) 908-3181(대표)
팩 스 031) 908-3189
홈페이지 http://ebook.kstudy.com
E-mail 출판사업부 publish@kstudy.com
등 록 제일산—115호(2000.6.19)

ISBN 978-89-268-4238-6 03040 (Paper Book)
       978-89-268-4239-3 05040 (e-Book)

이담 *Books* 는 한국학술정보(주)의 지식실용서 브랜드입니다.